Informationsfluss im Konzern

Europäische Hochschulschriften

Publications Universitaires Européennes
European University Studies

**Reihe II
Rechtswissenschaft**

Série II   Series II
Droit
Law

Bd./Vol. 4692

PETER LANG

Frankfurt am Main · Berlin · Bern · Bruxelles · New York · Oxford · Wien

Martin Wittmann

Informationsfluss im Konzern

PETER LANG
Internationaler Verlag der Wissenschaften

Bibliografische Information der Deutschen Nationalbibliothek
Die Deutsche Nationalbibliothek verzeichnet diese Publikation
in der Deutschen Nationalbibliografie; detaillierte bibliografische
Daten sind im Internet über <http://www.d-nb.de> abrufbar.

Zugl.: Bonn, Univ., Diss., 2007

Gedruckt auf alterungsbeständigem,
säurefreiem Papier.

D 5
ISSN 0531-7312
ISBN 978-3-631-57246-7

© Peter Lang GmbH
Internationaler Verlag der Wissenschaften
Frankfurt am Main 2008
Alle Rechte vorbehalten.

Printed in Germany 1 2 3 4 5 7

www.peterlang.de

Meinen Eltern

Vorwort

Diese Arbeit lag der Rechts- und Staatswissenschaftlichen Fakultät der Rheinischen Friedrich-Wilhelms-Universität Bonn im Sommersemester 2007 als Dissertation vor.

Zu aufrichtigem Dank verpflichtet bin ich zunächst meinem akademischen Lehrer Herrn Professor Dr. Dres. h.c. *Marcus Lutter* für die Annahme als Doktorand und Betreuung der Dissertation. Auch für die Jahre als sein wissenschaftlicher Mitarbeiter am Zentrum für Europäisches Wirtschaftsrecht möchte ich ihm an dieser Stelle herzlich danken. Die Zeit war sowohl auf persönlicher als auch dienstlicher Ebene stets angenehm, lehrreich und prägend zugleich. Herrn Professor Dr. *Ulrich Huber* danke ich für die Erstellung des Zweitgutachtens.

Das Thema der Arbeit geht auf eine Anregung von Herrn Rechtsanwalt Dr. *Nirmal Robert Banerjea*, LL.M., zurück. Während der Anfertigung der Arbeit hatte er immer ein offenes Ohr. In freundschaftlicher Verbundenheit danke ich ihm hierfür herzlich.

Dank schulde ich ebenfalls meinem Freund und Kollegen Herrn Dr. *Tom Kirschbaum*; einerseits für die Übernahme des mühevollen Korrekturlesens, andererseits für die gemeinsame Zeit am Zentrum. Sowohl dienstlich produktiv als auch freundschaftlich vergnüglich wird mir das Zusammensein in guter Erinnerung bleiben.

Als Kraft gebender, ruhiger und liebevoller Pol stand mir während der gesamten Zeit meine Freundin Frau *Julia Siekmeier* zur Seite. Hierfür danke ich ihr sehr.

Dem immerwährenden, liebevollen und bedingungslosen Rückhalt meiner Eltern kann und konnte ich mir stets sicher sein. In Dankbarkeit ist Ihnen diese Arbeit gewidmet.

Bonn, im Oktober 2007   *Martin Wittmann*

Inhaltsverzeichnis

Erster Teil: Einführung

Erster Teil: Einführung

Problemdarstellung und praktische Relevanz

„Wissen ist Macht. Macht aber, die geteilt wird, ist nicht mehr die gleiche Macht. Und daher mindert Information, die weitergegeben wird, die Position des Informanten."[1] – Die folgende Arbeit befasst sich mit der Weitergabe von Informationen in Konzernverhältnissen. Hierbei wird im Besonderen darauf eingegangen werden, ob ein herrschendes Unternehmen einen Anspruch gegen das von ihm beherrschte Unternehmen auf Informationserteilung hat. Untersucht werden wird zum einen, wie die Weitergabe von vertraulichen oder aber geheimen Informationen zu erfolgen hat bzw. erfolgen darf. Zum anderen wird herausgearbeitet werden, in welchem Umfang dies geschehen muss oder geschehen darf.

Als Informationsansprüche des herrschenden Unternehmens im Konzern kommen zunächst Informationsrechte aus der Mitgliedschaft in Betracht. Weiterhin sind Informationsrechte zu prüfen, welche sich möglicherweise aus dem spezifischen Konzernverhältnis ergeben. Hierbei ist sowohl an geschriebene als auch an ungeschriebene Rechte zu denken. Schließlich könnten Informationsrechte aus den Publizitätspflichten der Gesellschaften herrühren, also beispielsweise aus Vorschriften zur Regelung der Konzernrechnungslegung.

Gegen einen ungehinderten konzerninternen Informationsflusses drängen sich in erster Linie Geheimhaltungsinteressen der abhängigen Gesellschaft auf. Im Mittelpunkt der Untersuchung wird daher die Verschwiegenheitspflicht nach § 93 Abs. 1 Satz 3 AktG stehen. Ein weiteres Hindernis kann in dem so genannten Nachauskunftsrecht liegen, also dem Recht der Aktionäre der Auskunft gebenden Gesellschaft auf Erteilung solcher Informationen, die bereits an andere Aktionäre außerhalb der Hauptversammlung gegeben wurden. Auf § 131 Abs. 4 AktG wird daher insbesondere bei der Untersuchung des Informationsflusses im faktischen Konzern einzugehen sein. Weiterhin wird zu überprüfen sein, ob der ungehinderte Informationsfluss im Konzern aufgrund von kapitalmarktrechtlichen Geheimhaltungspflichten nach § 14 Abs. 1 Nr. 2 WpHG Beschränkungen erfahren kann. Schließlich wird ein Blick auf weitere Vorschriften, die den Informationsfluss hindern könnten, zu werfen sein. Hier ist beispielsweise an das Bankgeheimnis oder an die Vorschriften zum Datenschutz zu denken.

Für den faktischen Konzern lässt sich das Ziel der Arbeit pointiert als Herausarbeitung und Lösung des Spannungsverhältnisses von Verschwiegenheits-

---

[1] *Lutter*, Information und Vertraulichkeit, 2. Auflage, S. VII; Zum Ursprung der Phrase „Wissen ist Macht." ausführlich *Zetsche*, Aktionärsinformation, S. 3, § 1 Fn. 14.

pflicht und Auskunftsanspruch des Aktionärs bezeichnen. Es wird zu zeigen sein, dass eine Lösung dieses Spannungsverhältnisses nicht allein im Recht der verbundenen Unternehmen zu finden ist, sondern als Maßstab auch andere auf das Konzernrecht Einfluss nehmende Rechtsgebiete herangezogen werden müssen. Insbesondere bilanzrechtliche Vorschriften werden hierbei eine bedeutende Rolle einnehmen.

Praktische Relevanz erlangt die Frage des Informationsflusses im Konzern im Tagesgeschäft konzernierter Aktiengesellschaften. Insbesondere ist an die Aspekte der einheitlichen Leitung, der Tochterkontrolle oder der Rechnungslegung zu denken. Unabhängig davon ist es oftmals für eine Muttergesellschaft wirtschaftlich vorteilhaft, Informationen über den Geschäftsverlauf oder aber über zukünftige geschäftliche Ausrichtungen einer Tochtergesellschaft zu erlangen. Sie hat dann ein Interesse daran, derartige Informationen zu erhalten. So mag, als Beispiel für ein solches Interesse im Konzern, eine Festnetz-Telekommunikations-AG wissen wollen, welche geschäftliche Ausrichtung ihr Tochterunternehmen Mobilfunk-AG verfolgt, um Festnetzkunden vermehrt mobil telefonieren zu lassen[2] oder aber welche Ausrichtung ihr Tochterunternehmen Internet-AG verfolgt, um Kunden für die Internettelefonie, so genanntes „Voice over IP", zu gewinnen, wodurch jeweils das Bedürfnis der Kunden nach Telefonaten über das Festnetz vermindert würde.[3] Weiterhin ist ein Unternehmen vorstellbar, dass im Rahmen einer (feindlichen) Übernahme mehr als 50 Prozent der Anteile eines anderen Unternehmens übernommen hat und nun ein weiteres Unternehmen aus der gleichen Branche übernehmen möchte. Hier kann bereits aus kartellrechtlichen Gründen[4] ein Interesse daran bestehen, genaueres über Beteiligungen und die geschäftliche Ausrichtung der Tochter in spe zu erfahren.[5] Auch wegen der Meldepflichten aus § 21 Abs. 1

---

[2] Die Mobilfunktochter T-Mobile AG der Deutschen Telekom AG gab am 11. Januar 2006 bekannt, dass sie zum 16.01.2006 ihren Mobilfunkkunden ermöglicht, mit Ihrem Handy wie über das Festnetz zu telefonieren (vgl. hierzu http://www.t-mobile.de/presse/tmobileathome). Schon vorher über Informationen einer solchen Entwicklung zu verfügen, wäre sicherlich im Interesse der Deutschen Telekom AG gewesen.

[3] So äußerte beispielsweise der Rechtsanwalt mehrerer Kleinanleger der T-Online AG, es lägen Anzeichen vor, dass T-Online aus Rücksicht auf die Deutsche Telekom AG erst sehr spät mit der Internet-Telephonie angefangen habe (vgl. Spiegel Online vom 02. Mai 2006, www.spiegel.de/wirtschaft/0,1518,414045,00.html).

[4] Relevant könnten fusionskontrollrechtliche Vorschriften nach §§ 35 ff. GWB sein.

[5] Ein ähnliches Problem stellte sich beim Mannesmann/Vodafone-Takeover im Jahre 2000, wo es allerdings um die Frage ging, ob die Muttergesellschaft ihre Konzerntochter zum Verkauf eines Geschäftsteils veranlassen konnte, um eine mehrheitliche Übernahme kartellrechtlich zulässig zu machen, ohne dass zuvor ein Beherrschungsvertrag geschlossen worden wäre (hierzu ausführlich und mit dem Verweis auf entsprechende Rechtsgutachten *Lutter*, FS-Peltzer, 2001, S. 241 ff.). Im angesprochenen Fall waren die relevanten Beteiligungsverhältnisse bekannt, so dass sich nicht primär das Problem der Informationserteilung

WpHG, nach denen das Erreichen, Über- und Unterschreiten von bestimmten Stimmrechtsanteilen an börsennotierten Gesellschaften mitzuteilen ist, könnte ein Interesse oder gar Bedürfnis bestehen, Informationen über Beteiligungen verbundener Unternehmen zu erhalten.[6] Relevanz bei faktischen Konzernverhältnissen erhält die Thematik auch für ausländische Unternehmen, die eine als deutsche Aktiengesellschaft organisierte faktische Tochtergesellschaft haben und zur Vorbereitung des eigenen Börsengangs Informationen über diese Gesellschaft benötigen, um die kapitalmarkt-rechtlichen Publizitätspflichten ihres Staates erfüllen zu können.[7]

Auch für die Schaffung eines vielfach als notwendig angesehenen Konzerninformationssystems[8] ist es notwendig, Klarheit darüber zu schaffen, welche Informationen ein solches System überhaupt enthalten darf oder sogar enthalten muss und wie diese Informationen dem System in rechtlich zulässiger Weise zugeführt werden können.

Bereits diese wenigen Beispiele machen deutlich, dass vielfältige Sachverhalte denkbar sind, bei denen ein konzerninterner Informationsfluss von großer Bedeutung ist. Relevante Informationen sind jedoch nicht selten vertraulich oder gar geheim. Sind diese Informationen darüber hinaus als Insidertatsachen im Sinne von § 13 WpHG zu qualifizieren, so stellt sich weiterhin die Frage, wie eine Informationsweitergabe kapitalmarktrechtlich im Hinblick auf § 14 Abs. 1 Nr. 2 WpHG zu beurteilen wäre. Davon, wie in solchen Fällen zu verfahren ist, soll daher hier gehandelt werden.

---

stellte. Liegen diese Informationen allerdings nicht vor, so stellt sich die hier aufgeworfene Frage nach einem möglichen Auskunftsrecht und gegebenenfalls nach seinem Umfang.
[6] Hierzu *Fiedler*, Mittelungen über Beteiligungen von Mutter- und Tochterunternehmen; siehe auch *Assmann/U.H. Schneider*, WpHG, § 21, Rz. 92 f.; *Emmerich/Habersack*, Konzernrecht, S. 76 f.; *S.H. Schneider*, Informationspflichten, S. 125 f. *S.H. Schneider/U.H. Schneider*, ZIP 2006, 493 ff. Welche Probleme diesbezüglich in der Praxis auftreten können zeigt sich beispielsweise in *Börsen-Zeitung* vom 24. August 2004, Axa verstößt gegen Meldepflicht nach WpHG – Bußgeld bis 200.000 Euro möglich, S. 1.
[7] Hierzu *Fabritius*, FS-Huber, S. 705 ff.
[8] Zu Konzerninformationssystemen siehe *Lutter*, Information und Vertraulichkeit, Rz. 148 ff., 155; *ders.* AG 2006, 517, 519; *Mildner*, Der Aufsichtsrat 07-08/2006, S. 11 f.; *Potthoff/Trescher/Theisen*, Aufsichtsratsmitglied, Rz. 780; *Rampel/Krolak*, Der Aufsichtsrat 07-08/2006, S. 2 ff.; *Schneider/Schneider*, AG 2005, 57, 58; *Theisen*, Der Aufsichtsrat 07-08/2006, S. 17; *Welge*, Der Aufsichtsrat 07-08/2006, S. 01.

Zweiter Teil:
Rechtliche Grenzen des Informationsflusses bei Konzerngesellschaften

Erster Abschnitt: Grenzen durch § 93 Abs. 1 Satz 3 AktG

Dem freien Informationsfluss zwischen den einzelnen Gesellschaften im Konzern könnte zunächst zentral die Norm des § 93 Abs. 1 Satz 3 AktG entgegenstehen. Diese Regelung konkretisiert die Sorgfalts-[9] oder Treuepflichten[10] bzw. sowohl die Sorgfalts- als auch Treuepflichten[11] des Vorstands in Bezug auf die Behandlung vertraulicher und geheimer Informationen. Eine Verletzung der Pflicht zur Verschwiegenheit begründet beim Eintreten eines kausalen Schadens eine Schadensersatzpflicht nach § 93 Abs. 2 AktG. Außerdem stellt ein Verstoß gegen die Schweigepflicht unter Umständen eine grobe Verletzung der Organpflichten dar, die den Aufsichtsrat bei einer Verletzung durch Vorstandsmitglieder zur Abberufung und Kündigung des Anstellungsvertrages des betreffenden Vorstandsmitglieds aus wichtigem Grund berechtigen kann.[12] Verstößt ein Aufsichtsratsmitglied gegen die Schweigepflicht, so rechtfertigt dies weiterhin eine gerichtliche Abberufung aus wichtigem Grund nach § 103 Abs. 3 AktG.[13] Darüber hinaus ist eine solche Pflichtverletzung schadensunabhängig nach § 404 AktG strafbar. Diese gravierenden Rechtsfolgen machen bereits deutlich, dass eine Auseinandersetzung mit Umfang und Bedeutung des § 93 Abs. 1 Satz 3 AktG in Konzernverhältnissen erforderlich ist.

A. Personeller Anwendungsbereich des § 93 Abs. 1 Satz 3 AktG
I. Genereller personeller Anwendungsbereich

§ 93 Abs. 1 Satz 3 AktG richtet sich seinem Wortlaut nach zunächst ausschließlich an den Vorstand einer Aktiengesellschaft. Der Begriff des Vorstands in diesem Sinne ist allerdings weit zu fassen. Hierunter fallen auch gerichtlich bestellte Mitglieder (§ 104 AktG), stellvertretende Mitglieder (§ 94

---

[9] *Spieker*, NJW 1965, 1937 und *Godin/Wilhelmi*, § 93 AktG Anm. 5, sehen die Verschwiegenheitspflicht als Folge der organschaftlichen Sorgfaltspflicht.

[10] Als Folge der organschaftlichen Treuepflicht wird die Verschwiegenheitspflicht hingegen gesehen von; *Hefermehl/Spindler* in MünchKomm. AktG, § 93 AktG Rz. 43; *Golling*, Sorgfaltspflicht und Verantwortlichkeit der Vorstandsmitglieder für ihre Geschäftsführung innerhalb der nicht konzerngebundenen Aktiengesellschaft, 1968, S. 36; *Kittner*, ZHR 136 (1972), 208, 220; *Meyer-Landrut*, AG 1964, 325, 326; *Nirk* in Handbuch der AG, Gesellschaftsrecht, Rz. 756; *Roschmann/Frey*, AG 1996, 449; *Schwintowski*, NJW 1990, 1009, 1011 (mit dem Schluss, die Bestimmung in § 93 habe nur deklaratorischen Charakter).

[11] So BGHZ 64, 325, 327; *Mertens* in KölnKomm. AktG, § 93 Rz. 75; *Hüffer*, § 93 AktG Rz. 6.

[12] *Wiesner* in Münchener Handbuch AG, § 25, Rz. 37.

[13] AG München, WM 1986, 974; LG Frankfurt, NJW 1987, 505 f.; OLG Hamburg, WM 1990, 311; *Hoffmann-Becking* in Münchener Handbuch AG, § 33, Rz. 37; *Lutter/Krieger*, Rechte und Pflichten, Rz. 282.

AktG), Vorstandsmitglieder, die der Aufsichtsrat entsandt hat (§ 105 Abs. 2 AktG) und Arbeitsdirektoren. Über die Verweisung des § 116 AktG finden die in § 93 AktG geregelten Pflichten auch auf den Aufsichtsrat Anwendung. Die Verschwiegenheitspflicht des § 93 Abs. 1 Satz 3 AktG gilt somit grundsätzlich entsprechend auch für Mitglieder des Aufsichtsrats.[14] Auf Fragen bezüglich der interorganschaftlichen Informationsweitergabe zwischen Vorstand und Aufsichtsrat soll im Weiteren nicht eingegangen werden.[15] Für die folgende Untersuchung reicht vielmehr die Feststellung, dass grundsätzlich sowohl der Vorstand als auch der Aufsichtsrat einer Aktiengesellschaft der Verschwiegenheitspflicht nach § 93 Abs. 1 Satz 3 AktG unterliegen.

Die Verschwiegenheitspflicht besteht in der Regel nur gegenüber Dritten, also gegenüber allen Personen, die nicht Mitglieder des Vorstands oder des Aufsichtsrats sind.[16] Als Ausnahme von der Verschwiegenheitspflicht ist allerdings anerkannt, dass Informationen, die dem Betriebs- oder Geschäfts-geheimnis unterliegen, an nachgeordnete Mitarbeiter der Gesellschaft oder externe Berater weitergegeben werden können, damit diese die Informationen zu Gunsten der Gesellschaft nutzen können.[17] Eine solche Weitergabe muss nach der Berücksichtigung der damit verbundenen Gefährdung der Vertrau-lichkeit sachlich angemessen sein.[18] Darüber hinaus sind die Dritten ihrerseits zur Vertraulichkeit zu verpflichten.[19]

II. Behandlung von Vorstand und Aufsichtsrat im faktischen Konzern

In der Literatur wird darüber diskutiert, ob eine Gleichstellung des Aufsichts-rats über § 116 AktG in Bezug auf seine Verschwiegenheitspflicht auch in faktischen Konzernverhältnissen stattfinden soll oder ob dort die Pflicht des Aufsichtsrats zur Verschwiegenheit im Vergleich zu der des Vorstands weiter-gehend ist.

---

[14] *Hüffer*, § 116 AktG, Rz. 6; *Mertens* in KölnKomm. AktG, § 116 Rz.. 35; *Lutter*, Der Auf-sichtsrat, 02/2004, S. 3 f.; *Semler* in MünchKomm. AktG, § 116 Rz. 373; *Karsten Schmidt*, Gesellschaftsrecht, § 28 III 1c, S. 824.
[15] Siehe hierzu *Theisen*, Grundsätze einer ordnungsmäßigen Information des Aufsichtsrats, 3. Aufl., Stuttgart 2002; *Grunewald*, Gesellschaftsrecht, S. 254; *Marsch-Barner* in Arbeits-handbuch Aufsichtsratsmitglieder, § 12 Rz. 29 ff.; *Hopt* in Großkomm. AktG, § 93 Rz. 203.
[16] *Lutter*, Information und Vertraulichkeit, Rz. 463; *Marsch-Barner* in Arbeitshandbuch Auf-sichtsratsmitglieder, § 12, Rz. 29 ff.; *Semler* in MünchKomm. AktG, § 116 Rz. 411.
[17] *Hefermehl/Spindler* in MünchKomm. AktG, § 93 AktG, Rz. 62; *Hüffer*, § 93 AktG, Rz. 7; *Mertens* in KölnKomm. AktG, § 116 Rz. 54; *Wiesener* in Münchener Handbuch AG, § 25, Rz. 38.
[18] *Mertens* in KölnKomm. AktG, § 116 Rz. 54.
[19] *Mertens* in KölnKomm. AktG, § 116 Rz. 54.

1. Beschränkung des Aufsichtsrats

Nach einer Stellungnahme in der Literatur soll der Aufsichtsrat in faktischen Konzernverhältnissen strenger zu behandeln sein als der Vorstand. Durchbrechungen der Verschwiegenheitspflicht kommen dieser Auffassung folgend nicht für Mitglieder des Aufsichtsrats, sondern – wenn überhaupt – nur für Mitglieder des Vorstands in Betracht.[20]

2. Gleichbehandlung von Vorstand und Aufsichtsrat

Nach anderer Auffassung jedoch gilt § 93 Abs. 1 Satz 3 AktG mitsamt seiner Ausnahmen auch in faktischen Konzernverhältnissen über § 116 AktG gleichermaßen für den Aufsichtsrat einer Aktiengesellschaft.[21] Dies gelte insbesondere dann, wenn das entsprechende Aufsichtsratmitglied Organ oder Angestellter der Obergesellschaft ist.[22] So verweist beispielsweise *Semler* zum Umfang der Verschwiegenheitspflicht von in den Aufsichtsrat des abhängigen Unternehmens entsandten Vertretern des herrschenden Unternehmens schlicht auf die Regelungen des § 93 Abs. 1 Satz 3 AktG, ohne eine mögliche gesonderte Behandlung dieses Personenkreises überhaupt in Betracht zu ziehen.[23] *Lutter/Krieger* hingegen erwähnen sogar explizit die Möglichkeit der Lockerung der Verschwiegenheitspflicht des Aufsichtsrats, wenn eine Informationsweitergabe von Geheimnissen und vertraulichen Angaben an den Vorstand der Obergesellschaft zulässig ist.[24]

3. Stellungnahme

Die zuerst dargestellte Auffassung, wonach die Verschwiegenheitspflicht des Aufsichtsrats im Konzern strenger zu behandeln sei als die des Vorstands, wird mit der gesetzlichen Kompetenzordnung der Organe begründet.[25] Ausschließlich der Vorstand sei für die Außenvertretung der Gesellschaft und die Beziehungen zum herrschenden Unternehmen zuständig. Das herrschende Unternehmen zu informieren bzw. zu entscheiden, ob das herrschende Unternehmen zu informieren sei, stehe allein dem Vorstand der abhängigen Gesellschaft zu. Eine andere Beurteilung der Weite der Verschwiegenheitspflicht des Aufsichtsrats im Konzern wäre nach Ansicht der Vertreter dieser Auffassung

---

[20] *Schmidt-Aßmann/Ulmer*, BB 1988, Beil. Nr. 13, S. 5.

[21] Vgl. *Hoffmann-Becking* in Münchener Handbuch AG, § 33, Rz. 35; *Lutter*, Information und Vertraulichkeit, Rz. 480; *Mertens* in KölnKomm. AktG, § 116 Rz. 39; differenzierend aber grundsätzlich derselben Ansicht *Elsner*, Kontrolle der Tochtergesellschaften, S. 128 ff.

[22] *Mertens* in KölnKomm. AktG, § 116 Rz. 39; *Semler* in MünchKomm. AktG, § 116 Rz. 35.

[23] *Semler* in MünchKomm. AktG, § 116 Rz. 35 mit Verweis auf *Hefermehl/Spindler* in MünchKomm. AktG, § 93 Rz. 43 ff.

[24] *Lutter/Krieger*, Rechte und Pflichten, Rz. 276.

[25] Zu alledem *Schmidt-Aßmann/Ulmer*, BB 1988, Beil. Nr. 13, S. 5.

nur dann denkbar, wenn der Konzern als eine Art Einheitsunternehmen gesehen würde und dementsprechend die Verschwiegenheitspflicht der §§ 93 Abs. 1 Satz 3, 116 AktG nicht auf die einzelnen Konzernunternehmen, sondern auf den Konzern als Ganzes bezogen würde. Den Konzern als Einheitsunternehmen zu sehen, spricht aber – auch nach Auffassung der Vertreter oben genannter Ansicht – gegen allgemeines Konzernrecht, da eine solche Sichtweise der Ausgestaltung des Rechts der verbundenen Unternehmen im Aktiengesetz widerspricht und sich über die rechtliche Selbständigkeit der einzelnen Konzernunternehmen hinwegsetzen würde.[26] Nach obiger Auffassung geht folglich die Verschwiegenheitspflicht des Aufsichtsrats im Konzern weiter als die des Vorstands.

Dieser Auffassung ist allerdings zunächst entgegenzuhalten, dass die strikte Einhaltung der gesetzlichen Kompetenzordnung im Konzern einerseits theoretisch nicht zwingend ist, andererseits lebensfremd erscheint und folglich praktisch nur schwer durchführbar ist.[27] Die Hauptaufgaben des Aufsichtsrats sind die Bestellung und Abberufung der Vorstandsmitglieder nach § 84 AktG[28], die laufende Überwachung der Geschäftsführung nach § 111 Abs. 1 AktG[29] und die gerichtliche und außergerichtliche Vertretung der Gesellschaft gegenüber Vorstandsmitgliedern nach § 112 AktG.[30] Seine Hauptaufgaben sind insgesamt durch die Überwachungsfunktion gegenüber der Unter-nehmensleitung nach § 111 Abs. 1 AktG geprägt.[31] Im Konzern kommt es häufig zu personellen Überschneidungen in der Form, dass Vorstands-mitglieder der herrschenden Gesellschaft zudem als Aufsichtsrat der beherrschten Gesellschaft fungieren.[32] Allein dieser Aspekt kann zwar nicht die Zulässigkeit der Informationsweitergabe auch durch den Aufsichtsrat begründen, macht aber deutlich, dass ein Informationsfluss auf diesem Wege der Unternehmenswirklichkeit entspricht. Teilweise wird daher angeführt, dass auch und vor allem unter diesem Gesichtspunkt eine Informationsweitergabe ausschließlich über den Vorstand äußerst lebensfremd erscheine.[33] Dies wird darüber hinaus bei der Pflicht des

---

[26] *Schmidt-Aßmann/Ulmer*, BB 1988, Beil. Nr. 13, S. 5.

[27] *Mertens* in KölnKomm. AktG, § 116 Rz. 39; zu den Einflusswegen und Einflussfolgen im faktischen Unternehmensverbund und hierbei auch eingehend auf die Stellung des Aufsichtsrats *Ekkenga/Weinbrenner/Schütz*, Der Konzern 2005, 261 ff.

[28] Hierzu insbesondere *Krieger*, Personalentscheidungen.

[29] *Semler*, Arbeitshandbuch Aufsichtsratmitglieder, S. 53 ff.; *Steinmann*, AG 1987, 29 ff.

[30] Hierzu *Fischer*, ZNotP 2002, 297 ff.; *Werner*, ZGR 1989, 369 ff.

[31] *Scheffler*, DB 1994, 793; *Karsten Schmidt*, Gesellschaftsrecht, § 28 III 1a, S. 820.

[32] Siehe zum ganzen *Decher*, Personelle Verflechtungen im Aktienkonzern, 1990; *Holtmann*, Personelle Verflechtungen auf Konzernführungsebene, 1989.

[33] Ähnlich *Mertens* in KölnKomm. AktG, § 116 Rz. 39, der dies allerdings mit der mangelnden praktischen Durchführbarkeit begründet. Dieser Ansatz ist meines Erachtens nicht unproblematisch. Bei der vorliegenden Frage, ob Vorstand und Aufsichtsrat gleich zu behandeln sind, ist es allerdings zunächst ausreichend, die Aussage auf solche Informationen zu be-

Aufsichtsrats zur Bestellung und Abberufung des Vorstandes nach § 84 AktG deutlich, bei der eine Ablehnung der Zulässigkeit einer Kommunikation zwischen Vorstand des herrschenden Unternehmens und Aufsichtsrat des beherrschten Unternehmens ebenfalls fern der Unternehmenswirklichkeit erscheinen würde. Zwar hat der Vorstand der herrschenden Gesellschaft, auch wenn es sich um einen durch Beherrschungsvertrag begründeten Vertragskonzern handelt, nicht gegenüber dem Aufsichtsrat der beherrschten Gesellschaft nach § 308 AktG ein Weisungsrecht.[34] In diesen Fällen entspricht es aber ebenfalls der unternehmerischen Lebenswirklichkeit, dass der Vorstand seine einheitliche Leitung für den Bereich der Personalbestimmung dadurch ausübt, dass er im Rahmen der Hauptversammlung von seiner Hauptversammlungsmehrheit Gebrauch macht und nach § 101 AktG Aufsichtsratsmitglieder bestellt, die sein Vertrauen besitzen und seinem Willen entsprechend agieren bzw. nach § 103 AktG Aufsichtsratsmitglieder abberuft, die gerade nicht seinem Willen entsprechend handeln.[35] Auch durch diese Akzeptanz wird deutlich, dass Situationen denkbar und wahrscheinlich sind, in denen ein Informationsaustausch innerhalb des Konzerns gerade auch den Aufgaben- und Kompetenzbereich des Aufsichtsrats betrifft.

Neben dem Aspekt der Unternehmenswirklichkeit, welcher nicht allein die Zulässigkeit begründen kann, ist auch der Aspekt der Optimierung des Informationsprozesses zu beachten. Durch eine Gleichbehandlung von Vorstand und Aufsichtsrat kann der Informationsaustausch zwischen verbundenen Unternehmen erleichtert werden, da der für beide Unternehmen praktischere und mithin ökonomischere Weg gewählt werden kann und folglich nicht immer eine Arbeitsbelastung für den Vorstand darstellen muss. Das Argument der Vereinfachung des Informationsprozesses kann allerdings nur dann Geltung beanspruchen, wenn diese Vereinfachung nicht zu einer Beeinträchtigung des mit § 93 Abs. 1 Satz 3 AktG verfolgten Schutzzwecks führt. Durch § 93 Abs. 1 Satz 3 AktG sollen Wohl und Interessen der Gesellschaft gewahrt und Nachteile von ihr abgewendet werden.[36] Bei einer Gleichbehandlung von Vorstand und Aufsichtsrat in Bezug auf die Verschwiegenheitspflicht nach § 93 Abs. 1 Satz 3 AktG erlangt das herrschende Unternehmen dadurch nicht *mehr* Informationen, als wenn es diese lediglich vom Vorstand erhalten würde. Das Schutzbedürfnis des beherrschten Unternehmens wird durch die Gleichbehandlung von Vorstand und Aufsichtsrat in Bezug auf die Verschwiegenheitspflicht nach § 93 Abs. 1 Satz 3 AktG mithin jedenfalls nicht beeinträchtigt.

---

schränken, deren Weitergabe theoretisch zulässig ist. Der Frage wird daher an dieser Stelle nicht weiter nachgegangen, doch wird der Einfluss personeller Verflechtungen auf die Verschwiegenheitspflicht an anderer Stelle noch zu behandeln sein. Siehe dazu unten S. 72 ff.

[34] *Turner*, DB 1991, 583, 584.

[35] *Kantzas*, Weisungsrecht, S. 43; *Turner*, DB 1991, 583, 584.

[36] *Hefermehl/Spindler* in MünchKomm. AktG, § 93 Rz. 43.

Auch aus Gründen der Optimierung des Informationsprozesses ist somit eine Gleichbehandlung von Vorstand und Aufsichtsrat in Bezug auf eine mögliche Durchbrechung der Verschwiegenheitspflicht nach § 93 Abs. 1 Satz 3 AktG bzw. §§ 116, 93 Abs. 1 Satz 3 AktG gerechtfertigt.[37]

Für eine Gleichbehandlung von Vorstand und Aufsichtsrat spricht weiterhin, dass der Aufsichtsrat neben seiner primären Aufsichts- und Kontrollfunktion nach § 111 Abs. 1, 2 AktG in einigen Bereichen auch unternehmerische Entscheidungen zu treffen hat. Ihm kommen teils kooperative, teils autonome unternehmerische Aufgabenbereiche zu. Kooperativ unternehmerisch tätig wird der Aufsichtsrat beispielsweise durch seine Beratungsfunktion[38] und insbesondere durch Geschäftsführungsmaßnahmen, die seiner Zustimmung vorbehalten sind.[39] Autonome unternehmerische Entscheidungen des Aufsichtsrats liegen in seiner Personalkompetenz nach § 84 AktG[40] und seiner Befugnis zur Vertretung der Gesellschaft gegenüber Vorstandsmitgliedern nach § 112 AktG. Auch die Entscheidung zur Geltendmachung von Schadensersatzansprüchen der Gesellschaft gegenüber Vorstandsmitgliedern hat wirtschaftliche Auswirkungen auf das Unternehmen. Die Verantwortung des Aufsichtsrats setzt somit nicht erst nach der des Vorstands ein, sondern steht neben dieser.[41] Wird der Aufsichtsrat unternehmerisch tätig, so steht ihm die Möglichkeit zur freien Beurteilung des Sachverhalts zu.[42] Insbesondere die Bewertung von Vorstandsaktivitäten in Bezug auf konzernzugehörige Gesellschaften machen eine Gleichbehandlung von Vorstand und Aufsichtsrat auch in Bezug auf die Bestimmung des zulässigen Informationsflusses erforderlich.

Die Gleichstellung von Vorstand und Aufsichtsrat in Bezug auf Ausnahmen von der Verschwiegenheitspflicht kann sich im Hinblick auf das autonome oder kooperative unternehmerische Tätigwerden des Aufsichtsrats auch bei Betrachtung der Reaktionen auf Leitungsmaßnahmen oder Veranlassung des herrschenden Unternehmens ergeben. Plant das herrschende Unternehmen eine Leitungsmaßnahme oder andere Veranlassung, von der auch eine unternehmerische Entscheidung des Aufsichtsrats der beherrschten Gesellschaft

---

[37] Im Ergebnis so auch *Elsner*, Kontrolle der Tochtergesellschaften, S. 129, der die Optimierung des Informationsflusses unter dem Blickwinkel der verbesserten Befriedigung des Tochterkontrollbedürfnisses betrachtet.

[38] Vgl. BGHZ 114, 127, 130; BGHZ 126, 340, 344 f.; *Lutter/Krieger*, Rechte und Pflichten, Rz. 94 ff., 481; *Potthoff/Trescher/Theisen*, Rz. 1258 ff.; *v. Schenck*, Arbeitshandbuch Aufsichtsratmitglieder, § 7 Rz. 106 ff.

[39] Hierzu *Hoffmann-Becking* in Münchener Handbuch AG, § 29 Rz. 37; *Kropff* in Arbeitshandbuch Aufsichtsratmitglieder, § 8 Rz. 6 ff.; *Lutter/Krieger*, Rechte und Pflichten, Rz. 103 ff., 481; *Potthoff/Trescher/Theisen*, Rz. 1279.

[40] Hierzu ausführlich *Lutter/Krieger*, Rechte und Pflichten, Rz. 331 ff.

[41] *Lutter*, AG 1979, 85, 90; *Lutter/Krieger*, Rechte und Pflichten, Rz. 482.

[42] *Semler* in MünchKomm. AktG, § 111 Rz. 139.

betroffen ist, so kann es auch für den Vorstand einer herr-schenden Gesellschaft von Interesse sein, Vorgänge, Einschätzungen und Ansichten des Aufsichtsrats unmittelbar von diesem zu erfahren. Hier den Weg über den Vorstand des beherrschten Unternehmens nehmen zu müssen, wäre aus Gründen der Praktikabilität nicht einsehbar und darüber hinaus weniger geeignet. Auch aus Gründen guter Corporate Governance muss daher eine Gleichstellung des Aufsichtsrats mit dem Vorstand in Bezug auf mögliche Ausnahmen von der Verschwiegenheitspflicht zulässig sein.

Sofern im Konzern Ausnahmen von der Verschwiegenheitspflicht nach § 93 Abs. 1 Satz 3 AktG für den Vorstand möglich sind, müssen diese daher über § 116 AktG auch für den Aufsichtsrat möglich sein. Mithin ist ebenso in faktischen Konzernverhältnissen eine Gleichbehandlung von Vorstand und Aufsichtsrat in Bezug auf die Verschwiegenheitspflicht nach § 93 Abs. 1 Satz 3 AktG geboten. Die folgenden Ausführungen gelten daher für Vorstand und Aufsichtsrat gleichermaßen.

B. Inhaltlicher Anwendungsbereich des § 93 Abs. 1 Satz 3 AktG

Die Verschwiegenheitspflicht nach § 93 Abs. 1 Satz 3 AktG umfasst vertrauliche Angaben und Geheimnisse der Gesellschaft. Diese Begriffe sind nicht synonym zu verstehen.[43] Die Verschiedenheit beider Begriffe zeigt sich bereits darin, dass der Gesetzgeber in § 93 Abs. 1 Satz 3 AktG und § 404 AktG eine Unterscheidung vorgenommen hat. Zwar existieren Überschnei-dungen der Bedeutung beider Begriffe.[44] Im Folgenden werden sie jedoch getrennt voneinander dargestellt.

I. Geheimnisse der Gesellschaft

Geheimnisse der Gesellschaft sind Tatsachen, die nicht offenkundig sind und nach geäußertem oder aus Gesellschaftsinteresse ableitbarem mutmaßlichem Willen der Gesellschaft auch nicht offenkundig werden sollen, sofern an der Geheimhaltung ein objektives Geheimhaltungsbedürfnis besteht.[45] Die Tatsache muss allerdings nicht völlig unbekannt sein; relative Unbekanntheit reicht

---

[43] *Hopt* in Großkomm. AktG, § 93 Rz. 196; *Hengeler*, FS-Schilling, 175, 176; *Hüffer*, § 93 AktG, Rz. 7; *Lutter*, Information und Vertraulichkeit, Rz. 408 ff., 451 ff.; *Hefermehl/Spindler* in MünchKomm. AktG, § 93 Rz. 45; *Spieker*, NJW 1965, 1937, 1939; *v. Stebut*, Geheimnisschutz, S. 58 ff.; *Wiesner*, Münchener Handbuch AG, § 25 Rz. 39; a.A. allerdings *Kittner*, ZHR 136 (1972), 208, 224 ff.

[44] *Hopt* in Großkomm. AktG, § 93 Rz. 196.

[45] BGHZ 64, 325, 329 = NJW 1975, 1412; *Hopt* in Großkomm. AktG, § 93 Rz. 191; *Hefermehl/Spindler* in MünchKomm. AktG, § 93 Rz. 46; *S. H. Schneider*, Informationspflichten, S. 52 f.

aus.[46] Relativ unbekannt ist eine Tatsache etwa, wenn sie zwar einem beschränkten Personenkreis bekannt ist, ein Dritter aber nicht problemlos Zugang zu den Tatsachen hat.[47] Erforderlich ist nicht, dass die Weitergabe der Information zu einem Schaden der Gesellschaft führt. Ausreichend ist bereits die Möglichkeit eines Schadens für die Gesellschaft durch Weitergabe der entsprechenden Information.[48] Als Unterfall des Gesellschaftsgeheimnisses nennt § 93 Abs. 1 Satz 3 AktG Betriebs- oder Geschäftsgeheimnisse. Geheimnis im Sinne von § 93 Abs. 1 Satz 3 AktG sind weiterhin beispielsweise Herstellungsverfahren bestimmter Produkte, Produktionsvor-haben, Kundenstamm des Unternehmens, Finanzpläne und wesentliche Personalentscheidungen.[49]

§ 93 Abs. 1 Satz 3 AktG stellt eine abschließende Regelung dar, die nach § 23 Abs. 5 AktG nicht durch Satzung oder Geschäftsordnung gemildert oder verschärft werden kann.[50] Ob ein Geheimnis vorliegt oder nicht, ist daher objektiv zu bestimmen und steht nicht zur Disposition des Vorstandes.[51] Zwar muss im Zweifel auch das Verhalten des Vorstands als Indiz für das Gesellschaftsinteresse, herangezogen werden, doch gelten im Ergebnis zur Bestimmung des Gesellschaftsinteresses ebenfalls objektive Kriterien. So kann der Vorstand durch die Festlegung der Unternehmenspolitik auf den Geheimnischarakter einer bestimmten Information – gegebenenfalls auch nur gegenüber bestimmten Personen – für die Gesellschaft verzichten.[52] Hierbei muss er aber seine Pflichtenbindung nach § 93 AktG beachten.[53]

II. Vertrauliche Angaben

Vertrauliche Angaben können alle Informationen sein, die ein Vorstands- oder Aufsichtsratsmitglied durch seine Tätigkeit – nicht notwendig durch seine eigene Tätigkeit –, im Hinblick auf seine Tätigkeit oder aber auch ohne jeden Zusammenhang mit seiner Amtstätigkeit[54] erlangt hat und an deren Nichterör-

---

[46] *Lutter/Krieger*, Rechte und Pflichten, Rz. 253.

[47] *Lutter/Krieger*, Rechte und Pflichten, Rz. 253; *v. Stebut*, Geheimnisschutz, S. 12 ff.

[48] *Hengeler*, FS-Schilling, S. 175, 180; *Lutter/Krieger*, Rechte und Pflichten, Rz. 254.

[49] *Mertens* in KölnKomm. AktG, § 116 Rz. 44; *Lutter*, Information und Vertraulichkeit, Rz. 422 ff.; Hierzu sehr ausführlich *von Stebut*, Geheimnisschutz, S. 39 ff., 53 ff.

[50] BGHZ 64, 325, 326 f.

[51] So BGHZ 64, 325, 326 f. und die h.M. in der Literatur, vgl. *Mertens* in KölnKomm. AktG, § 116 Rz. 43; *Lutter*, Information und Vertraulichkeit, Rz. 409; *Lutter/Krieger*, Rechte und Pflichten, Rz. 255; *Hefermehl/Spindler* in MünchKomm. AktG, § 93 Rz. 48; a.A. *Wiesner* in Münchener Handbuch AG, § 25 Rz. 39.

[52] BGHZ 64, 325, 329; *Mertens* in KölnKomm. AktG, § 116 Rz. 43; *Lutter/Krieger*, Rechte und Pflichten, Rz. 256 f.

[53] *Lutter/Krieger*, Rechte und Pflichten, Rz. 257.

[54] Ausführlich zum Bezug zur Amtstätigkeit *Isele*, FS-Kronstein, S. 107, 115.

terung die Gesellschaft ein Interesse hat.[55] Die Informationen können von Dritten stammen, aber auch durch Beratungen im Vorstand, durch Vortrag von Mitarbeitern oder in ähnlicher Weise erlangt sein.[56] Der vertrauliche Charakter einer Angelegenheit kann sich nicht nur aus einem ausdrücklichen oder konkludenten Hinweis, sondern auch aus der Natur der Sache ergeben.[57] Entscheidend ist eine objektiv am Interesse der Gesellschaft und ihres Unternehmens ausgerichtete Beurteilung, nach der eine Weitergabe der Information nachteilig sein kann, auch wenn sie kein Geheimnis ist bzw. ihren Geheimnischarakter verloren hat.[58] In diesem Zusammenhang ist zum Beispiel an Rivalitäten und Streit in der Gesellschaft[59], Meinungsäußerungen und Stimmabgaben in Organsitzungen[60] oder an Personalangelegenheiten zu denken, die bekannt geworden sind und mithin ihren Geheimnischarakter verloren haben, an deren vertraulicher Behandlung die Gesellschaft aber nach wie vor ein Interesse hat.

C. Zeitlicher Anwendungsbereich

Die Verschwiegenheitspflicht nach § 93 Abs. 1 Satz 3 AktG beginnt mit Kenntniserlangung der Information während der Amtszeit. Sie endet allerdings nicht mit der Amtszeit, sondern dauert – auch ohne ausdrückliche Verein-barung – darüber hinaus fort.[61] Nach Ablauf der Amtszeit ergibt sich die Verschwiegenheitspflicht nach richtiger Ansicht allerdings nicht mehr aus § 93 Abs. 1 Satz 3 AktG bzw. für den Aufsichtsrat §§ 116, 93 Abs. 1 Satz 3 AktG, sondern aus einer nachwirkenden Treuepflicht der früheren Mitgliedschaft im Organ.[62] Dass – unabhängig von der Herleitung – jedenfalls eine Nachwirkung der Verschwiegenheitspflicht besteht, zeigt auch § 383 Abs. 1 Nr. 6 ZPO, wonach frühere Aufsichtsratsmitglieder im Zivilprozess berechtigt sind, die Aussage zu

---

[55] *Hüffer*, § 93 AktG Rz. 7; *Hefermehl/Spindler* in MünchKomm. AktG, § 93 Rz. 49; *Hopt* in Großkomm. AktG, § 93 Rz. 196 f.

[56] *Hefermehl/Spindler* in MünchKomm. AktG, § 93 Rz. 49; *v. Stebut*, Geheimnisschutz, S. 65 f.

[57] *Hüffer*, § 93 AktG, Rz. 7; *Kropff*, RegBegr., S. 123; *Hefermehl/Spindler* in MünchKomm. AktG, § 93 Rz. 49; *v. Stebut*, Geheimnisschutz, S. 64 f., 73.

[58] *Hopt* in Großkomm. AktG, § 93 Rz. 196 f.; *Hüffer*, § 93 AktG Rz. 7; *Lutter*, Information und Vertraulichkeit, Rz. 453; *Hefermehl/Spindler* in MünchKomm. AktG, § 93 Rz. 49.

[59] *Hopt* in Großkomm. AktG, § 93 Rz. 196.

[60] BGHZ 64, 325, 332 = NJW 1975, 1412.

[61] *Hopt* in Großkomm. AktG, § 93 Rz. 216; *Hefermehl/Spindler* in MünchKomm. AktG, § 93 AktG Rz. 61; *Hüffer*, § 93 AktG Rz. 7; *Isele*, FS-Kronstein, S. 107, 117 f.; *Mertens* in Köln-Komm. AktG, § 93 Rz. 84; *Nirk* in Handbuch der AG, Gesellschaftsrecht, Rz. 756.

[62] So für den Aufsichtsrat OLG Koblenz, WM 1987, 480, 481; *Hoffmann-Becking* in Münchener Handbuch AG, § 33, Rz. 32; *Lutter/Krieger*, Rechte und Pflichten, Rz. 279; *Marsch-Barner* in Arbeitshandbuch Aufsichtsratsmitglieder, § 12 Rz. 69.

verweigern, sofern sich die Vernehmung auf Tatsachen stützt, die ihnen anvertraut sind und deren Geheimhaltung geboten ist.[63]

Die These „Die Schweigepflicht endet nie."[64] ist allerdings zu weit gefasst. Ein Ende der Verschwiegenheitspflicht tritt nämlich jedenfalls dann ein, wenn der Geheimnis- oder Vertraulichkeitscharakter erloschen ist oder wenn das Geheimhaltungsinteresse der Gesellschaft aus diesem oder einem anderen Grund nicht mehr gegeben ist. Auch persönliche Gründe, die ein Ende der Schweigepflicht rechtfertigen, kommen in Betracht, sofern ein Schweigen dem Organmitglied unzumutbar ist. Hierbei ist insbesondere an Rechtsstreitigkeiten zu denken, in denen eigene Interessen verteidigt werden müssen, Organbeschlüsse angefochten werden müssen oder deren Nichtigkeit geltend gemacht werden muss. Allerdings ist in diesen Fällen äußerst schonend vorzugehen und der Rahmen der Erforderlichkeit einzuhalten. Die Abgrenzung des in erster Linie zu wahrenden Gesellschaftsinteresses zu einer berechtigten eigenen Rechtswahrnehmung wird man daher für jeden Einzelfall und unter Berücksichtigung der Umstände vornehmen müssen.[65]

D. Geltung im Konzern

Nach Klärung des generellen Umfangs der Verschwiegenheitspflicht von Vorstand und Aufsichtsrat nach § 93 Abs. 1 Satz 3 AktG bzw. §§ 116, 93 Abs. 1 Satz 3 AktG soll im Folgenden behandelt werden, welchen Umfang die Verschwiegenheitspflicht im Konzern hat. Es ist zu untersuchen, ob dort eine Modifikation des Umfangs vorgenommen werden muss. Ausnahmen von der Verschwiegenheitspflicht bzw. Grenzen der Verschwiegenheitspflicht können, wie am Beispiel der Nennung persönlicher Unzumutbarkeit als Grenze der Verschwiegenheitspflicht so eben sichtbar wurde, in unterschiedlichen Konstellationen in Betracht kommen.

Eine Einschränkung bzw. Modifikation der Verschwiegenheitspflicht im Konzern käme zum einen dann in Betracht, wenn das abhängige Unter-nehmen eine Verpflichtung zur Erteilung vollumfänglicher Informationen an das herrschende Unternehmen hätte, mithin das herrschende Unternehmen einen Anspruch gegen das beherrschte Unternehmen auch auf Erteilung solcher Informationen haben würde, die grundsätzlich von der Verschwiegenheitspflicht erfasst wären. Zum anderen wäre eine Einschränkung der Ver-

---

[63] *Lutter/Krieger*, Rechte und Pflichten, Rz. 279; OLG Koblenz, WM 1987, 480; *Mertens* in KölnKomm. AktG, § 116 Rz. 37.

[64] *Isele*, FS-Kronstein, S. 107, 118 a.E.

[65] Zum Komplex der Begrenzung der Verschwiegenheitspflicht aufgrund persönlicher Unzumutbarkeit siehe *Eutebach*, S. 41 ff.; *Golling*, S. 37 ff.; *Mertens* in KölnKomm. AktG, § 93 Rz. 83; *Meyer-Landrut*, AG 1964, 325, 326 f.

schwiegenheitspflicht dann denkbar, wenn das abhängige Unternehmen un-abhängig von einer solchen Pflicht die Berechtigung zur Informations-erteilung an das herrschende Unternehmen hätte. Wegen der unterschied-lichen Struktur und Grundlage der verschiedenen Arten von Unternehmens-verbindungen ist bei der Prüfung eines solchen Informationsanspruchs bzw. einer Informationspflicht allerdings erforderlich, nach der Art der Unter-nehmensverbindung zu differenzieren.

I. Verpflichtung des abhängigen Unternehmens zur Informations-erteilung bzw. Informationsanspruch des herrschenden Unternehmens

Zu prüfen ist zunächst, ob die herrschende Gesellschaft einen Anspruch gegen die beherrschte Gesellschaft auf Informationserteilung hat, also anders ausgedrückt, ob eine Verpflichtung der Tochtergesellschaft zur Erteilung von Informationen an ihre Muttergesellschaft besteht.

Ein solcher Anspruch kann sich nur gegen den Vorstand, nicht aber gegen den Aufsichtsrat der Tochtergesellschaft richten, da allein der Vorstand zur Vertretung berechtigt ist und mithin auch nur der Vorstand verpflichtet sein kann. Allerdings muss aus oben bereits genannten Gründen[66] auch hier gelten, dass, sofern ein Anspruch gegen den Vorstand existiert, der eine Durchbrechung der Verschwiegenheitspflicht aus § 93 Abs. 1 Satz 3 AktG begründet, auch die Verschwiegenheitspflicht des Aufsichtsrats entsprechend eingeschränkt sein muss.

Auf Seiten der Muttergesellschaft darf ein solcher Einsichts-, Prüfungs- oder Auskunftsanspruch nur vom Vorstand und nicht vom Aufsichtsrat der Gesellschaft ausgeübt werden.[67] Nach herrschender und richtiger Auffassung hat der Aufsichtsrat lediglich einen Informationsanspruch gegen den Vorstand seiner Gesellschaft, nicht aber gegen ihm untergeordnete Personen oder gar gegen Organe oder Mitarbeiter anderer Gesellschaften im Konzern.[68] Wird dem Aufsichtsrat keine Auskunftsperson gestellt, so muss er sich mit den Angaben des Vorstands begnügen.[69] Zwar mag es seltsam anmuten, dass die Bereitstellung von Daten für das Überwachungsorgan durch das zu überwachende Organ

---

[66] Siehe hierzu bereits oben die Diskussion zur Gleichbehandlung von Vorstand und Aufsichtsrat in Bezug auf die Verschwiegenheitspflicht aus § 93 Abs. 1 Satz 3 AktG, S. 6 ff.

[67] *Lutter*, AG 2006, 517 ff.; Potthoff/Trescher/*Theisen*, Rz. 763; *U. H. Schneider*, FS-Kropff, S. 271, 283.

[68] *Lutter*, AG 2006, 517 ff.; *Lutter/Krieger*, Rechte und Pflichten, Rz. 69; Potthoff/Trescher/*Theisen*, Rz. 763; *Theisen*, Der Aufsichtsrat 07-08/2006, S. 17; *v. Schenck*, NZG 2002, 64, 66; *Raiser/Veil*, Kapitalgesellschaftsrecht, § 15 Rz. 3; *Semler* in MünchKomm. AktG, § 111 Rz. 286; a.A. *Roth*, AG 2004, 1, 9; *Hopt/Roth* in GroßKomm. AktG, § 111 Rz. 512.

[69] Hierzu *Warncke*, Der Aufsichtsrat 07-08/2006, S. 07 f.

erfolgt,[70] doch wird dies den Bedürfnissen der Aufsichtsratsmitglieder und seiner Pflichten zumeist gerecht.[71] Ausnahmsweise muss der Aufsichtsrat dann nicht lediglich auf die Informationen des Vorstands vertrauen, wenn eine Gefährdungslage vorliegt und es um die Überprüfung gesetzeswidriger Handlungen der Unternehmens-leitung oder um die Vorbereitung der Geltendmachung eines Schadens-ersatzanspruchs geht.[72] In diesen Fällen darf auch der Aufsichtsrat unmittelbar Informationen fordern. Ansonsten hat die vertrauensvolle Zusammenarbeit von Vorstand und Aufsichtsrat einer Gesellschaft Priorität.[73] Dass diese Auffassung ebenfalls der des Gesetzgebers entspricht, deutet auch die dem Informationsteil[74] zuzuordnende Ziffer 3.1 des Deutschen Corporate Governance Kodex an, in der festgestellt wird, dass Vorstand und Aufsichtsrat zum Wohle der Gesellschaft eng zusammenarbeiten.[75] Ein durch Misstrauen geprägtes Verhältnis stünde einer solchen Zusammenarbeit entgegen.

Eine gesetzliche Anspruchsgrundlage, nach der dem herrschenden Unternehmen ein Anspruch gegen das beherrschte Unternehmen auf Erteilung vollumfänglicher Informationen, also ausdrücklich auch solcher, die von § 93 Abs. 1 Satz 3 AktG erfasst sind, existiert im Konzernrecht nicht. Im Folgenden werden daher Normen und gesetzliche Grundlagen der unterschiedlichen Konzernierungsformen untersucht, aus denen sich ein solcher vollumfänglicher Informationsanspruch des herrschenden Unter-nehmens ergeben könnte.

1. Eingliederung

Die Eingliederung nach §§ 319 ff. AktG ist ein korporationsrechtlicher Vorgang, der ein Konzernverhältnis im Sinne von § 18 Abs. 1 Satz 2 AktG zwischen der eingegliederten und der Hauptgesellschaft begründet.[76] Die Eingliederung steht wirtschaftlich einer Verschmelzung nach §§ 2 Nr. 1, 20 Abs. 1

---

[70] *Mildner*, Der Aufsichtsrat 07-08/2006, S. 11 f.

[71] So stellte *Welge*, Der Aufsichtsrat 07-08/2006, S. 01 im Rahmen einer empirischen Untersuchung fest, dass der Aufsichtsrat innenorientiert agiert und kaum externe Informationsquellen nutzt. Er verlässt sich weitgehend auf die Ausführungen des Vorstands und auf seine eigenen Erfahrungen. Die Untersuchung hat weiter ergeben, dass Aufsichtsratsmitglieder gerade der Schaffung einer partnerschaftlichen Argumentationskultur große Bedeutung einräumen.

[72] *Theisen*, Der Aufsichtsrat 07-08/2006, S. 17.

[73] *Lutter*, AG 2006, 517, 521.

[74] Allgemein zur Einteilungen der Bestimmungen des Deutschen Corporate Governance Kodex in *Informationsteil*, *Anregungen* und *Empfehlungen* und der jeweiligen Bedeutung dieser Gruppen siehe nur *Kirschbaum/Wittmann*, JuS 2005, 1062, 1063 f.

[75] Es ist allerdings zu beachten, dass der Deutsche Corporate Governance Kodex teilweise Gesetzesauslegungen vornimmt, die die keine verbindliche Wirkung haben. Siehe hierzu *Semler* in MünchKomm. AktG, § 161 Rz. 26, 57.

[76] *Kuhlmann/Ahnis*, Konzernrecht, S. 13.

Nr. 1 und Nr. 2, 60 ff UmwG, bei der ein Rechtsträger durch Aufgehen in einen anderen Rechtsträger erlischt, nahe.[77] Bei der Eingliederung bleiben jedoch zwei selbständige juristische Personen bestehen. Auch bei ihr handelt es sich folglich um ein polykorporatives Unternehmen.[78] Die Eingliederung ist allerdings die intensivste rechtliche und faktische Verbindung, die verbundene Unternehmen haben können.[79]

Die Eingliederung ist weiterhin dadurch gekennzeichnet, dass keine außenstehenden Aktionäre existieren. Entweder handelt es sich nämlich um die Eingliederung einer hundertprozentigen Tochter nach § 319 AktG oder aber um die Eingliederung durch Mehrheitsbeschluss nach § 320 AktG. Für die Fälle des § 320 AktG sehen §§ 320a, 320b AktG wiederum das Ausscheiden der außenstehenden Aktionäre aus der Gesellschaft gegen eine angemessene Abfindung in Aktien der Hauptgesellschaft vor.

Besonderheit der Eingliederung ist darüber hinaus, dass die Hauptgesellschaft gemäß § 323 Abs. 1 AktG nahezu in vollem Umfang weisungsberechtigt ist. Sie trägt allerdings auch das geschäftspolitische Risiko der eingegliederten Gesellschaft und haftet gemäß § 322 AktG für die Verbindlichkeiten dieser Gesellschaft als Gesamtschuldnerin.

a) Informationsrecht aus § 131 Abs. 1 AktG

Als vollumfängliches Informationsrecht der herrschenden Gesellschaft gegen die beherrschte Gesellschaft aus der Mitgliedschaft kommt zunächst ein Anspruch aus § 131 Abs. 1 AktG in Betracht. Hiernach ist jedem Aktionär auf Verlangen in der Hauptversammlung vom Vorstand Auskunft über Angelegenheiten der Gesellschaft zu geben, soweit sie zur sachgemäßen Beurteilung eines Gegenstands der Tagesordnung erforderlich ist. Geht es beispielsweise um den in der Hauptversammlung regelmäßig vorgesehenen Tagesordnungspunkt der Entlastung des Vorstands gemäß § 120 Abs. 3 AktG, sind hiervon nahezu alle unmittelbaren Geschäftsangelegenheiten der Gesell-schaft erfasst.[80] Informationen über unmittelbare Geschäftsangelegenheiten werden vielfach auch solche Informationen umfassen, die unter die Verschwiegenheitspflicht nach § 93 Abs. 1 Satz 3 AktG fallen. Grundsätzlich müsste der

---

[77] *Emmerich/Habersack*, Konzernrecht, S. 132; *Kropff*, RegBegr., S. 421; *Theisen*, Konzern, S. 43; eine vergleichende Gegenüberstellung von Eingliederung und Verschmelzung findet sich bei *Schubert/Küting*, Unternehmungszusammenschlüsse, S. 325 ff.

[78] Vgl. zum Begriff *Bälz*, FS-Raiser, S. 287, 320.

[79] *Emmerich/Habersack*, Konzernrecht, S. 147; *Theisen*, Konzern, S. 43.

[80] *Pelzer*, Auskunftsrecht der Aktionäre, S. 130; *Semler*, Münchener Handbuch AG, § 37 Rz. 7; *Zöllner*, KölnKomm. AktG, § 131 Rz. 24.

Informationsanspruch der Aktionäre nach § 131 Abs. 1 AktG daher auch solche Informationen einschließen.

§ 131 Abs. 3 Satz 1 Nr. 1 AktG gibt dem Vorstand allerdings dann ein Recht, die Auskunft zu verweigern, wenn die Erteilung der Auskunft nach vernünftiger kaufmännischer Beurteilung geeignet ist, der Gesellschaft einen nicht unerheblichen Nachteil zuzufügen.[81] Die Weitergabe von vertraulichen oder geheimen Informationen im Rahmen einer Hauptversammlung wird jedenfalls als geeignet anzusehen sein, der Gesellschaft einen nicht unerheblichen Nachteil zuzufügen. Hierdurch würden die Informationen einer Öffentlichkeit zugänglich gemacht, die wiederum nicht selbst zur Verschwiegenheit verpflichtet werden könnte, wodurch die Gefahr der weiteren Verbreitung geschaffen würde.

Zudem findet sich in § 131 Abs. 3 Nr. 5 AktG eine Regelung, nach der der Vorstand die Auskunft verweigern darf, soweit er sich durch die Erteilung der Auskunft strafbar machen würde. Die Weitergabe von geheimen Informationen, welche nach § 93 Abs. 1 Satz 3 AktG untersagt ist, begründet zugleich eine Strafbarkeit des Vorstands nach § 404 AktG.

Nach allgemeiner Auffassung wird daher davon ausgegangen, dass das Auskunftsverweigerungsrecht des Vorstands nach § 131 Abs. 3 AktG sogar in eine Auskunftsverweigerungspflicht umschlägt, wenn der Vorstand durch die Erteilung der Auskunft gegen seine Verschwiegenheitspflicht nach § 93 Abs. 1 Satz 3 AktG verstoßen würde.[82]

Aus § 131 Abs. 1 AktG ergibt sich mithin kein Informationsanspruch des herrschenden Unternehmens gegen das von ihm beherrschte Unternehmen, der auch geheime oder vertrauliche Informationen im Sinne von § 93 Abs. 1 Satz 3 AktG erfasst.

b) Stellung als Alleingesellschafterin der eingegliederten Gesellschaft

Weiter könnte daran gedacht werden, dass die herrschende Gesellschaft bei der Eingliederung allein aufgrund ihrer Alleingesellschafterposition einen Anspruch auf Erhalt auch solcher haben könnte, welche grundsätzlich unter den Schutz von § 93 Abs. 1 Satz 3 AktG fallen.

---

[81] Hierzu ausführlich *Wohlleben*, Informationsrechte, S. 149 ff.; siehe auch *Lutter*, ZIP 1997, 613, 616.

[82] BGHZ 36, 121, 131; *Decher* in GroßKomm. AktG, § 131 Rz. 292; *Hüffer*, § 131 AktG Rz. 23; *Kubis* in KölnKomm. AktG, § 131 Rz. 96; *Semler* in Münchener Handbuch AG, § 37 Rz. 29.

Der Erhalt von Informationen ist wesentlicher Bestandteil des Mitgliedschaftsrechts eines Aktionärs[83] und wird teilweise sogar als „mitgliedschaftliches Grundrecht" bezeichnet.[84] Information ist eine notwendige Voraussetzung für die Wahrnehmung der mitgliedschaftlichen Rechte des Aktionärs. Die Bedeutung von Information wird daher umso größer, je größer der Anteil eines Gesellschafters und mithin seine mitgliedschaftlichen Einwirkungsmöglichkeiten sind.

Die herrschende Gesellschaft bei der Eingliederung hat zwar bereits aufgrund ihrer Stellung als Alleingesellschafterin ein besonders großes Interesse am Erhalt auch vertraulicher oder geheimer Informationen. Dieses Interesse kann allerdings nicht allein zur Zulässigkeit der Offenbarung vertraulicher Informationen oder Geheimnissen der Gesellschaft führen.[85] Der Gesetzgeber hat die Bedeutung der mitgliedschaftlichen Informations- und Einwirkungs-rechte gesehen – dies zeigt sich beispielsweise an einer Vorschrift wie § 131 Abs. 1 AktG –, diese dennoch neben die Verschwiegenheitpflicht nach § 93 Abs. 1 Satz 3 AktG gestellt, ohne ausdrücklich für den Fall der Eingliederung, einer sonstigen Form der Konzernierung oder Stellung als Mehrheits-gesellschafter einen Ausnahmetatbestand in das AktG einzufügen. Es ist daher als Wille des Gesetzgebers hinzunehmen, dass allein eine Mehrheits-beteiligung bzw. sogar eine Stellung als Alleingesellschafter nichts daran ändert, dass grundsätzlich auch das Organmitglied einer Tochtergesellschaft gegenüber der Muttergesellschaft bei der Eingliederung den Geheimhaltungs-pflichten nach § 93 Abs. 1 Satz 3 AktG unterliegt.[86]

c) Informationsrecht aufgrund von § 90 Abs. 1 AktG

Ein Informationsanspruch des herrschenden Unternehmens gegen das eingegliederte Unternehmen könnte sich aus § 90 Abs. 1 Satz 2, 3 AktG ergeben. Nach dieser Vorschrift muss der Vorstand des Mutterunternehmens in seiner periodischen Berichterstattung an den Aufsichtsrat des eigenen Unternehmens auch auf Tochterunternehmen i.S.v. § 290 Abs. 1, 2 HGB und auf Gemeinschaftsunternehmen i.S.v. § 310 Abs. 1 HGB eingehen. Die Berichtspflicht über das eigene Unternehmen umfasst auch solche Informationen, die geheim oder vertraulich sind und mithin unter die Schweigepflicht nach § 93 Abs. 1 Satz 3 AktG fallen.[87] Fraglich ist somit, ob der Vorstand durch § 90

---

[83] BVerfG, Urteil v. 20.9.1999 – 1 BvR 636/95, AG 2000, 74 = NJW 2000, 349; *Karsten Schmidt*, Gesellschaftsrecht, § 28 IV 3, S. 842.

[84] *Habersack/Verse*, AG 2003, 300; *Karsten Schmidt*, Gesellschaftsrecht, § 21 III, S. 624.

[85] *Hefermehl/Spindler* in MünchKomm. AktG, § 93, Rz. 54.

[86] *Hefermehl/Spindler* in MünchKomm. AktG, § 93, Rz. 54.

[87] Zum Inhalt der Berichtspflicht ausführlich *Hefermehl/Spindler* in MünchKomm. AktG § 90 Rz. 14 ff.; Zur Nichtgeltung der Verschwiegenheitspflicht des Vorstands im Verhältnis zum

Abs. 1 Satz 2 AktG, welcher erst 2002 durch das TransPuG[88] in das AktG eingeführt worden ist, oder § 90 Abs. 1 Satz 3 AktG, ein konzernweites Informationsrecht erhalten hat.

§ 90 Abs. 1 Satz 2 AktG normiert eine auch auf verbundene Unternehmen bezogene Berichtspflicht. Hierdurch soll festgelegt werden, dass der Vorstand sich nicht auf seinen Kenntnisstand zurückziehen darf und seinen Aufsichtsrat nicht lediglich über solche Vorgänge bei einem verbundenen Unternehmen informieren muss, die ihm ohne eigenes Zutun bekannt geworden sind.[89] Seiner Pflicht zur Regelberichterstattung wird er erst dann gerecht, wenn er die für die Berichterstattung notwendigen Informationen von sich aus im Rahmen des nach den gesetzlichen Bestimmungen Zulässigen, des ihm faktisch Möglichen und konkret Zumutbaren beschafft.[90] Es wird deutlich, dass der Gesetzgeber dem Vorstand durch die Einfügung von § 90 Abs. 1 Satz 2 AktG kein konzernweites vollumfängliches Informationsrecht geben wollte,[91] sondern ihn lediglich dazu verpflichten wollte, seine bereits bestehenden (rechtlichen) Möglichkeiten vollständig auszuschöpfen.[92] Aus § 90 Abs. 1 Satz 2 AktG lässt sich mithin kein Informationsanspruch herleiten, der die Zulässigkeit eine Durchbrechung der Verschwiegenheitspflicht nach § 93 Abs. 1 Satz 3 AktG begründen würde.

§ 90 Abs. 1 Satz 3 AktG regelt, dass als wichtiger Anlass, der eine Berichtspflicht des Vorstands an den Aufsichtsratsvorsitzenden begründet, auch ein dem Vorstand bekannt gewordener geschäftlicher Vorgang bei einem verbundenen Unternehmen gilt, der auf die Lage der Gesellschaft von erheblichem Einfluss sein kann. Diese Regelung bezieht sich ausdrücklich auf solche Informationen, die dem Vorstand bekannt *geworden* sind. Hieraus einen Anspruch des Vorstands auf Erhalt von Informationen, die sich auf geschäftliche

---

Aufsichtsrat in Bezug auf die Berichtspflicht nach § 90 Abs. 1 AktG siehe nur BGHZ 20, 239, 246; *Hefermehl/Spindler* MünchKomm. AktG, § 90 Rz. 51; *Hüffer*, § 90 AktG Rz. 3.

[88] Gesetzes zur weiteren Reform des Aktien- und Bilanzrechts, zu Transparenz und Publizität (Transparenz- und Publizitätsgesetz; BGBl. 2002 I, S. 2681), in Kraft getreten am 26.07.2002.

[89] RegBegr 14/8769, S. 14; *Hefermehl/Spindler* in MünchKomm. AktG § 90 Rz. 20; *Hüffer*, § 90 AktG Rz. 7 a.

[90] RegBegr 14/8769, S. 14.

[91] Vgl. *Hüffer*, § 90 AktG Rz. 7 a; *Potthoff/Trescher/Theisen*, Aufsichtsratsmitglied, Rz. 761; Sich allerdings für die Notwendigkeit eines solchen konzernweiten Informationsrechts aussprechend *Schwark*, ZHR-Beiheft 71, S. 75, 88 f.; *Kropff* in MünchKomm. AktG, § 311 Rz. 299.

[92] So betont *Götz*, NZG 2002, 599, 600, dass es sich bei der in § 90 Abs. 1 Satz 2 AktG erfolgten Ergänzung lediglich um eine Klarstellung der bereits vor Erlass des TransPuG bestehenden Lage handelt; ebenso *Ihrig/Wagner*, BB 2002, 789, 793. Zur bereits vor dem TransPuG bestehenden Rechtslage siehe nur *Lutter*, Information und Vertraulichkeit, 2. Aufl., S. 40 ff.

Vorgänge bei verbundenen Unternehmen beziehen, zu schließen, ist nicht vom Wortlaut der Norm erfasst und auch mit Hilfe anderer Auslegungsmethoden nicht herzuleiten. Ein derartiges Verständnis der Norm wäre mithin eine unzulässige Ausweitung dieser gesetzlichen Regelung. Auch § 90 Abs. 1 Satz 3 AktG begründet somit keine Zulässigkeit der Durch-brechung der Schweigepflicht.

Ein Informationsanspruch des herrschenden Unternehmens gegen das beherrschte Unternehmen in der Eingliederung ergibt sich somit nicht aus der Berichtspflicht des Vorstands an den Aufsichtsrat nach § 90 Abs. 1 AktG.

d) Informationsanspruch aus § 326 AktG

Der umfangreichen Weisungsberechtigung der Hauptgesellschaft, welche mit einer ebenso umfangreichen Haftung der Hauptgesellschaft einhergeht, folgt das Auskunftsrecht der Aktionäre der Hauptgesellschaft nach § 326 AktG. Hiernach ist jedem Aktionär der Hauptgesellschaft über Angelegenheiten der eingegliederten Gesellschaft ebenso Auskunft zu erteilen wie über Angelegenheiten der Hauptgesellschaft. Der Grund dafür liegt darin, dass die eingegliederte Gesellschaft trotz ihrer fortdauernden rechtlichen Selbständig-keit bei diesem Aspekt wie eine unselbständige Betriebsabteilung der Hauptgesellschaft behandelt wird.[93]

Sofern das Auskunftsrecht nach § 326 AktG auch vertrauliche oder geheime Informationen der eingegliederten Gesellschaft umfasst, könnte dies gegebenenfalls bereits die Berechtigung der Hauptgesellschaft implizieren, solche Informationen von der eingegliederten Gesellschaft zu erhalten.

Über Angelegenheiten der Hauptgesellschaft wiederum steht den Aktionären der Hauptgesellschaft ein Auskunftsrecht nach § 131 Abs. 1 AktG zu. § 131 Abs. 1 Satz 1 AktG gibt den Gesellschaftern ein Auskunftsrecht über Angelegenheiten der Gesellschaft, soweit sie zur sachgemäßen Beurteilung des Gegenstands der Tagesordnung erforderlich sind und umfasst damit grundsätzlich alle Informationen, die sich auf die AG und ihre Tätigkeit beziehen.[94] Wie bereits oben[95] dargestellt, trifft den Vorstand aber sogar eine Auskunftsverweigerungspflicht, wenn es um die Erteilung von Informationen geht, die Geheimnisse oder vertrauliche Angaben der Gesellschaft beinhalten.[96] Das Auskunftsrecht der Gesellschafter nach § 131 Abs. 1 Satz 2 AktG, welches die

---

[93] Vgl. hierzu *Hüffer*, § 326 AktG Rz. 1; *Kropff*, RegBegr., S. 431.

[94] *Hüffer*, § 131 AktG Rz. 11.

[95] Siehe oben S. 19.

[96] BGHZ 36, 121, 131; *Decher* in GroßKomm. AktG, § 131 Rz. 292; *Hüffer*, § 131 AktG Rz. 23; *Kubis* in KölnKomm. AktG, § 131 Rz. 96; *Semler* in Münchener Handbuch AG, § 37 Rz. 29.

Auskunftspflicht des Vorstands ausdrücklich auch auf die rechtlichen geschäftlichen Beziehungen der Gesellschaft zu einem verbundenen Unternehmen erstreckt, wird einhellig als rein deklaratorisch und ohne eigenen materiellen Anwendungsbereich angesehen;[97] es geht also auch bezüglich vertraulicher und geheimer Informationen beherrschter Gesellschaften nicht weiter als das Auskunftsrecht nach § 131 Abs. 1 Satz 1 AktG. Solche Informationen werden daher auch nicht von § 326 AktG erfasst.

Folglich impliziert nicht bereits das Auskunftsrecht nach § 326 AktG einen Anspruch der Hauptgesellschaft gegen die eingegliederte Gesellschaft auf Erhalt vertraulicher oder geheimer Informationen der eingegliederten Gesellschaft.

e) Informationsanspruch aus dem Maß der einheitlichen Leitung

Denkbar wäre weiterhin, dass sich ein Informationsanspruch des herrschenden Unternehmens gegen das eingegliederte Unternehmen aus der Intensität der erlaubten bzw. sogar erforderlichen einheitlichen Leitung ergeben könnte.

Auf die Feststellung des tatsächlichen Vorliegens einheitlicher Leitung kommt es in der Praxis grundsätzlich nur dann an, wenn nicht die gesetzlichen Vermutungstatbestände eingreifen oder diese Vermutungen widerlegt werden sollen.[98] Gemäß § 18 Abs. 1 Satz 2 AktG sind Unternehmen, von denen das eine in das andere im Sinne von § 319 AktG eingegliedert ist, als unter einheitlicher Leitung zusammengefasst anzusehen. Nach dieser gesetzlichen Regelung wird unwiderleglich vermutet, dass eingegliederte Unternehmen unter einheitlicher Leitung zusammengefasst sind.[99] Dass bei der Eingliede-rung von den durch das umfassende Weisungsrecht nach §§ 308, 323 AktG möglichen Einwirkungsmöglichkeiten Gebrauch gemacht wird, dürfte neben der gesetzlichen Konzernvermutung des § 18 AktG auch den rechtstat-sächlichen Begebenheiten entsprechen.[100]

Allein die Feststellung des Vorliegens einheitlicher Leitung reicht allerdings nicht aus, um die Frage zu beantworten, ob einheitliche Leitung eine Durchbrechung der Verschwiegenheitspflicht nach § 93 Abs. 1 Satz 3 AktG erforder-

---

[97] OLG Bremen, AG 1981, 229, 230; LG München I, AG 1999, 283, 284; *Decher* in Groß-Komm. AktG, § 131 Rz. 232; *Hüffer*, § 131 AktG Rz. 13; *Kubis* in MünchKomm. AktG, § 131 Rz. 62; *Lutter*, AG 1985, 117, 120; *Zöllner* in KölnKomm. AktG, § 131 Rz. 29.

[98] Vgl. *Lutter*, Begriff und Erscheinungsformen der Holding, in Lutter (Hrsg.), Holding-Handbuch, S. 21, § 1 Rz. 38.

[99] So die herrschende Meinung, siehe nur *Bayer*, in: MünchKomm. AktG, § 18 Rz. 44; *Koppensteiner*, in: KölnKomm. AktG, § 18 Rz. 39; *Krieger* in Münchener Handbuch AG, § 68 Rz. 71; *Lutter*, Begriff und Erscheinungsformen der Holding, in Lutter (Hrsg.), Holding-Handbuch, S. 22, § 1 Rz. 39 ff.

[100] *Bayer* in MünchKomm. AktG, § 18 AktG Rz. 44; *Hüffer*, § 18 AktG Rz. 17

lich macht bzw. wenigstens die Zulässigkeit einer solchen Durchbrechung begründet. Vielmehr ist hierzu notwendig, den konkreten Inhalt und Umfang der einheitlichen Leitung zu bestimmen. Was unter einheitlicher Leitung im Allgemeinen und im Besonderen bei der Eingliederung zu verstehen ist, soll daher im Folgenden näher erläutert werden.

aa) Generelle Bedeutung und Umfang der einheitlichen Leitung

Inhalt und Umfang der einheitlichen Leitung sind vom Gesetzgeber bewusst offen gelassen worden.[101] Die Begründung zum Regierungsentwurf führt aus, dass nicht zu weit gehende Anforderung an das Ausmaß und die Form der einheitlichen Leitung gestellt werden dürfen. Die einheitliche Leitung müsse aber alle irgendwie wesentlichen Bereiche der unternehmerischen Tätigkeit erfassen. Es müsse bereits als Zusammenfassung unter einheitlicher Leitung angesehen werden, wenn die Konzernleitung die Geschäftspolitik der Konzerngesellschaft und sonstige grundsätzliche Fragen ihrer Geschäfts-führung aufeinander abstimmt. Eine solche Abstimmung könne sich bereits in gemeinsamen Beratungen in lockerer Form vollziehen oder aus einer perso-nellen Verflechtung der Verwaltungen ergeben. Ein Weisungsrecht sei nach der Regierungsbegründung hierzu allerdings nicht erforderlich.[102]

Trotz dieser Eingrenzung des Inhalts und Umfangs der einheitlichen Leitung bleibt eine Klärung des Begriffs bewusst aus. Durch die Rechtsprechung ist der Begriff der einheitlichen Leitung bisher noch nicht präzisiert worden und in der Konzernrechtswissenschaft werden Inhalt und Umfang der einheitlichen Leitung unterschiedlich bestimmt.[103] Teilweise wird sogar bezweifelt, dass der Begriff verbindlich geklärt werden könne.[104] Aus den zahlreichen in der Literatur geäußerten Differenzierungen lassen sich dennoch vier Hauptan-sichten herausfiltern.[105] Diese enthalten partielle Überschneidungen, haben allerdings jeweils einen anderen Schwerpunkt.[106]

---

[101] Vgl. *Koppensteiner*, in: KölnKomm. AktG, § 18 Rz. 15; *Kropff*, RegBegr., S. 33; *Lutter*, Begriff und Erscheinungsformen der Holding, in Lutter (Hrsg.), Holding-Handbuch, S. 20 f., § 1 Rz. 37 f.
[102] Nachzulesen bei *Kropff*, RegBegr., S. 33.
[103] Vgl. *Fleischer*, DB 2005, 759, 760.
[104] *Flume*, DB 1968, 1011, 1013.
[105] Eine ähnliche Unterteilung der verschiedenen Auffassungen findet sich auch bei *Fleischer*, DB 2005, 759 ff.
[106] Teilweise wird die Diskussion lediglich um einen so genannten „engen" und „weiten" Konzernbegriff geführt. Siehe hierzu *Lutter*, Begriff und Erscheinungsform der Holding, in Lutter (Hrsg.), Holding-Handbuch, S. 21, Fn. 1 mwN, § 1 Rz. 37.

(1) Umfassende Leitung durch die Muttergesellschaft

In der Literatur findet sich zunächst eine Auffassung, nach der die einheitliche Leitung der Muttergesellschaft eine umfassende Leitungskompetenz zuweist. Diese umfassende Leitungskompetenz wird nicht nur als Recht, sondern als Pflicht der Muttergesellschaft zur einheitlichen Leitung verstanden. Der Vorstand der Muttergesellschaft ist nach dieser Auffassung verpflichtet, die Tochtergesellschaften unter seiner einheitlichen Leitung zu einem Konzern zusammenzuführen und das Konzerngeschehen bis in alle Einzelheiten der Tochteraktivitäten hinein zu lenken.[107] Hierunter wird insbesondere verstanden, den Gesellschaftszweck der Aktiengesellschaft an der Spitze des Konzerns im gesamten Bereich des Konzerns zu verwirklichen.[108] Zwar ist der Gesellschaftszweck vorrangig nur auf das Innenverhältnis einer Aktiengesellschaft bezogen und bezeichnet originär den von den Gründern festgelegten Sinn des Zusammenschlusses.[109] Die Vertreter der Auffassung, dass einheitliche Leitung eine umfassende Leitung durch die Mutter-gesellschaft bedeutet, gehen allerdings davon aus, dass zur Verwirklichung der ihr konzernweit zugeordneten Verwirklichung des Gesellschaftszwecks auch auf den Unternehmensgegenstand der zum Konzernverbund gehörenden Gesellschaften eingewirkt werden kann. Hiervon umfasst sind insbesondere die Organisation des Konzerngeschehens und die Lenkung der Konzernaktivitäten. Namentlich soll die Obergesellschaft über die Konzernpolitik und darüber hinaus über all die Maßnahmen entscheiden, die für die Lage des Gesamtkonzerns im Beschaffungs-, Investitions-, Produktions-, Finanzierungs- oder Absatzbereich von entscheidendem Gewicht sind.[110] Folglich sollen auch die Aktivitäten der Tochtergesellschaften im Lenkungsbereich der Obergesellschaft liegen. Mit diesem umfangreichen Pflichtenkreis muss dieser Ansicht zufolge ebenfalls ein umfassendes und leistungsfähiges konzerninternes Kontrollsystem einhergehen. Bei Zuwider-handlungen gegen Konzernvorgaben habe die Obergesellschaft die Pflicht, steuernd in die Tochteraktivitäten einzugreifen. Ein Teil der Vertreter dieses sehr weit gefassten Umfangs der einheitlichen Leitung bis hin zur Konzern-leitungspflicht sieht allerdings die Möglichkeit, dass der Umfang

---

[107] *Hommelhoff*, Konzernleitungspflicht, S. 43 ff., 165 ff.; *Kropff*, ZGR 1984, 112 ff.; *U.H. Schneider*, BB 1981, 249, 253; *Lutter*, Begriff und Erscheinungsform der Holding, in Lutter (Hrsg.), Holding-Handbuch, S. 21, § 1 Rz. 37 f.; *Timm*, AG als Konzernspitze, S. 95 f.; *Karsten Schmidt*, Gesellschaftsrecht, § 31 II 4c, S. 947, der die einheitliche Leitung jedenfalls als Pflicht und nicht nur als Recht des herrschenden Unternehmens sieht; den Umfang der einheitlichen Leitung bestimmt er zwar nicht konkret, impliziert insbesondere durch den zustimmenden Verweis auf *Hommelhoff* und seine Äußerungen zu Verflechtungen der Organe allerdings, dass er ebenfalls der Auffassung ist, die Muttergesellschaft habe eine umfassende Leitungskompetenz.

[108] *Hommelhoff*, Konzernleitungspflicht, S. 190.

[109] *Heider* in MünchKomm. AktG, § 3 Rz. 13 ff., 15; *Kraft* in KölnKomm. AktG, § 3 Rz. 9 ff.

[110] *Hommelhoff*, Konzernleitungspflicht, S. 190 f.; *Potthoff*, Führungsinstrumentarien, S. 11 f., 17 f., 27 f.

durch entsprechende Regelungen in der Satzung verringert werden könne.[111] Eine solche spätere Möglichkeit der Verringerung des Umfangs spielt für die Frage, welchen Umfang die einheitliche Leitung der Konzernobergesellschaft grundsätzlich hat, keine primäre Rolle. Relevant ist vielmehr, dass nach dieser Auffassung die einheitliche Leitung jedenfalls grundsätzlich eine umfassende Leitung durch die Muttergesellschaft darstellt.

(2) Bestimmung der Leitungsintensität nach dem Ermessen des Vorstands der Muttergesellschaft

Nach anderer Auffassung muss sich die einheitliche Leitung innerhalb einer unternehmerischen Führungsfunktion nicht auf alle Bereiche erstrecken, in denen Führungsentscheidungen getroffen werden.[112] Es soll hiernach bereits ausreichend sein, wenn das herrschende Unternehmen für den Konzern innerhalb der unternehmerischen Führungsfunktion „Zielsetzung und Planung" für nur einen relevanten Bereich Ziele setzt und Planungen vornimmt.[113] Als solche relevanten Bereiche werden dieser Ansicht nach das Finanzwesen, Beschaffung, Produktion, Absatz und Personalwesen gesehen.[114] Dieser Auffassung zufolge mag schon die Ausübung eines Minimums an einheitlicher Leitung geschäftspolitisch richtig und ausreichend sein.[115] Ein solches Mindestmaß an Einheitlichkeit im Sinne der Planung einer unternehmerischen Zielverwirklichung müsse allerdings gegeben sein. Diese Einheitlichkeit herzustellen und regelmäßig zu überprüfen, in welchem Umfang eine Einflussnahme erforderlich ist bzw. ob eine nur minimale Einflussnahme ausreichend ist, um der Sorgfaltspflicht des Vorstands der Konzernober-gesellschaft nachzukommen, sei als Pflicht der Obergesellschaft zu sehen.[116] Festzuhalten ist, dass der Konzernobergesellschaft dementsprechend kein Wahlrecht zusteht, *ob* sie grundsätzlich einheitliche Leitung ausübt, sondern lediglich welchen Umfang die Einflussnahme im Rahmen der einheitlichen Leitung tatsächlich haben soll.[117] Die Obergesellschaft hat also die Befugnis, aber zugleich auch die Verpflichtung, eine Einschätzung bezüglich des erforderlichen Umfangs der Einflussnahme vorzunehmen. Dieser Ansicht zufolge sei das Leitungser-

---

[111] *Kropff*, ZGR 1984, 112, 128 f.

[112] *Burgard*, ZHR 162 (1998), 51, 96; *Mertens, Wiedemann, Zöllner Albach*, NB 1966, 30, 33; *Dierdorf*, S. 78, 81; *Gessler*, Komm. AktG, § 18 Rz. 34; *Hüffer*, § 76 AktG Rz. 17; *Koppensteiner* in KölnKomm. AktG, Vorb. § 291 AktG Rz. 72; *Werner*, Der aktienrechtliche Abhängigkeitstatbestand, S. 39; Semler, Leitung und Überwachung, S. 161.

[113] *Semler*, Leitung und Überwachung, S. 161.

[114] *Semler*, Leitung und Überwachung, S. 161.

[115] *Semler*, Leitung und Überwachung, S. 161.

[116] *Semler*, Leitung und Überwachung, S. 161.

[117] *Semler*, Leitung und Überwachung, S. 161 f.

messen des Vorstands nach § 76 Abs. 1 AktG zudem satzungsfest.[118] Eine Verpflichtung zur Leitung kann somit nach dieser Ansicht auch nicht pauschal durch entsprechende Regelungen in der Satzung festgelegt werden.[119]

(3) Bestimmung der Leitungsintensität nach Konzernarten

Nach einer weiteren Stellungnahme in der Literatur wird die Leitungsintensität davon abhängig gemacht, welche Art der unternehmerischen Verbindung zwischen den Gesellschaften besteht.[120] Die Beteiligungsbetreuung des Vorstands der Muttergesellschaft soll sich nur dann zu einer Konzernleitungspflicht verdichten, wenn die Beteiligungsgesellschaft entweder eingegliedert ist, einem Beherrschungsvertrag unterworfen ist oder aber die Satzung der eigenen Gesellschaft eine Konzernleitungspflicht vorschreibt.[121] In allen anderen Fällen soll der Vorstand aufgrund seines Leitungsermessens nach § 76 AktG ein breites Organisationsermessen haben.[122] Von der Satzungsfestigkeit des Leitungsermessens ist dieser Ansicht folgend mithin nicht auszugehen.[123] Für den Vorstand bestünde zudem wenigstens die Pflicht zur Überwachung der Beteiligungsgesellschaft auf Rechtmäßigkeit, Ordnungsmäßigkeit, Zweckmäßigkeit und Wirtschaftlichkeit.[124] Darüber hinaus soll der Vorstand der Obergesellschaft weiterhin verpflichtet sein, eventuelle Synergiepotentiale zu identifizieren und für den Konzernverbund zu nutzen.[125]

(4) Nur situationsbezogene Sorgfaltspflichten der Muttergesellschaft

Schließlich finden sich Stellungnahmen in der Literatur, nach denen zur Bestimmung der konkreten Leitungsintensität der Obergesellschaft im Konzern zwar nach Konzernarten unterschieden werden muss, im Ergebnis aber bei keiner Form der Unternehmensverbindung eine Verpflichtung der Obergesellschaft zur Leitung der Beteiligungsgesellschaften bestehen soll. Bei einfacher Minderheitsbeteiligung eines Unternehmens und bei bloßer faktischer Abhängigkeit eines Unternehmens besteht dieser Ansicht folgend mangels rechtlicher Möglichkeiten grundsätzlich keine Verpflichtung der Obergesell-schaft die

---

[118] *Hüffer*, § 76 AktG Rz. 17a.

[119] *Hüffer*, § 76 AktG Rz. 17a.

[120] *Bayer* in MünchKomm. AktG, § 18 Rz. 18 ff.; *Götz*, ZGR 1998, 524 ff.; *Krieger* in Münchener Handbuch AG, § 70 Rz. 134, § 73 Rz. 49; *Löbbe*, Unternehmenskontrolle, S. 74, 82 f.; *Rieger*, FS-Peltzer, S. 339 ff.

[121] *Krieger* in Münchener Handbuch AG, § 70 Rz. 134, § 73 Rz. 49;

[122] *Götz*, ZGR 1998, 524, 526 ff.

[123] *Rieger*, FS-Peltzer, 2001, S. 339, 346.

[124] *Götz*, ZGR 1998, 524, 526 ff.

[125] *Götz*, ZGR 1998, 524, 526 ff.

Untergesellschaft in ihre Leitung zu nehmen.[126] Bei Eingliederungs- oder Vertragskonzernen soll ebenfalls keine pauschale Verpflichtung zur Leitung der Untergesellschaft bestehen. Allerdings wird angenommen, dass dennoch hinsichtlich solcher Beteiligungsgesellschaften, die entweder ein-gegliedert oder aber einem Beherrschungsvertrag unterworfen sind, Sorgfaltspflichten bestehen. Diese sollen sich jedoch nur situationsbezogen und nicht aus einem allgemeinen Leitungsstandard ergeben.[127]

bb) Bedeutung der einheitlichen Leitung bei der Eingliederung und Auswirkungen auf den Informationsfluss

Die vier dargestellten Ansichten zu Inhalt und Umfang der einheitlichen Leitung machen bereits deutlich, dass eine endgültige Klärung der Parameter nur schwer zu erlangen ist.[128] Eine solche kann an dieser Stelle allerdings ausbleiben, wenn alle Auffassungen bezüglich des hier untersuchten Inhalts und Umfangs bei der Eingliederung zum selben Ergebnis kommen.

Die Vertreter der zuerst dargestellten Auffassung, nach der die Hauptgesellschaft eine umfassende Leitungspflicht hat, und die Vertreter der Auffassung, die die Leitungsintensität nach der Art der Konzernierung bestimmen wollen (Ansicht 3), gehen ausdrücklich davon aus, dass bei der Eingliederung, ebenso wie beim Vertragskonzern, die einheitliche Leitung vollumfänglich zu verstehen ist und sich ihr Inhalt und Umfang verpflichtend auf alle wesentlichen Bereiche der Unternehmensführung erstreckt.

Die Vertreter der vierten Ansicht, nach der nur situationsbezogene Sorgfaltspflichten der Muttergesellschaft bestehen, sind der Auffassung, dass bei der Eingliederung und beim Vertragskonzern keine pauschale Verpflichtung zur Leitung der Untergesellschaft besteht. Die Leitung kann allerdings alle Bereiche betreffen, die vom umfassenden Weisungsrecht nach §§ 308, 323 AktG erfasst sind. Der mögliche Umfang wird nach dieser Auffassung mithin ebenfalls vollumfänglich verstanden.

Nach den Stellungnahmen, die die Leitungsintensität grundsätzlich nach dem Ermessen des Vorstands bestimmen wollen (Ansicht 2), betrifft die einheitliche Leitung bei der Eingliederung zwar nicht vollumfänglich alle Bereiche des abhängigen Unternehmens, doch finden sich bei den ausdrücklich genannten Bereichen, die unter die einheitliche Leitung fallen auch solche, über die Informationen grundsätzlich nach § 93 Abs. 1 Satz 3 AktG geschützt sind. So

---

[126] *Hüffer*, § 76 AktG Rz. 17 f.; *Reuter*, DB 1999, 2250, 2251.
[127] *Hüffer*, § 76 AktG Rz. 17a am Ende.
[128] Dass eine Klärung überhaupt verbindlich möglich ist, wird von *Flume*, DB 1968, 1011, 1013, sogar angezweifelt.

nennt etwa *Semler* ausdrücklich die Bereiche Beschaffung, Produktion, Absatz und Personalwesen als Bereiche, in denen die Ausübung einer Führungsfunktion bereits hinreichend sein soll, um eine einheitliche Leitung zu begründen.[129] Informationen über Zustand, Tätigkeit der Gesellschaft ebenso wie Planungen in Bezug auf jeden dieser Bereiche fallen allerdings unter die Verschwiegenheitspflicht nach § 93 Abs. 1 Satz 3 AktG.[130]

Nach allen Auffassungen umfasst die einheitliche Leitung bei der Eingliederung somit jedenfalls potentiell immer auch so wesentliche Bereiche eines Unternehmens, über die Informationen grundsätzlich nach § 93 Abs. 1 Satz 3 AktG geschützt sind. Fraglich ist allerdings, ob ein vollumfängliches Leitungsrecht auch ein entsprechendes Informationsrecht – also ein solches, das sich auch auf Bereiche erstreckt, die generell dem Geheim- bzw. Vertraulichkeitsbereich des Betriebs angehören – einschließt. Die isolierte Betrachtung der dargestellten Auffassungen zur Leitungsintensität gibt zunächst lediglich Aufschluss über den Umfang des zulässigen Maßes der Einwirkung durch die Hauptgesellschaft auf die Beteiligungsgesellschaft. Die Zulässigkeit eines entsprechenden Informationsanspruchs ist nicht unmittelbar aus dem Umfang des Leitungsrechts abzuleiten.

Teilweise findet sich allerdings die Auffassung, ein vollumfängliches *Weisungsrecht* könne nur dann ebenso für das eingegliederte, wie auch für das herrschende Unternehmen wirtschaftlich sinnvoll sein und entsprechend sinnvoll ausgeübt werden, wenn dem herrschenden Unternehmen auch ein Anspruch auf unbegrenzten Informationserhalt zustehe. Daher nehmen prominente Stellungnahmen in der Literatur an, dass der unbeschränkten Weisungsmacht eines herrschenden Unternehmens vernünftigerweise auch ein Recht auf umfassende Information folgen müsse.[131]

Diese Auffassung muss ebenfalls für die Ausübung der einheitlichen Leitung gelten. Das Weisungsrecht wird oftmals als Indiz und wesentliches Instrument der Ausübung einheitlicher Leitung angesehen.[132] An seine wirtschaftlich vernünftige Ausübung sind somit ähnliche Informationsvoraussetzungen zu stellen wie an das Weisungsrecht. Allerdings sprechen bereits gewichtige Argumente gegen eine lediglich auf das Vorliegen einheitlicher Leitung bzw. auf das Bestehen eines Weisungsrechts gestützte Begrenzung der Verschwiegenheitspflicht aufgrund ökonomischer Effizienz.[133]

---

[129] *Semler*, Leitung und Überwachung, S. 161.

[130] Siehe nur *Hopt* in GroßKomm. AktG, § 93 Rz. 191 mwN.

[131] Siehe nur *Lutter*, Information und Vertraulichkeit, Rz. 178; *Zöllner* in KölnerKomm AktG, 1. Aufl., 1985, § 131 Rz. 66.

[132] Vgl. nur *Bayer* in MünchKomm. AktG, § 18 Rz. 44 mwN.

[133] Mehr zum Weisungsrecht als möglichem Grund einer Durchbrechung der Verschwiegenheitspflicht nach § 93 Abs. 1 Satz 3 AktG unten S. 44.

Eine Begrenzung der Verschwiegenheitspflicht kann, sofern kein ausdrücklich geregelter entsprechender Ausnahmetatbestand existiert, nur durch Auslegung von § 93 Abs. 1 Satz 3 AktG hergeleitet werden. Eine ausdrückliche Regelung, die eine Durchbrechung der Verschwiegenheitspflicht zur Ausübung der einheitlichen Leitung bei Vorliegen einer Eingliederung zulässt, besteht nicht. Mit Hilfe der „klassischen" Auslegungsmethoden[134], also *grammatischer, logischer, systematischer* oder aber *historischer* Auslegung, erhält man ebenfalls nicht die Zulässigkeit der Durchbrechung der Verschwiegenheitspflicht nach § 93 Abs. 1 Satz 3 AktG wegen der Ausübung einheitlicher Leitung.

Einheitliche Leitung kann zwar richtigerweise wirtschaftlich sinnvoll tatsächlich nur dann stattfinden, wenn das herrschende Unternehmen über umfangreiche Informationen über die beherrschte Gesellschaft verfügt. Der wirtschaftliche Sinn bzw. die ökonomische Effizienz ist allerdings keines der „klassischen" Auslegungskriterien[135] und kann auch nicht allein Auslegungsmaßstab sein. Ökonomische Effizienz kann allenfalls Anhaltspunkt einer juristischen Wertung sein, wenn verschiedene Auslegungen rechtlich möglich erscheinen.[136] Sie allein reicht hingegen nicht aus, um auch die Zulässigkeit der Durchbrechung einer Verbotsvorschrift zu begründen.[137] Eine andere Auffassung würde Art. 20 Abs. 3 GG missachten, wonach eine Bindung an Recht und Gesetz besteht und Auslegungen nur bei offenen Wertbegriffen zulässig sind, nicht aber eine Durchbrechung von Verbotsvorschriften begründen können.[138]

Darüber hinaus wäre die ökonomisch effiziente Ausübung der einheitlichen Leitung durch Nutzung des Weisungsrechts insbesondere auch dann möglich, wenn sich ein hierzu erforderliches Informationsrecht zwar nicht aus dem Recht zur Weisung an sich, aber aus damit einhergehenden Ansprüchen und Wertungen, mithin aus dem gesamten, dieses System betreffenden Normen-

---

[134] Hierzu *Bydlinski*, Methodenlehre, S. 11 ff.; *Canaris/Larenz*, Methodenlehre, S. 133 ff.; *Zippelius*, Methodenlehre, S. 42 ff.

[135] Siehe Fußnote 134.

[136] Siehe zur Bedeutung des Gebrauchs ökonomischer Argumente zur Auslegung offener Wertbegriffe *Eidenmüller*, Effizienz als Rechtsprinzip, S. 400, 403 f., 454 und *Schäfer/Ott*, Ökonomische Analyse, S. 16.

[137] *Schäfer/Ott*, Ökonomische Analyse, S. 15 ff., 16; ausführlich zum gesamten Komplex der Bedeutung wirtschaftlicher Effizienz und ökonomischer Argumentation für die Rechtsordnung siehe *Eidenmüller*, Effizienz als Rechtsprinzip, insbesondere S. 451 ff.

[138] Ausführlich zum Vorrang des Gesetzes und zur Bindung an Recht und Gesetz *Herzog* in Maunz-Dürig, Komm. z. GG, Art. 20 GG Rz. 35 ff., 49 ff.; zur hierdurch entstehenden Bindung siehe auch *Eidenmüller*, Effizienz als Rechtsprinzip, S. 452, 459 ff.; auch *Lutter*, Information und Vertraulichkeit, Rz. 156, sagt, dass einheitliche Leitung keine „Privatangelegenheit" des Vorstands der Obergesellschaft sei, sondern der Vorstand vielmehr in dieser Weise Gebrauch von faktischen und rechtlichen Möglichkeiten, die der Obergesellschaft zustehen, mache.

komplex ergeben würde. Auch daher wäre eine Ausweitung der rechtlichen Wirkungen, welche allein mit der das Weisungsrecht begründenden Vorschrift bzw. mit der einheitlichen Leitung einhergehen, nicht angemessen. Als eine solche Regelung käme beispielsweise § 309 AktG in Betracht.[139]

Das Vorliegen einheitlicher Leitung kann somit nicht eine Begrenzung der Verschwiegenheitspflicht nach § 93 Abs. 1 Satz 3 AktG begründen.

Auch die Einbeziehung einer umfassenden Unternehmenskontrolle im Konzern[140] in den Umfang der einheitlichen Leitung kann zu keinem anderen Ergebnis führen. Eine vermeintliche Kontrollpflicht als Recht zur Durchbrechung von Verbotsvorschriften heranzuziehen, würde eine zu weitgehende Auslegung darstellen, deren Konsequenz eine unbeschränkte Kontrollpflicht wäre. Etwaige Kontrollpflichten können mithin nur soweit gehen, wie tatsächliche und insbesondere rechtliche Möglichkeiten zur Kontrolle bestehen.

Allein aus dem Maß der einheitlichen Leitung kann folglich nicht auf die Zulässigkeit der Weitergabe vertraulicher Informationen geschlossen werden.

f) Informationsanspruch wegen der die Haftung der Hauptgesellschaft begründenden Regelung des § 322 AktG

Wie bereits dargestellt ist die Eingliederung die denkbar engste Verbindung zweier rechtlich selbständiger Unternehmen. Die eingegliederte Gesellschaft und die herrschende Gesellschaft behalten zwar ihre rechtliche Selbständigkeit, doch geht die volle wirtschaftliche Verantwortung zu Lasten der herrschenden Gesellschaft. Die Haftung der Hauptgesellschaft ist wesentlich in § 322 AktG geregelt und wird teilweise als das Kernstück der Eingliederungsvorschriften bezeichnet.[141] Daran schließt die Frage an, ob eine Durchbrechung der Verschwiegenheitspflicht nach § 93 Abs. 1 Satz 3 AktG zugunsten eines Informationsanspruchs der Hauptgesellschaft als Folge dieser gesetzlichen Regelung möglich ist.

aa) Inhalt des § 322 AktG

Nach dem Vorbild der §§ 128, 129 HGB[142] soll die Hauptgesellschaft gemäß § 322 AktG gesamtschuldnerisch für alle vor und während der Eingliederung begründeten Verbindlichkeiten der eingegliederten Gesellschaft haften. Sogar

---

[139] Hierzu unten mehr, vgl. S. 48 ff.

[140] Hierzu *Elsner*, Kontrolle der Tochtergesellschaften, 2003; *Löbbe*, Unternehmenskontrolle im Konzern, 2005.

[141] *Hüffer*, § 322 AktG Rz. 1.

[142] Zur Intention des Gesetzgebers *Kropff*, RegBegr., S. 426; dazu auch *Geßler*, ZGR 1978, 251, 252, 255 f.; *Godin/Wilhelmi*, § 322 AktG Anm. 2.

nach Beendigung der Eingliederung soll diese Haftung weiter bestehen,[143] allerdings nicht für Verbindlichkeiten, die begründet werden, nachdem die Beendigung der Eingliederung eingetragen und die Frist des § 15 Abs. 2 Satz 2 HGB abgelaufen ist.[144] Ob man nun mit der herrschenden Auffassung (so genannte Erfüllungshaftungstheorie)[145] davon ausgeht, dass der Schuldinhalt nach § 322 AktG dem entspricht, was die eingegliederte Gesellschaft schuldet, so dass die Hauptgesellschaft folglich ohne Rücksicht auf deren Inhalt verpflichtet sein soll, die Verbindlichkeiten der eingegliederten Gesellschaft zu erfüllen oder ob man der Gegenauffassung[146] folgt, welche die Regelung des § 322 AktG im Kern als eine Einstandsverpflichtung sieht, ist für den zu untersuchenden Aspekt irrelevant und bedarf mithin keiner Entscheidung. Zwar weichen die Rechtsfolgen teilweise von einander ab,[147] doch reicht hier bereits die Feststellung aus, dass die auc § 322 AktG resultierenden wirtschaftlichen Folgen für die Hauptgesellschaft jedenfalls erheblich sind.

bb) § 322 AktG im Hinblick auf § 93 Abs. 1 Satz 1 AktG als Grund für die Zulässigkeit der Durchbrechung der Verschwiegenheitspflicht

Als Grund für die Zulässigkeit der Durchbrechung der Verschwiegenheitspflicht nach § 93 Abs. 1 Satz 3 AktG kommt weiterhin die Bedeutung der Pflicht zur Einhaltung der Sorgfalt eines ordentlichen und gewissenhaften Geschäftsleiters nach § 93 Abs. 1 Satz 1 AktG in Betracht. Die Sorgfaltspflicht könnte bei fehlendem vollumfänglichem Informationsrecht wegen der Eingehung des Risikos einer umfangreichen Haftung nach § 322 AktG möglicherweise verletzt sein.

(1) Anwendbarkeit des § 93 Abs. 1 Satz 1 AktG

§ 93 Abs. 1 Satz 1 AktG als Grund für eine Durchbrechung der Verschwiegenheitspflicht setzt zunächst die Anwendbarkeit dieser Norm voraus. In der Literatur finden sich teilweise Aussagen, nach denen diese allgemeine Haftungsnorm im Konzern durch die spezielleren Vorschriften der §§ 309, 310, 317 Abs. 3, 318 AktG weitgehend verdrängt würden.[148] Diese Aussage kann sich aber richtigerweise nur auf das Verhältnis zu den Vorschriften beziehen, die

---

[143] *Koppensteiner* in KölnKomm. AktG, § 322 Rz. 1.
[144] *Emmerich/Habersack*, Konzernrecht, S. 145.
[145] *Geßler*, ZGR 1978, 251, 254 f., 260 ff.; *Grunewald* in MünchKomm. AktG, § 322 Rz. 3 ff; *Hüffer*, § 322 AktG Rz. 4; *Krieger* in Münchener Handbuch AG, § 73 Rz. 47; *Karsten Schmidt*, BB 1985, 2074, 2079, der die Gegenauffassung sogar als mit dem Gesetz unvereinbar ablehnt.
[146] *Kley/Lehmann*, DB 1972, 1421, 1422; *Koppensteiner* in KölnKomm. AktG, § 322 Rz. 7 f.
[147] Hierzu *Koppensteiner* in KölnKomm. AktG, § 322 Rz. 8 ff.
[148] *Hefermehl/Spindler* in MünchKomm. AktG, § 93 Rz. 9; *Hüffer*, § 93 AktG Rz. 2.

sich mit der Verantwortlichkeit des Vorstands des herrschenden Unternehmens gegenüber der Tochtergesellschaft befassen.[149] Geht es um die Haftung des Vorstands des herrschenden Unternehmens gegenüber dem eigenen Unternehmen, so findet sich kein konzernrechtlicher Sondertatbestand und § 93 Abs. 1 Satz 1 AktG ist mithin anwendbar.[150]

(2) Umfang des § 93 Abs. 1 Satz 1 AktG

§ 93 Abs. 1 Satz 1 AktG regelt die Verhaltenspflichten des Vorstands, knüpft dabei an § 76 AktG an und stellt eine konkretere Fassung der allgemeinen Verhaltensstandards der §§ 276 Abs. 2 BGB, 347 Abs. 1 HGB dar. § 93 Abs. 1 Satz 1 AktG legt fest, dass Vorstandsmitglieder bei ihrer Geschäftsführung die Sorgfalt eines ordentlichen und gewissenhaften Geschäftsleiters anzuwenden haben. Maßgeblich ist, wie ein pflichtbewusster selbständig tätiger Leiter eines Unternehmens der konkreten Art, der nicht mit eigenen Mitteln wirtschaftet, sondern ähnlich wie ein Treuhänder fremden Vermögensinteressen verpflichtet ist, zu handeln hat.[151] Die in § 93 Abs. 1 Satz 1 AktG generalklauselartig festgelegten Pflichten des Vorstands lassen sich nach allgemeiner Ansicht in Sorgfalts- und Treuepflichten einteilen.[152]

Sorgfaltspflichten werden als die umfassende Pflicht der Vorstandsmitglieder zu sorgfältigem Handeln – im Sinne von sorgfältigem Wahrnehmen der Organfunktion – gegenüber der Gesellschaft definiert.[153] Zur Konkretisierung der Sorgfaltspflicht wird oftmals die Formel angewandt, dass die Vorstandsmitglieder einer Aktiengesellschaft die umfassende Pflicht haben, den Vorteil der Gesellschaft zu wahren und Schaden von ihr abzuwenden.[154] Die Mitglieder des Vorstands haben allerdings nicht nur die erwerbs-wirtschaftlichen Interessen der Gesellschaft, sondern auch die Interessen der Aktionäre und Gläubiger sowie das Wohl der Arbeitnehmer und der Allgemeinheit zu berücksichtigen.[155]

---

[149] *Hopt* in GroßKomm. AktG, § 93 Rz. 115.
[150] *Hopt* in GroßKomm. AktG, § 93 Rz. 115.
[151] BGHZ 129, 30, 34; OLG Düsseldorf, AG 1997, 231, 235; *Hefermehl/Spindler* in Münch-Komm. AktG, § 93 AktG Rz. 19 ff.; *Hüffer*, § 93 AktG Rz. 4; *Mertens* in KölnKomm. AktG, § 93 Rz. 6. Im Rahmen des so genannten Mannesmann-Verfahrens prägte der BGH die Abgrenzung zwischen „Gutsherren" und „Gutsverwaltern", vgl. BGH, Urteil vom 21.12.2005 – 3 StR 480/04, ZIP 2006, 72 ff.
[152] *Hefermehl/Spindler* in MünchKomm. AktG, § 93 Rz. 18 ff.; *Hopt* in GroßKomm. AktG, § 93 Rz. 72; *Hüffer*, § 93 AktG Rz. 4 ff.; *Mertens* in KölnKomm. AktG, § 93 Rz. 27.
[153] *Hopt* in GroßKomm. AktG, § 93 Rz. 78; *Mertens* in KölnKomm. AktG, § 93 Rz. 27.
[154] BGHZ 21, 354, 357; *Hefermehl/Spindler* in MünchKomm. AktG, § 93 Rz. 22; *Hopt* in GroßKomm. AktG, § 93 Rz. 72; *Mertens*, in KölnKomm. AktG, § 93 Rz. 29.
[155] *Hefermehl/Spindler* in MünchKomm. AktG, § 76 Rz. 53 ff., 56, § 93 Rz. 19.

Treuepflichten umschreiben die Pflicht der Vorstandsmitglieder, in allen Angelegenheit, die das Interesse der Gesellschaft berühren, allein das Gesellschaftswohl und nicht den eigenen Nutzen oder den Vorteil Dritter zu verfolgen.[156] Treuepflichten stellen sich somit als Pflicht zur besonderen Loyalität gegenüber der Gesellschaft dar[157] und gehen über das Maß des § 242 BGB hinaus.[158]

(3) Zulässigkeit der Durchbrechung der Verschwiegenheitspflicht wegen § 93 Abs. 1 Satz 1 AktG im Hinblick auf § 322 AktG

Betrachtet man den Umfang einer möglichen Haftung nach § 322 AktG, so ist die ökonomische Bedeutung dieser Haftung für die Hauptgesellschaft immens. Es könnte daher daran gedacht werden, dass die Eingehung der Eingliederung, mit der eine solch umfangreiche Haftung verbunden ist, nur deshalb rechtlich zulässig ist, weil zugleich davon ausgegangen wird, der Vorstand der Hauptgesellschaft habe, um seinen Pflichten aus § 93 Abs. 1 Satz 1 AktG nachkommen zu können, auch einen Anspruch auf Erhalt vollumfänglicher Informationen der eingegliederten Gesellschaft, schon damit er auf Grundlage dieser Informationen seine ihm durch die Eingliederung nach § 323 Abs. 1 AktG zustehende Leitungsmacht entsprechend intensiv ausüben und mithin durch geschicktes Wirtschaften einen möglichen Haftungsfall weitgehend vermeiden kann.

Das Handeln des Vorstands der Hauptgesellschaft zur Eingehung einer Eingliederung muss, wie jedes andere unternehmerische Vorstandshandeln auch, am Sorgfaltsmaßstab des § 93 Abs. 1 AktG gemessen werden. Ein Aspekt in diesem Zusammenhang könnte sein, dass mögliche finanzielle Risiken, wie sie durch die nach § 322 AktG vorgeschriebene Haftung eingegangen werden, der Höhe und Eintrittswahrscheinlichkeit nach konkret kalkulierbar sein müssen. Eine solche Abschätzung der Haftungsrisiken würde wiederum umfassende Informationen über die eingegliederte Gesellschaft voraussetzen. Die Möglichkeit der Eingehung der Eingliederung könnte daher implizieren, dass ein vollumfänglicher Auskunftsanspruch des herrschenden Unternehmens gegen die eingegliederte Gesellschaft besteht.

Gegen einen solchen Ansatz spricht allerdings, dass die Vermeidung der Verletzung der Sorgfaltspflicht lediglich voraussetzt, dass sich das handelnde

---

[156] *Hefermehl*/Spindler in MünchKomm. AktG, § 93 Rz. 18; Hopt in GroßKomm. AktG, § 93 Rz. 145.
[157] *Hopt* in GroßKomm. AktG, § 93 Rz. 145; *Mertens* in KölnKomm. AktG, § 93 Rz. 58.
[158] *Hopt* in GroßKomm. AktG, § 93 Rz. 145; *Mertens* in KölnKomm. AktG, § 93 Rz. 57.

Organ im Rahmen seiner Möglichkeiten informiert.[159] Es muss zwar eine sachgerechte Risikoabschätzung in der konkreten Situation vornehmen.[160] Sachgerecht kann diese allerdings auch schon dann sein, wenn nicht alle nur denkbaren Informationen erhältlich sind.[161] Eine strategische Entscheidung kann also ebenfalls dann der Sorgfalt eines ordentlichen und gewissenhaften Geschäftsleiters entsprechen, wenn ihre Folgen nicht vollständig absehbar sind. Oftmals ist gerade die Ungewissheit ein Merkmal der unternehmerischen Entscheidungsfreiheit.[162] Insbesondere gilt, dass auch die Eingehung eines großen Risikos im Verhältnis zum möglichen Ertrag durchaus sachgerecht sein kann.[163] Je nach Art der Entscheidung kann es sogar nicht lediglich erlaubt, sondern sogar erforderlich sein, dass gewisse Risiken eingegangen werden.[164] Vor allem, weil die Eingliederung eine gesetzlich vorgesehene unternehmerische Entscheidungsmöglichkeit darstellt, müsste ihre Eingehung auch dann als mit der Sorgfaltspflicht nach § 93 Abs. 1 AktG vereinbar angesehen werden, wenn eine vollumfängliche Information des Vorstands der herrschenden Gesellschaft nicht möglich wäre.

Das Bestehen der Möglichkeit der Eingehung der Eingliederung, welche mit der umfassenden Haftung nach § 322 AktG verbunden ist, mag daher allenfalls die Existenz eines vollumfänglichen Informationsanspruchs implizieren, es vermag aber nicht einen solchen Anspruch begründen.

g) Informationsanspruch aus der Natur der Unternehmensverbindung, insbesondere aus § 323 Abs. 1 Satz 1 AktG und den mit der Regelung des § 323 Abs. 1 Satz 2 AktG in Verbindung stehenden Normen

Aus dem Umfang der einheitlichen Leitung nach § 18 AktG kann nicht unmittelbar ein entsprechend weiter Informationsanspruch abgeleitet werden. Dies wurde oben gezeigt.[165] Damit ist aber noch nicht entschieden, ob sich die Zulässigkeit einer Durchbrechung der Verschwiegenheitspflicht nach § 93 Abs. 1 Satz 3 AktG aus dem umfassenden Weisungsrecht nach § 323 Abs. 1 Satz 1 AktG oder aber der Anwendung des § 323 Abs. 1 Satz 2 AktG in Verbindung mit § 308 Abs. 2 Satz 1, Abs. 3 AktG bzw. der §§ 309, 310 AktG ergeben könnte.

---

[159] *Hefermehl/Spindler* in MünchKomm. AktG, § 93 Rz. 25; ausführlich zu den Informationsobliegenheiten des Vorstands *Clemm/Dürrschmidt*, FS-W. Müller, S. 67 ff.

[160] *Fleischer* in Handbuch des Vorstandsrechts, § 7 Rz. 58.

[161] *Fleischer* in Handbuch des Vorstandsrechts, § 7 Rz. 58.

[162] Hierzu auch *Hommelhoff/Kleindiek* in Lutter/Hommelhoff, GmbHG, § 43 Rz. 16.

[163] *Hopt* in GroßKomm. AktG, § 93 Rz. 82.

[164] *Hopt* in GroßKomm. AktG, § 93 Rz. 82 .

[165] Oben S. 24 ff.

aa) Weisungsrecht § 323 Abs. 1 Satz 1 AktG

In unverbundenen und einfach abhängigen Unternehmen leitet der Vorstand eigenverantwortlich die Geschäfte der Gesellschaft, § 76 Abs. 1 AktG. Ist eine Gesellschaft allerdings durch Eingliederung in einen Konzern eingebunden, so gibt § 323 AktG der herrschenden Gesellschaft ein umfassendes Weisungsrecht und schränkt hierdurch die autonome Leitungsmacht des Vorstands der beherrschten Gesellschaft ein. Dieses umfassende Weisungs-recht des § 323 Abs. 1 Satz 1 AktG bietet zwei Ansatzpunkte, um möglicher-weise eine Durchbrechung der Verschwiegenheitspflicht nach § 93 Abs. 1 Satz 3 AktG begründen zu können. Zunächst kommt hierbei der Umfang des Weisungs-rechts an sich in Betracht. Weiterhin sind ökonomische Aspekte des § 323 Abs. 1 Satz 1 AktG denkbar, die Auswirkungen auf die Schweigepflicht nach § 93 Abs. 1 Satz 3 AktG haben könnten.

(1) Umfang des Weisungsrechts – Herausgabe vertraulicher bzw. geheimer Informationen als Weisung im Sinne von § 323 Abs. 1 Satz 1 AktG

§ 323 Abs. 1 Satz 1 AktG normiert ein Weisungsrecht der herrschenden Gesellschaft gegenüber der eingegliederten Tochtergesellschaft. Dieses Weisungsrecht ist vollumfänglich ausgestaltet.[166] Es umfasst sogar Weisungen, die die Existenz der eingegliederten Gesellschaft gefährden.[167] Sittenwidrige Weisungen sind allerdings unzulässig.[168] Sittenwidrigkeit läge zum Beispiel bei einer bewusst sinnlosen Schädigung der eingegliederten Gesellschaft vor.[169] Die Grenze des Weisungsrechts ist außerdem dort erreicht, wo sämtliche Beteiligte an zwingendes Recht gebunden sind. Beispielsweise sind Weisungen mit rechtswidrigem Inhalt daher unzulässig.[170]

Zu fragen ist nun, ob das Weisungsrecht nach § 323 Abs. 1 Satz 1 AktG auch eine Weisung umfasst, welche der beherrschten Gesellschaft aufgibt, Informationen, die grundsätzlich der Verschwiegenheitspflicht nach § 93 Abs. 1 Satz 3 AktG unterliegen, herauszugeben. Nach dem Wortlaut des § 323 AktG ist die herrschende Gesellschaft berechtigt, „der eingegliederten Gesellschaft hinsichtlich der Leitung der Gesellschaft Weisungen zu erteilen". Das Weisungsrecht der herrschenden Gesellschaft bei der Eingliederung nach § 323 AktG geht noch über das Weisungsrecht der herrschenden Gesellschaft im Ver-

---

[166] *Grunewald* in MünchKomm. AktG, § 323 Rz. 1; *Koppensteiner* in KölnKomm. AktG, § 323 Rz. 2; *Krieger* in Münchener Handbuch AG, § 73 Rz. 49.
[167] *Grunewald* in MünchKomm. AktG, § 323 Rz. 3; *Koppensteiner* in KölnKomm. AktG, § 323 Rz. 2.
[168] *Grunewald* in MünchKomm. AktG, § 323 Rz. 5.
[169] *Grunewald* in MünchKomm. AktG, § 323 Rz. 5.
[170] *Koppensteiner* in KölnKomm. AktG, § 323 Rz. 4.

tragskonzern nach § 308 AktG hinaus.[171] Es ist insofern weitergehend, als hiernach die Hauptgesellschaft auch solche Maßnahmen veranlassen darf, die weder den Belangen der eingegliederten Gesellschaft, noch denjenigen eines sonstigen Konzernunternehmens dienen.[172] Die Herausgabe vertrau-licher oder aber geheimer Informationen an die herrschende Gesellschaft durch die eingegliederte Gesellschaft müsste dennoch, damit sie als Weisung im Sinne von § 323 AktG gewertet werden könnte – ebenso wie nach der Regelung des § 308 AktG für den Vertragskonzern – die „Leitung der Gesellschaft" betreffen.

Obwohl sich das Weisungsrecht nach § 323 AktG vom Recht zur Leitungs-macht nach § 308 AktG unterscheidet, wird der Begriff der „Leitung der Ge-sellschaft" im Sinne von § 323 AktG grundsätzlich so verstanden wie bei § 308 AktG.[173] Hier wiederum richtet sich die Bedeutung des Leitungsbegriffs nach § 76 AktG.[174] Was unter der „Leitung der Gesellschaft" in diesem Sinne zu verstehen ist, wird allerdings nicht ganz einheitlich gesehen.

Teilweise wird die Ansicht vertreten, die Leitung der Gesellschaft müsse von der Geschäftsführung der Gesellschaft unterschieden werden.[175] Geschäftslei-tung wird hiernach lediglich als Teil der Geschäftsführung angesehen.[176] Lei-tung soll, anders als die Geschäftsführung, nicht jedes generelle Handeln für die Gesellschaft umfassen, sondern vielmehr lediglich den herausgehobenen Teil der Geschäftsführung bezeichnen, welcher Unternehmensplanung, -koor-dination, -kontrolle und Besetzung der Führungs-stellen beinhaltet.[177] Es gehe bei der Geschäftsleitung der Gesellschaft nach dieser Ansicht mithin um die Festlegung der grundsätzlichen Richtung, die die Gesellschaft zur Erfüllung des Gesellschaftszwecks und unter Berück-sichtigung des Unternehmensinte-resses einschlagen soll. Anders ausgedrückt sei „Leitung der Gesellschaft" nur

---

[171] *Grunewald* in MünchKomm. AktG, § 323 Rz. 1.

[172] *Emmerich/Habersack*, Konzernrecht, S. 147; *Grunewald* in MünchKomm. AktG, § 323 Rz. 2; *Hüffer*, § 323 AktG Rz. 3; *Koppensteiner* in KölnKomm. AktG, § 323 Rz. 2; *Kropff*, Reg-Begr., S. 427.

[173] Siehe hierzu nur den Verweis bei *Koppensteiner* in KölnKomm. AktG, § 323 Rz. 1 f. und im Besonderen den Verweis in Fn 2 auf die Kommentierung zu § 308 AktG „zum Begriff der Weisung" und zur Leitung der Gesellschaft.

[174] *Altmeppen* in MünchKomm. AktG, § 308 Rz. 39; *Emmerich/Habersack*, Konzernrecht, S. 167; *Hirte* in GroßKomm. AktG, § 308 Rz. 31; *Koppensteiner* in KölnKomm. AktG, § 308 Rz. 27; *Kropff*, RegBegr., S. 403; Paefgen, Unternehmerische Entscheidungen und Rechts-bindung in der AG, S. 9 ff.; hingegen auf §§ 176 - 178 AktG beziehend *Emmerich* in Emme-rich/Habersack, Aktien- und GmbH-Konzernrecht, § 308 AktG Rz. 38 f.

[175] *Hüffer*, § 76 AktG Rz. 7; *Mertens* in KölnKomm. AktG, § 76 Rz. 4; *Schwark*, ZHR 142 (1978), 203, 215 f.; *Emmerich/Habersack*, Konzernrecht, S. 167; weiter allerdings *Emmerich* in Emmerich/Habersack, Aktien- und GmbH-Konzernrecht, § 308 AktG Rz. 39.

[176] *Hüffer*, § 76 AktG Rz. 7; *Mertens* in KölnKomm. AktG, § 76 Rz. 4; *Karsten Schmidt*, Ge-sellschaftsrecht, § 28 II 1b, S. 806.

[177] *Emmerich/Habersack*, Konzernrecht, S. 167; *Fleischer*, ZIP 2003, 1, 3; *Hüffer*, § 76 AktG Rz. 7; *Mertens* in KölnKomm. AktG, § 76 Rz. 4.

das, was als das Anführen, Anleiten oder Lenken der Gesellschaft angesehen werden könne.[178]

Nach anderer Auffassung hingegen soll der Begriff der Leitung der Gesellschaft im Sinne von § 76 AktG extensiv zu verstehen sein. Leitung soll danach alle Tätigkeitsbereiche des Vorstands der Gesellschaft erfassen, so dass hierunter Geschäftsleitung und Geschäftsführung fallen.[179] Der herrschenden Gesellschaft soll im Rahmen des ihr zustehenden Weisungs-rechts nach § 308 die Kompetenz zustehen, Weisungen bezüglich der Geschäftsführung und Vertretung zu erteilen, unabhängig davon, ob es sich um grundsätzliche Fragen oder Einzelfragen des laufenden Tagesgeschäfts handelt.[180] Sie setzen damit die Begriffe der Geschäftsleitung und der Geschäftsführung gleich.[181]

Vertreter der extensiven Auffassung des Leitungsbegriffs führen an, dass aus der Entstehungsgeschichte des Aktiengesetzes keine Anhaltspunkte ersichtlich seien, dass der Gesetzgeber den Begriffen „Leitung" und „Geschäftsführung" unterschiedlichen Inhalt geben wollte.[182] Sie behaupten, dass das Gesetz mit der Formulierung in § 323 Abs. 1 Satz 1 AktG auf die §§ 76 bis 78 AktG verweisen würde.[183] Hiergegen spricht allerdings der Wortlaut des Gesetzes. Der Gesetzgeber hat eine unterschiedliche Terminologie gewählt und diese in unterschiedlichen Kontexten in das Aktiengesetz eingeführt. Der Begriff der „Leitung" findet sich in § 323 AktG und in § 76 AktG. In den §§ 77, 78 AktG hingegen werden die Begriffe der „Geschäftsführung" und „Vertretung" verwendet und diese differenzierte Terminologie wird konsequent eingehalten. Der Wortlaut des Gesetzes unterstützt somit die Auffassung derer, die ein restriktives Verständnis des Begriffs der „Leitung" haben. Dieser Auffassung ist mithin zuzustimmen.

Die Aufforderung zur Weitergabe vertraulicher oder geheimer Informationen wäre somit dann zulässiger Weisungsinhalt, wenn die Weitergabe vertraulicher bzw. geheimer Informationen als Anführen, Anleiten oder Lenken der Gesellschaft und mithin als Leitungshandlung im engeren Sinne eingeordnet werden könnte. Unmittelbar betrifft die bloße Weitergabe vertraulicher bzw. geheimer Informationen jedoch nicht die unternehmerische Richtung der gesellschaftlichen Aktivität. Die Weitergabe von Information kann lediglich als

---

[178] *Mertens* in KölnKomm. AktG, § 76 Rz. 4.
[179] *Emmerich* in Emmerich/Habersack, Aktien- und GmbH-Konzernrecht, § 308 AktG Rz. 39; *Koppensteiner* in KölnKomm. AktG, § 308 Rz. 28; *Semler*, Leitung und Überwachung, S. 8. Ausdrücklich gegen eine Differenzierung der Begriffe *Semler*, Leitung und Überwachung, S. 8; ebenfalls einen im Gesetz zu findenden systematischen Ansatz für eine Differenzierung bezweifelnd *Böttcher/Blasche*, NZG 2006, 569, 570.
[180] *Emmerich* in Emmerich/Habersack, Aktien- und GmbH-Konzernrecht, § 308 AktG Rz. 39.
[181] So ausdrücklich *Semler*, Leitung und Überwachung, S. 8.
[182] *Semler*, Leitung und Überwachung, S. 8.
[183] *Emmerich* in Emmerich/Habersack, Aktien- und GmbH-Konzernrecht, § 308 AktG Rz. 39.

Betriebsführungsmaßnahme angesehen werden. Sie wäre folglich nur dann zulässiger Weisungsinhalt, wenn unter „Leitung" im Sinne von § 323 AktG sowohl Geschäftsleitungs- als auch Geschäftsführungsmaßnahmen zu verstehen wären. Da dies nicht der Fall ist und dem restriktiven Begriff der Leitungshandlung zu folgen ist, kann die Aufforderung zur Weitergabe vertraulicher bzw. geheimer Informationen nicht Inhalt einer Weisung im Rahmen der Weisungsbefugnis nach § 323 AktG sein.

Interessanterweise wird dieses Ergebnis implizit auch von den im Schrifttum vertretenen extensiven Auffassungen unterstützt. Sowohl nach Auffassung der Vertreter des extensiven als auch nach der des restriktiven Begriffs des Leitungshandeln soll nämlich eine Informationsweitergabe der beherrschten Gesellschaft an die herrschende Gesellschaft nur verlangt werden können, soweit die Informationen mit der Leitung der Gesellschaft „in Zusammenhang stehen".[184] Im Ergebnis, jedoch auf anderem Wege, kommen die Vertreter beider Ansichten zwar zur Zulässigkeit der Weitergabe auch von Informationen, die grundsätzlich durch § 93 Abs. 1 Satz 3 AktG geschützt werden, machen aber zugleich deutlich, dass die Weitergabe selbst gerade nicht schon eine Leitungshandlung darstellt. Die Informationsweitergabe wird vielmehr nur in Bezug auf eine Leitungshandlung als zulässig angesehen und nicht bereits selbst als ausreichend gewertet, um als Leitungsmaßnahme im Sinne von § 323 AktG bzw. § 308 AktG gelten zu können. Wäre bereits die Weitergabe von Informationen selbst vom Weisungsrecht umfasst, so wäre der Begründungsansatz, dass die Weitergabe mit der Leitung der Gesellschaft in Zusammenhang stehen muss,[185] nicht notwendig.

Möglicherweise könnte die Weitergabe derartiger Informationen aber mittelbares Leitungshandeln sein, gegebenenfalls daher als Leitungshandeln im Sinne von § 76 AktG angesehen werden und mithin vom Weisungsrecht nach § 323 AktG erfasst sein. Die Weitergabe solcher Informationen, die von § 93 Abs. 1 Satz 3 AktG erfasst sind, dient zumeist der herrschenden Gesellschaft, eine Leitungsentscheidung im Rahmen ihres Weisungsrechts zu treffen. Mittelbar

---

[184] Siehe beispielsweise *Emmerich* in Emmerich/Habersack, Aktien- und GmbH-Konzernrecht, § 308 AktG Rz. 39; *Hirte* in GroßKomm. AktG, § 308 Rz. 29; *Koppensteiner* in KölnKomm. AktG, § 308 Rz. 28; *Krieger* in Münchener Handbuch AG, § 70 Rz. 136. Den Weg problematisierend, im Ergebnis aber ebenfalls dieser Ansicht *Lutter*, ZIP 1997, 613, 616.

[185] Dieser Begründungsansatz wird so vertreten von *Hirte* in GroßKomm. AktG, § 308 Rz. 29; *Koppensteiner* in KölnKomm. AktG, § 308 Rz. 28 f.; *Krieger* in Münchener Handbuch AG, § 70 Rz. 136; *Emmerich in* Emmerich/Habersack, Aktien- und GmbH-Konzernrecht, § 308 AktG Rz. 39, die zwar einerseits sagen, dass sich das Weisungsrecht selbst auch auf „Einzelfragen des laufenden Tagesgeschäfts" beziehen kann, aber andererseits der herrschenden Gesellschaft lediglich ein Auskunftsrecht zusprechen, welches alle Umstände umfasst, die überhaupt *für die Ausübung des Weisungsrechts* relevant werden können. Die Erteilung der Auskunft wird folglich nicht als möglicher Weisungsinhalt angesehen.

führt die Weitergabe von Informationen daher oftmals zu einer von § 323 AktG erfassten Leitungshandlung.[186] Unabhängig davon, dass die Informationsweitergabe häufig zu Leitungshandlungen der herrschenden Gesellschaft führt und unabhängig von möglichen Konsequenzen, wenn die Information nicht zu Leitungszwecken genutzt wird, kann Leitungshandeln als bloß mittelbare Konsequenz der Informationsweitergabe nicht ausreichen, um als Leitungshandlung im Sinne von § 76 AktG gelten und Inhalt einer Weisung nach § 323 AktG sein zu können. Auch hier ist der Wortlaut der Norm heranzuziehen. § 323 AktG spricht ausdrücklich von „Maßnahmen zur Leitung" selbst, nicht aber von „Maßnahmen, die zu Leitungshandeln führen können und gegebenenfalls auch tatsächlich dazu führen". Hätte der Gesetzgeber eine Ausweitung auch auf bloßes Realhandeln haben wollen, so wäre ihm eine solche Regelung durch Verwendung einer weitergehenden Formulierung möglich gewesen. Die Weitergabe von nach § 93 Abs. 1 Satz 3 AktG geschützten Informationen ist somit keine „Leitung der Gesellschaft" im Sinne von § 323 AktG.

Die Weisung der herrschenden Gesellschaft an die beherrschte Gesellschaft im Eingliederungskonzern vertrauliche oder geheime Informationen herauszugeben, ist folglich jedenfalls nicht vom Weisungsrecht nach § 323 AktG umfasst.

(2) Ökonomische Gründe für eine Durchbrechung von § 93 Abs. 1 Satz 3 AktG

Die Heranziehung ökonomischer Aspekte zur Auslegung von Rechtsnormen wurde oben bei Behandlung der *einheitlichen Leitung* angesprochen. Bezüglich der Auswirkungen des vollumfänglichen Weisungsrechts nach § 323 Abs. 1 Satz 1 AktG auf die Verschwiegenheitspflicht nach § 93 Abs. 1 Satz 3 AktG gilt mithin das bereits oben in Bezug auf die einheitliche Leitung Gesagte.[187] Das vollumfängliche Weisungsrecht kann nur dann sowohl für die herrschende als auch für die eingegliederte Gesellschaft wirtschaftlich sinnvoll ausgeübt werden, wenn dem herrschenden Unternehmen ebenfalls ein Informationsanspruch zusteht, der auch diese wesentlichen Informationen umfasst, die durch § 93 Abs. 1 Satz 3 AktG geschützt sind.[188] Hieraus wird vielfach ein Informati-

---

[186] Das Auskünfte nicht immer in Zusammenhang mit der Leitung der Gesellschaft stehen müssen stellt *Koppensteiner* in KölnKomm. AktG, § 308 Rz. 29 in anderem Zusammenhang dar. Siehe hierzu auch *Krieger*, Münchener Handbuch AG, § 70 Rz. 136.

[187] Siehe oben S. 29 ff.

[188] So auch *Lutter*, Information und Vertraulichkeit, Rz. 178; *Zöllner* in KölnerKomm AktG, 1. Aufl., 1985, § 131 Rz. 66.

onsrecht der herrschenden Gesellschaft gegen die beherrschte Gesellschaft abgeleitet.[189]

Allein der Maßstab des wirtschaftlich Sinnvollen kann aber nicht ausreichen, um die Durchbrechung der Verschwiegenheitspflicht nach § 93 Abs. 1 Satz 3 AktG zu begründen.[190] Auch aus dem Weisungsrecht nach § 323 Abs. 1 AktG kann folglich nicht auf einen Anspruch auf die Weitergabe geheimer oder aber vertraulicher Informationen im Sinne von § 93 Abs. 1 Satz 3 AktG geschlossen werden.

(3) Durchbrechung der Verschwiegenheitspflicht wegen der Bedeutung von § 93 Abs. 1 Satz 2 AktG im Zusammenhang mit der Ausübung des Weisungsrechts

Die Zulässigkeit der Durchbrechung der Verschwiegenheitspflicht nach § 93 Abs. 1 Satz 3 AktG könnte sich auch aus der durch das UMAG[191] neu eingeführten Regelung des § 93 Abs. 1 Satz 2 AktG ergeben. Hiernach wird zugunsten des handelnden Organs vermutet, dass eine Pflichtverletzung dann nicht vorliegt, wenn das Organmitglied bei einer unternehmerischen Entscheidung vernünftigerweise annehmen durfte, auf der Grundlage angemessener Information zum Wohle der Gesellschaft zu handeln.

Die Ausübung oder das Unterlassen einer Weisung im Rahmen des Weisungsrechts nach § 323 Abs. 1 Satz 1 AktG stellt keine rechtlich gebundene Entscheidung dar und ist mithin als unternehmerische Entscheidung im Sinne von § 93 Abs. 1 Satz 2 AktG zu qualifizieren.[192] Das Treffen solch einer unternehmerischen Entscheidung ist folglich dann nicht pflichtwidrig, wenn das handelnde Gesellschaftsorgan annehmen durfte, auf der Grundlage angemessener Information zum Wohle der Gesellschaft zu handeln. Es stellt sich daher die Frage, ob das handelnde Organ ohne Durchbrechung der Verschwiegenheitspflicht mangels umfassender Information über das beherrschte Unternehmen niemals annehmen darf, „auf der Grundlage *angemessener* Information" zu handeln. Würde man diese Frage bejahen und die Zulässigkeit der

---

[189] *Emmerich* in Emmerich/Habersack, Aktien- und GmbH-Konzernrecht, § 308 AktG Rz. 28; *Hirte* in GroßKomm. AktG, § 308 Rz. 29; *Koppensteiner* in KölnKomm. AktG, § 308 Rz. 29; *Krieger* in Münchener Handbuch AG, § 70 Rz. 136.
[190] Siehe hierzu oben S. 31.
[191] Gesetz zur Unternehmensintegrität und Modernisierung des Anfechtungsrechts v. 22.9.2005, BGBl I 2005, 2802 v. 27.9.2005. Hierzu auch *Fleischer* in Handbuch des Vorstandsrechts, § 7 Rz. 45 ff.; *Seibert*, WM 2005, 157 ff.
[192] Siehe ausführlich zum Begriff der „unternehmerischen Entscheidung": BegrRegE, BR-Ds. 3/05, S. 18; *Fleischer*, Handbuch des Vorstandsrechts, § 7 Rz. 53 ff.; *Mutter*, Unternehmerische Entscheidungen und Haftung des Aufsichtsrats, 2001; *Paefgen*, AG 2004, 245, 251; *S.H. Schneider*, DB 2005, 707 ff.

Durchbrechung der Verschwiegenheitspflicht zugleich verneinen, so schüfe man für das Gesellschaftsorgan in eine äußerst nachteilige Situation, da die durch die neu eingeführte Business Judgment Rule aufgestellten Voraussetzungen zur Haftungsvermeidung von Vorständen niemals bei der Ausübung des konzernrechtlichen Weisungsrechts erfüllt werden könnten und mithin das Risiko eines Haftungsfalls zu Lasten der Vorstände vergrößert werden würde.[193] Ein solches Ergebnis kann vom Gesetzgeber nicht gewollt sein.[194]

Zur Vermeidung einer solch nachteiligen Lage kann entweder eine Durchbrechung der Verschwiegenheitspflicht nach § 93 Abs. 1 Satz 3 AktG oder aber eine restriktive Auslegung des Begriffs der „angemessenen Information" führen.

Für die Durchbrechung der Verschwiegenheitspflicht finden sich allerdings keine hinreichenden Anhaltspunkte. Das Gesetz spricht in § 93 Abs. 1 Satz 2 AktG von „angemessener Information", nicht aber von vollumfänglicher Information. Würde man das Erfordernis der Angemessenheit mit der Vollumfänglichkeit von Information gleichsetzen, so könnte man hiermit die Durchbrechung jedweder Informationsbeschränkungen rechtfertigen, da ansonsten eine Konfliktsituation des handelnden Organs hergestellt würde. Weiterhin würde die Möglichkeit der vollumfänglichen Information zugleich bedeuten, dass das Organ auch verpflichtet wäre, sich stets vollumfänglich zu informieren, bevor es eine unternehmerische Entscheidung, egal ob durch Tun oder Unterlassen, trifft. Eine Durchbrechung der Verschwiegenheitspflicht wegen § 93 Abs. 1 Satz 2 AktG lässt sich mithin nicht begründen. Die Information muss vielmehr schon dann als angemessen bezeichnet werden können, wenn das Gesellschaftsorgan auf Grundlage der für das Organ („frei") zugänglichen Informationen handelt.[195] Für den Fall der Ausübung des Weisungsrechts bedeutet das, dass es für eine unternehmerische Entscheidung des handelnden Organs

---

[193] Zur Business Judgment Rule und den Voraussetzungen ihrer Anwendung *Lutter*, ZSR 2005 II, 415, 423 ff.; *Fleischer*, FS-Wiedemann, 2002, S. 827 ff.; *Oltmanns*, Geschäftsleiterhaftung, S. 230 ff.; *S.H. Schneider*, DB 2005, 707 ff.

[194] Bereits der BGH stellte in seiner ARAG/Garmenbeck-Entscheidung (BGHZ 135, S. 244 ff.) fest, dass sowohl dem Vorstand als auch dem Aufsichtsrat ein weiter Handlungsspielraum zugebilligt werden muss (BGHZ 135, S. 244, 253). Die Regierungsbegründung zum UMAG (II A 1) spricht daher bewusst von Parallelen zwischen der neueren Rechtsprechung und den Neuerungen durch das UMAG. Diese bewusste Übernahme des Gehalts der ARAG/Garmenbeck-Entscheidung ist ebenfalls eine bewusste Schaffung eines Haftungsfreiraums für Manager; ähnlich *S.H. Schneider*, DB 2005, 707, 712.

[195] In diesem Sinne BegrRegE, BR-Ds. 3/05, S. 21; *Fleischer* Handbuch des Vorstandsrechts, § 7 Rz. 58; *ders.*, FS-Wiedemann, S. 827, 840 f.; *Schäfer*, ZIP 2005, 1253, 1258; Allgemein zu § 93 Abs. 1 Satz 2 AktG auch: Persönliche Haftung verringern, in: FAZ v. 3. April 2006 – Dargestellt werden dort die 20 Regeln des *Arbeitskreises „Externe und interne Überwachung der Unternehmung"* der Schmalenbach Gesellschaft für Betriebswirtschaft e.V. einschließlich Äußerungen zur angemessenen Information.

hinreichend sein muss, wenn es auf Grundlage von in rechtlich zulässigerweise erhältlichen Informationen handelt. Ob darunter auch solche Informationen fallen, die grundsätzlich der Verschwiegenheitspflicht nach § 93 Abs. 1 Satz 3 AktG unterliegen, hängt aber von außerhalb der Business Judgment Rule liegenden Umständen ab.

Eine Durchbrechung der Verschwiegenheitspflicht nach § 93 Abs. 1 Satz 3 AktG kann folglich jedenfalls nicht mit der in § 93 Abs. 1 Satz 2 AktG geregelten Business Judgment Rule begründet werden.

bb) Verweise des § 323 Abs. 1 Satz 2 AktG auf § 308 Abs. 2 Satz 1 und § 308 Abs. 3 AktG

Ein Informationsanspruch der Obergesellschaft könnte sich aber daraus ergeben, dass § 308 Abs. 2 Satz 1, Abs. 3 AktG nach § 323 Abs. 1 Satz 2 AktG sinngemäß gilt.[196] § 308 Abs. 2 Satz 1, Abs. 3 AktG regelt die Verhaltenspflichten des Vorstands der beherrschten Gesellschaft in Bezug auf Weisungen der Hauptgesellschaft. So normiert § 308 Abs. 2 Satz 1 AktG, dass der Vorstand der beherrschten Gesellschaft verpflichtet ist, Weisungen des herrschenden Unternehmens zu befolgen. Nun könnte daran gedacht werden, da das Gesetz dem Vorstand der beherrschten Gesellschaft in § 93 Abs. 1 AktG wiederum die Einhaltung von Sorgfaltspflichten vorschreibt, dass die Regelung des § 308 Abs. 2 Satz 1 AktG impliziert, dass der Gesetzgeber davon ausgeht, dass die zu befolgenden Weisungen der herrschenden Gesellschaft, nicht einen solchen Inhalt haben, der bei Befolgung durch den Vorstand der beherrschten Gesellschaft zu einer Verletzung seiner Sorgfaltspflichten nach § 93 Abs. 1 AktG führen würde. Nur Weisungen erteilen zu können, die immer einen nicht gegen Sorgfaltspflichten verstoßenden Inhalt haben, würde allerdings voraussetzen, dass der Vorstand der herrschenden Gesellschaft vollumfänglich über die Begebenheiten der beherrschten Gesellschaft informiert ist. Dies könnte wiederum einen entsprechenden Informationsanspruch des Vorstands der herrschenden Gesellschaft implizieren.[197]

Gegen den Gedanken an eine derart restriktive Lesart des § 308 Abs. 2 Satz 1 AktG spricht allerdings die Systematik des Aktiengesetzes. Nach Normierung des Weisungsrechts führt das Aktiengesetz eine Norm auf, die gerade erst die Art und Weise der Ausübung des Weisungsrechts konkretisiert und dem Vor-

---

[196] Diese Ansicht wird von den herrschenden Stellungnahmen in Schrifttum vertreten. So beispielsweise *Krieger*, in Lutter (Hrsg.) Holding-Handbuch, § 6 Rz. 23 f.; *ders.* in Münchener Handbuch AG, § 70 Rz. 136; *Löbbe*, Unternehmenskontrolle im Konzern, S. 111 f.; *Lutter*, Information und Vertraulichkeit, Rz. 178; *Semler*, Leitung und Überwachung, Rz. 300 ff.; *Zöllner* in KölnKomm. AktG, § 131 Rz. 66.
[197] Hierzu unten S. 48 f. mehr.

stand des herrschenden Unternehmens die Pflicht auferlegt, bei der Erteilung von Weisungen an die beherrschte Gesellschaft die Sorgfalt eines ordentlichen und gewissenhaften Geschäftsleiters, also den auch in § 93 Abs. 1 AktG angelegten Sorgfaltsmaßstab, anzuwenden (vgl. § 309 Abs. 1 AktG). Dies spricht gegen eine solche Begrenzung des Weisungsrechts bereits bei § 323 Abs. 1 i.V.m. § 308 Abs. 2 Satz 1 AktG.

Nach allgemeiner Auffassung wird vielmehr davon ausgegangen, dass § 93 Abs. 1 AktG bei der Eingliederung in diesem Verhältnis gerade nicht für den Vorstand der beherrschten Gesellschaft gilt, sondern von §§ 310, 323 Abs. 1 AktG verdrängt wird.[198] Mangels Anwendbarkeit des § 93 Abs. 1 AktG stellt die Regelung des § 308 Abs. 2 Satz 1 AktG somit jedenfalls auch ohne einen Anspruch auf vollumfängliche Information keine im Widerspruch zu § 93 Abs. 1 AktG stehende Regelung dar. Mithin kann hieraus über den oben aufgeführten Weg auch kein Informationsanspruch der herrschenden Gesellschaft hergeleitet werden.

Ein Informationsanspruch der Obergesellschaft ergibt sich folglich nicht aus der Verweisung des § 323 Abs. 1 Satz 2 AktG auf § 308 Abs. 2 Satz 1, Abs. 3 AktG.

cc) Verweis des § 323 AktG auf §§ 309, 310 AktG
Ein Anspruch der herrschenden Gesellschaft auch auf solche Informationen, die von § 93 Abs. 1 Satz 3 AktG erfasst sind, könnte sich schließlich aus der Verweisung von § 323 Abs. 1 AktG auf §§ 309, 310 AktG ergeben.

§ 309 Abs. 1 AktG legt fest, dass die gesetzlichen Vertreter des herrschenden Unternehmens gegenüber der beherrschten Gesellschaft bei der Erteilung von Weisungen an diese die Sorgfalt eines ordentlichen und gewissenhaften Geschäftsleiters anzuwenden haben. Dem Vorstand des herrschenden Unternehmens obliegt aufgrund dieser Vorschrift bei Ausübung seiner Leitungsbefugnisse gegenüber der eingegliederten beherrschten Gesellschaft auch die Einhaltung der erforderlichen Sorgfalt gegenüber dieser Gesellschaft.[199] § 309 Abs. 1 AktG führt dazu, dass der Vorstand des herrschenden Unternehmens nicht nur gegenüber „seiner" Gesellschaft persönlich nach § 93 AktG haften muss, sondern auch gegenüber der eingegliederten Gesellschaft. Die Regelung der Norm trägt dem Umstand Rechnung, dass die Verantwortlichkeit der

---

[198] *Altmeppen* in MünchKomm. AktG, § 310 Rz. 32; *Hopt* in GroßKomm. AktG, § 93 Rz. 117; *Canaris*, ZGR 1978, 207 ff.; *Hüffer*, § 76 AktG Rz. 18, § 310 AktG Rz. 1; *Koppensteiner* in KölnKomm. AktG, § 310 Rz. 11 f.
[199] *Hirte* in GroßKomm. AktG, § 309 Rz. 4; *H.-F. Müller*, Der Konzern 2006, 725.

Organe der herrschenden Gesellschaft bei der Eingliederung der Verantwortlichkeit der Organe der beherrschten Gesellschaft entspricht.[200]

Bei der Ausübung von Leitungsmaßnahmen durch ein Organ der herrschenden Gesellschaft muss dieses bereits aufgrund von § 309 Abs. 1 AktG ebenso wie das Organ der beherrschten Gesellschaft auch den Vorteil dieser beherrschten Gesellschaft wahren und Schaden von ihr abwenden.[201] Dies ist allerdings nur möglich, wenn dem Organ der herrschenden Gesellschaft auch umfassende Informationen über die beherrschte Gesellschaft zur Verfügung stehen. Relevant sind hierbei insbesondere Informationen über personelle, strategische und finanzwirtschaftliche Zustände und Entwicklungen[202] die grundsätzlich unter die Verschwiegenheitspflicht nach § 93 Abs. 1 Satz 3 AktG fallen.[203] Ohne solche Informationen wäre es den Organen der herrschenden Gesellschaft nicht möglich, bei der Erteilung von Weisungen, ihren Sorgfaltspflichten aus § 309 Abs. 1 AktG nach-zukommen. Eine Durchbrechung der Verschwiegenheitspflicht bzw. sogar ein Anspruch auf Erhalt solcher Informationen, die grundsätzlich vertraulich oder sogar geheim sind und mithin von § 93 Abs. 1 Satz 3 AktG erfasst werden, ist somit erforderlich.

Das Argument, das Vorstandsmitglied könne eine Haftung vermeiden und die Erforderlichkeit des Informationserhalts umgehen, indem es jegliche Weisungen unterlässt, greift nicht. Zwar gibt es im Grundsatz keine Haftung für Schäden, die damit zusammenhängen, dass das herrschende Unternehmen von seiner Direktionsgewalt keinen Gebrauch macht, eine Weisung also unterlässt.[204] Doch gibt es Ausnahmen von diesem Grundsatz und mögliche Konstellationen, in denen gerade mangelhafte Leitung und das Unterlassen von Leitungsmaßnahmen zu einer Verantwortlichkeit des Vorstands des herrschenden Unternehmens führen kann.[205] Aufgrund der möglichen Haftung nach § 310 AktG bei Verletzung der in § 309 Abs. 1 AktG statuierten Pflichten – welchen der Vorstand mithin noch nicht einmal sicher durch Untätigkeit ent-

---

[200] *Hirte* in GroßKomm. AktG, § 309 Rz. 4; *Koppensteiner* in KölnKomm. AktG, § 309 Rz. 3; *Kropff*, RegBegr., S. 404; *H.-F. Müller*, Der Konzern 2006, 725 f.

[201] Die Bedeutung der Umschreibung „*Sorgfalt eines ordentlichen und gewissenhaften Geschäftsleiters*" bei § 309 Abs. 1 AktG entspricht der bei § 93 Abs. 1 AktG. Hierzu siehe bereits S. 35 ff.

[202] Umfassend zur Führung des Konzerns und mithin zu den informationsrelevanten Bereichen *Scheffler*, Konzernmanagement, S. 75 ff.

[203] Siehe hierzu *Lutter/Krieger*, Rechte und Pflichten, Rz. 253, 263 ff.; *Hopt* in GroßKomm. AktG, § 93 AktG Rz. 191.

[204] *Koppensteiner* in KölnKomm. AktG, § 309 Rz. 6; *Fleischer* in Handbuch Vorstandsrecht, § 18 Rz. 17.

[205] *Emmerich* in Emmerich/Habersack, Aktien- und GmbH-Konzernrecht, § 309 AktG Rz. 35; *Hirte* in GroßKomm. AktG, § 309 Rz. 26; *Koppensteiner* in KölnKomm. AktG, § 309 Rz. 6; *U.H. Schneider*, BB 1981, 249, 256.

gehen kann –, muss er die Möglichkeit haben, seinen Sorgfaltspflichten auch nachkommen zu können. Hierzu benötigt er vollumfängliche Informationen.

Auch wäre es widersinnig, dass der Gesetzgeber dem Vorstand zwar ein Weisungsrecht gesetzlich einräumt, ihm aber zugleich nicht die rechtliche Möglichkeit gibt, dieses mit der vom Gesetz vorgeschriebenen Sorgfalt auszuüben. Eine zur Pflichterfüllung erforderliche vollumfängliche Informationsversorgung der Organe der herrschenden Gesellschaft muss daher zulässig und gewährleistet sein.

Ein Anspruch der herrschenden Gesellschaft gegen die eingegliederte beherrschte Gesellschaft auf Erteilung auch solcher Informationen, die grundsätzlich von der Verschwiegenheitspflicht erfasst sind, ergibt sich somit aus der Verweisung des § 323 Abs. 1 Satz 2 AktG auf § 309 Abs. 1 AktG.

h) Zwischenergebnis: Eingliederung

Bei der Eingliederung hat die herrschende Gesellschaft einen umfassenden Anspruch gegen die beherrschte Gesellschaft auf Informationserteilung. Es besteht somit eine Verpflichtung der Tochtergesellschaft zur Erteilung auch grundsätzlich geheimer bzw. vertraulicher Informationen an ihre Muttergesellschaft.

2. Vertragskonzern

Zu prüfen ist weiterhin, ob auch die herrschende Gesellschaft im Vertragskonzern einen Anspruch gegen die beherrschte Gesellschaft auf Erteilung solcher Informationen hat, die grundsätzlich unter die Verschwiegenheitspflicht nach § 93 Abs. 1 Satz 3 AktG fallen.

Der Begriff des Vertragskonzerns ist kein vom Gesetz verwendeter Begriff. In den §§ 291, 292 AktG findet sich allerdings eine Vielzahl möglicher Unternehmensverträge, an denen eine AG bzw. KGaA beteiligt sein kann. Der Begriff des Unternehmensvertrags ist ein Oberbegriff, der dem rechtstechnischen Zweck der sprachlichen Vereinfachung dient, [206] allerdings nicht mit dem Begriff des Vertragskonzerns gleichzusetzen ist. Die Sammelbezeichnung des Unternehmensvertrags umfasst den *Beherrschungsvertrag* nach § 291 Abs. 1 Satz 1 AktG, den *Gewinn-abführungsvertrag* nach § 291 Abs. 1 Satz 1 AktG, den *Geschäftsführungs-vertrag* nach § 291 Abs. 1 Satz 2 AktG, die *Gewinngemeinschaft* nach § 292 Abs. 1 Nr. 1 AktG, den *Teilgewinnabführungsvertrag*

---

[206] *Hüffer*, § 291 AktG Rz. 1.

nach § 292 Abs. 1 Nr. 2 AktG und den *Betriebspacht-* und *Betriebsüberlassungsvertrag* nach § 292 Abs. 1 Nr. 3 AktG.[207]

Die Bezeichnung eines durch Unternehmensvertrag verbundenen Unternehmens als Vertragskonzern setzt neben dem Bestehen eines Unternehmensvertrags weiterhin das für das Vorliegen eines Konzerns maßgebliche Tatbestandsmerkmal der Zusammenfassung mehrerer Unter-nehmen unter einheitlicher Leitung voraus.[208] Die in §§ 291, 292 AktG geregelten Unternehmensverträge haben unterschiedliche Inhalte und bedingen nicht alle die Zusammenfassung mehrerer Unternehmen unter einheitlicher Leitung.

Die in den §§ 291, 292 AktG aufgeführten Unternehmensverträge unterscheiden sich darin, dass die Unternehmensverträge nach § 291 AktG nach allgemeiner Auffassung als Organisationsverträge qualifiziert werden können, die daneben auch schuldrechtliche Bindungen in Form bestimmter Leistungspflichten wie etwa die zur Verlustübernahme aufweisen.[209] Unternehmensverträge nach § 292 AktG hingegen haben rein schuld-rechtlichen Charakter. Sie unterscheiden sich von den Organisations-verträgen maßgeblich dadurch, dass sie nicht zu einer vergleichbaren Strukturänderung bei der beherrschten Gesellschaft führen.

Von den drei in § 291 AktG geregelten Unternehmensverträgen weisen zwar alle die oben angesprochenen Strukturänderungen auf, der *Gewinnabführungsvertrag* nach § 291 Abs. 1 Satz 1 AktG und der *Geschäftsführungsvertrag* nach § 291 Abs. 1 Satz 2 AktG allerdings ohne Auswirkungen auf die eigenverantwortliche Leitung der Gesellschaft nach § 76 Abs. 1 AktG zu haben. Eine Zusammenfassung unter einheitlicher Leitung liegt durch Abschluss allein eines dieser Verträge mithin nicht vor.

Einzig der in § 291 Abs. 1 Satz 1 AktG geregelte Beherrschungsvertrag hat den Inhalt, dass eine Gesellschaft (AG oder KGaA) ihre Leitung einem anderen Unternehmen unterstellt. Dieses andere Unternehmen wird dadurch zum so genannten herrschenden Unternehmen und erlangt ein Weisungsrecht nach § 308 AktG gegenüber der beherrschten Gesellschaft, wodurch die grundsätzlich eigenverantwortliche Leitung der beherrschten Gesellschaft nach § 76 Abs. 1 AktG eingeschränkt wird. Durch Abschluss des Beherrschungsvertrags bilden die Gesellschaften folglich gemäß § 18 Abs. 1 Satz 2 AktG einen Konzern. Daneben ist weitere wesentliche Folge die Geltung von § 302 Abs. 1 AktG, wonach das herrschende Unternehmen die Pflicht hat,

---

[207] Hierzu auch *Hüffer*, § 291 AktG Rz. 1; *Jäger*, Aktiengesellschaft, S. 1121 f.; *Kropff*, Reg-Begr, S. 276.
[208] *Jäger*, Aktiengesellschaft, S. 1107.
[209] BGHZ 103, 1, 4 f.; 105, 324, 331; OLG Düsseldorf, AG 1992, 60 f.; KG, NZG 2000, 1223; *Jäger*, Aktiengesellschaft, S. 1122.

Jahresfehlbeträge der Gesellschaften, die durch Beherrschungs-vertrag gebunden sind, zu übernehmen.

Das Vorliegen eines Beherrschungsvertrags wird nach der Rechtsprechung wesentlich danach beurteilt, ob das herrschende Unternehmen durch die Vereinbarung mit dem anderen Unternehmen in die Lage versetzt wird, in die Leitung des beherrschten Unternehmens jedenfalls insoweit einzugreifen, dass es eine auf das Gesamtinteresse der verbundenen Unternehmen ausgerichtete Zielkonzeption durchsetzen kann.[210] Weniger die verwendete Terminologie ist relevant,[211] als mehr die sich aus dem Gesamteindruck des Vertragsinhalts ergebende Unterordnung des beherrschten Unternehmens und die damit einhergehende Möglichkeit der herrschenden Gesellschaft zur (teilweisen) Leitung und Erteilung von Weisungen in wesentlichen unternehmerischen Bereichen, wie beispielsweise Geschäftspolitik, Finanzen, Personal oder Vertrieb.[212] Um nach dem Gesamteindruck als Beherrschungs-vertrag eingeordnet werden zu können, reicht in der Praxis bereits die übliche knappe Regelung aus, nach der bestimmt wird, wer wem ab wann die Leitung seines Unternehmens unterstellt.[213] Eine ausdrückliche Regelung zur Einräumung einer Weisungsbefugnis kann unterbleiben, da dies bereits nach § 308 Abs. 1 Satz 1 AktG zwingende Folge der Beherrschung ist.[214]

In der Praxis werden Gewinnabführungsvertrag und Beherrschungsvertrag in der Regel zum so genannten Organschaftsvertrag verknüpft.[215] Gesellschaftsrechtlich besteht hierfür zwar kein Bedürfnis.[216] Die Anerkennung der körperschaftsteuerrechtlichen Organschaft, also die steuerrechtliche Zurechnung des Einkommens der abhängigen Gesellschaft (so genannte Organgesellschaft) als Einkommen des herrschenden Unternehmens (so genannter Organträger), setzt nach § 14 Satz 1 KStG für die AG bzw. KGaA als Organgesellschaft eine entsprechende Verbindung voraus.[217] Die in der Praxis häufig vorkommende

---

[210] KG, NZG 2000, 1223 f.; *Emmerich* in Emmerich/Habersack, Aktien- und GmbH-Konzernrecht, § 291 AktG Rz. 3, 7; *Koppensteiner* in KölnKomm. AktG, § 291 Rz. 20.
[211] Nach dem KG, NZG 2000, 1223 f. kann es nicht auf die Verwendung der Begriffe „Beherrschung", „Weisung" oder aber Bezeichnung des Vertrags als „Beherrschungsvertrag" ankommen.
[212] KG, NZG 2000, 1223 f.; *Emmerich* in Emmerich/Habersack, Aktien- und GmbH-Konzernrecht, § 291 Rz. 11 ff., 13a.
[213] *Jäger*, Aktiengesellschaft, S. 1122 f.
[214] *Jäger*, Aktiengesellschaft, S. 1122 f.
[215] Vgl. *Kuhlmann/Ahnis*, Konzernrecht, S. 259, 321.
[216] LG Kassel, AG 1997, 239; *Koppensteiner* in KölnKomm. AktG, § 291 Rz. 3, 53; *Kuhlmann/Ahnis*, Konzernrecht, S. 321.
[217] Neben dem Abschluss eines Gewinnabführungsvertrags nach § 291 Abs. 1 Satz 1 AktG muss die Organgesellschaft in den Organträger finanziell (§ 14 Satz 1 Nr. 1 KStG), wirtschaftlich (§ 14 Satz 1 Nr. 2 KStG) und organisatorisch (§ 14 Satz 1 Nr. 2 KStG) eingegliedert sein. Weiterhin muss der Organträger hierfür eine inländische steuerpflichtige Person,

Verbindung von Gewinnabführungs- und Beherrschungsvertrag ist für den Fortgang der folgenden Prüfung allerdings irrelevant, da die Verknüpfung beider Verträge im Hinblick auf die folgende Untersuchung nicht zu einem von der isolierten Prüfung des Beherrschungs-vertrags abweichenden Ergebnis führt.

Im Folgenden wird somit ausschließlich auf mögliche Auswirkungen des Beherrschungsvertrags auf die Verschwiegenheitspflicht nach § 93 Abs. 1 Satz 3 AktG eingegangen.

a) Informationsanspruch aus § 131 Abs. 1 AktG

Auch der herrschenden Gesellschaft im Vertragskonzern steht gegen die von ihr beherrschte Gesellschaft ein mitgliedschaftliches Auskunftsrecht aus § 131 Abs. 1 AktG zu. Wie bereits oben ausgeführt, normiert diese Vorschrift das Recht des Aktionärs, vom Vorstand auf Verlangen in der Hauptversammlung Auskunft über Angelegenheiten der Gesellschaft zu erhalten, soweit sie zur sachgemäßen Beurteilung eines Gegenstands der Tagesordnung erforderlich ist. Hiervon werden allerdings nicht Informationen erfasst, die im Sinne von § 93 Abs. 1 Satz 3 AktG vertraulich oder geheim sind. Geht es um das Begehren der Auskunft über solche Informationen, hat der Vorstand sogar die Pflicht, die Auskunft zu verweigern.[218]

b) Mehrheitsbeteiligung

Im Vertragskonzern muss das herrschende Unternehmen, anders als bei der Eingliederung, nicht zwangsläufig Mehrheitsgesellschafter sein. Nach § 293 Abs. 1 Satz 1 AktG bedarf der Beherrschungsvertrag allerdings der Zustimmung der Hauptversammlung der verpflichteten Gesellschaft. Dieser Zustimmungsbeschluss muss mit einer Mehrheit von mindestens drei Vierteln des bei der Beschlussfassung vertretenen Grundkapitals gefasst worden sein. Neben das für einen Hauptversammlungsbeschluss bestehende Erfordernis der einfachen Stimmenmehrheit, vgl. § 133 Abs. 1 AktG, tritt mithin das Erfordernis einer qualifizierten Kapitalmehrheit. Bereits deshalb wird die herrschende Gesellschaft rechtstatsächlich zumeist auch Mehrheits-gesellschafterin sein.

Gesellschaft oder Vermögensmasse sein (§ 13 Satz 1 Nr. 3 KStG), der Gewinnabführungs-vertrag auf mindestens fünf Jahre abgeschlossen sein (§ 14 Satz 1 Nr. 4 KStG) und während der ganzen Zeit durchgeführt werden (§ 14 Satz 1 Nr. 4 KStG).
[218] BGHZ 36, 121, 131; *Decher* in GroßKomm. AktG, § 131 Rz. 292; *Hüffer*, § 131 AktG Rz. 23; *Kubis* in KölnKomm. AktG, § 131 Rz. 96; *Semler* in Münchener Handbuch AG, § 37 Rz. 29.

Bereits bei der Eingliederung wurde geprüft, ob sich ein Anspruch auf Erhalt von Informationen, die unter § 93 Abs. 1 Satz 3 AktG fallen, allein aus der Stellung des herrschenden Unternehmens als Mehrheitsgesellschafter ergeben kann.[219] Dies wurde dort bereits abgelehnt. Gründe für ein abweichendes Ergebnis sind beim Vertragskonzern nicht ersichtlich.

c) Informationsrecht aufgrund von § 90 Abs. 1 AktG

§ 90 Abs. 1 AktG legt fest, dass die Regelberichterstattung des Vorstands an den Aufsichtsrat einen konzerndimensionalen Bezug hat. Der Vorstand wird seiner Berichtspflicht nur gerecht, wenn er von sich aus Informationen über verbundene Unternehmen im Rahmen des nach den gesetzlichen Bestimmungen Zulässigen, des ihm faktisch Möglichen und konkret Zumutbaren beschafft.[220] Diese Norm bezieht sich lediglich auf die Ausschöpfung bereits bestehender rechtlicher Möglichkeiten. Das Bestehen eines (konzernweiten) Informationsanspruchs im Vertragskonzern lässt sich aus dieser Vorschrift jedoch nicht herleiten.[221]

d) Einheitliche Leitung

Wie bei der Eingliederung existiert auch für den Vertragskonzern eine gesetzliche Vermutung, nach der Unternehmen, zwischen denen ein Beherrschungsvertrag nach § 291 AktG besteht, unwiderleglich als unter einheitlicher Leitung zusammengefasst anzusehen sind, vgl. § 18 Abs. 1 Satz 2 AktG.[222]

Auch beim Vertragskonzern entspricht es neben der gesetzlichen Vermutung der einheitlichen Leitung ebenfalls regelmäßig der Unternehmenswirklichkeit, dass von dieser Gebrauch gemacht wird.[223] Dies ist schließlich ein wesentlicher Grund für den Abschluss eines solchen Unternehmensvertrags.

Allerdings kann das Vorliegen einheitlicher Leitung – unabhängig von ihrem konkreten Umfang – auch beim Vertragskonzern nicht die Zulässigkeit der Durchbrechung der Verschwiegenheitspflicht nach § 93 Abs. 1 Satz 3 AktG begründen. Dies wurde bereits ausführlich oben bei Untersuchung der Ver-

---

[219] Siehe hierzu oben S. 20.

[220] Vgl. RegBegr. zum Entwurf eines Gesetzes zur weiteren Reform des Aktien- und Bilanzrechts, zu Transparenz und Publizität (Transparenz- und Publizitätsgesetz; TransPuG), BT-Ds. 14/8769, S. 14.

[221] Siehe hierzu oben zur Eingliederung S. 21 f.

[222] Die Unwiderleglichkeit der gesetzlichen Vermutung ist ganz herrschende Meinung, siehe nur *Bayer* in MünchKomm. AktG, § 18 Rz. 44; *Koppensteiner* in KölnKomm. AktG § 18, Rz. 39; *Krieger* in Münchener Handbuch AG, § 68 Rz. 71; *Lutter*, Begriff und Erscheinungsformen der Holding, in Lutter (Hrsg.), Holding-Handbuch, S. 22, § 1 Rz. 39 ff.

[223] *Bayer* in MünchKomm. AktG, § 18 Rz. 44; *Hüffer*, § 18 AktG Rz. 17

schwiegenheitspflicht im Rahmen der Eingliederung dargestellt[224] und gilt ebenso für den Vertragskonzern.

e) Weisungsrecht nach § 308 AktG

Liegt ein Beherrschungsvertrag vor, so hat das herrschende Unternehmen gegenüber dem beherrschten Unternehmen ein Weisungsrecht, vgl. § 308 Abs. 1 Satz 1 AktG. Dieses Weisungsrecht ist umfassend ausgestaltet und umfasst alle Leitungsmaßnahmen der abhängigen Gesellschaft.[225] Nach herrschender Auffassung in der Literatur muss diesem Weisungsrecht ein entsprechender Informationsanspruch des herrschenden Unternehmens gegen das beherrschte Unternehmen korrespondieren.[226] Nur so sei eine wirtschaftlich sinnvolle Ausübung des Weisungsrechts möglich.[227]

Auf den wirtschaftlichen Sinn als Auslegungskriterium wurde bereits bei der Untersuchung der Eingliederung eingegangen. Schon dort wurde gezeigt, dass dieses Kriterium allein nicht ausreichend ist, um die Zulässigkeit der Durchbrechung der Verschwiegenheitspflicht zu begründen.[228]

Auch die Regelung des § 308 Abs. 1 Satz 2 AktG, nach der das herrschende Unternehmen dem beherrschten Unternehmen auch solche Weisungen erteilen kann, die für das beherrschte Unternehmen nachteilig sind, führt zu keinem anderen Ergebnis. Denn auch solche Weisungen müssen sich auf die Leitung der Gesellschaft beziehen und sind somit – bis auf die ausdrückliche Ausweitung auch auf die nachteilige Wirkung ihres Inhalts – nicht weitergehend als Weisungen nach § 308 Abs. 1 Satz 1 AktG und haben folglich auch keine weitergehenden Auswirkungen auf die Verschwiegen-heitspflicht nach § 93 Abs. 1 Satz 2 AktG.

---

[224] Siehe hierzu oben S. 29 ff.

[225] Zum Umfang siehe bereits oben S. 39 ff.

[226] So die herrschende Auffassung *Emmerich* in Emmerich/Habersack, Aktien- und GmbH-Konzernrecht, § 308 AktG Rz. 39; *Hirte* in GroßKomm. AktG, § 308 Rz. 29; *Koppensteiner* in KölnKomm. AktG, § 308 Rz. 28; *Krieger* in Münchener Handbuch AG, § 70 Rz. 136; *Decher*, ZHR 158 (1994), 473, 480; *Fabritius*, FS-Huber, S. 705, 709; *S. H. Schneider*, Informationspflichten, S. 195.

[227] *Emmerich* in Emmerich/Habersack, Aktien- und GmbH-Konzernrecht, § 308 AktG Rz. 39; *Hirte* in GroßKomm. AktG, § 308 Rz. 29; *Koppensteiner* in KölnKomm. AktG, § 308 Rz. 28; *Krieger* in Münchener Handbuch AG, § 70 Rz. 136; *Decher*, ZHR 158 (1994), 473, 480; *Fabritius*, FS-Huber, S. 705, 709; *S. H. Schneider*, Informationspflichten, S. 195.

[228] Siehe oben S. 43 ff.

f) Stellungnahme und eigener Ansatz – § 309 AktG

Wie bei der Eingliederung gilt auch im Vertragskonzern die Regelung des § 309 AktG, wonach das herrschende Unternehmen bei Weisungen an das beherrschte Unternehmen die Sorgfalt eines ordentlichen und gewissenhaften Geschäftsleiters anzuwenden hat. Die Anwendung einer solchen Sorgfalt ist nur dann möglich, wenn das herrschende Unternehmen umfassend über das beherrschte Unternehmen informiert ist. Dies erfordert somit einen Anspruch des herrschenden Unternehmens gegen das beherrschte Unternehmen auf umfassende Informationserteilung. Auch Informationen, die unter die Verschwiegenheitpflicht nach § 93 Abs. 1 Satz 3 AktG fallen, müssen vom Informationsanspruch des herrschenden Unternehmens erfasst sein, damit dieses in der vom Gesetz geforderten Art und Weise sein Weisungsrecht ausüben kann. Die Verschwiegenheitspflicht kann folglich nicht nur *sinnvollerweise*, sondern darf sogar *notwendigerweise* im Verhältnis von beherrschtem zu herrschendem Unternehmen im Vertragskonzern keine Geltung haben.

Die Herleitung der Zulässigkeit des freien Informationsflusses von beherrschtem zu herrschendem Unternehmen im Vertragskonzern kann, anders als bei der Eingliederung, jedoch nicht vollends zufrieden stellen. Hier spielt insbesondere der Aspekt eine Rolle, dass beim Vertragskonzern, anders als bei der Eingliederung, außenstehende Aktionäre existieren mögen. Für solche Minderheitsaktionäre der beherrschten Gesellschaft bedeutet die Weitergabe von vertraulichen und geheimen Informationen immer auch die Gefahr der möglichen Verwendung zu Ungunsten der eigenen Gesellschaft. Es sind durchaus Fälle denkbar, in denen die Weitergabe von Informationen an das herrschende Unternehmen primär zu Gunsten des herrschenden Unternehmens oder aber allenfalls im Konzerninteresse und somit jedenfalls nicht primär im Interesse der beherrschten Gesellschaft genutzt werden. Dies kann auf Konzernebene zu einem wirtschaftlichen „Nullgeschäft" führen, jedoch für die beherrschte Gesellschaft – und mithin für ihre Aktionäre – mit wirtschaftlichen Nachteilen einhergehen.

Diese potentielle Gefahr für die beherrschte Gesellschaft und ihre Aktionäre könnte weiterhin mit negativen Auswirkungen auf den gesamten Konzern verbunden sein. Würden potentielle (Minderheits-)Aktionäre das Risiko einer solchen Einwirkung als sehr hoch einschätzen, würden sie ihr Investitionsverhalten insofern verändern, als sie Investitionen unterlassen oder aber einschränken. Mangelndes Investoreninteresse hätte wiederum die Notwendigkeit der Beschaffung anderer – zumeist teurer – finanzieller Mittel, beispielsweise hoch verzinste Bankkredite, zur Folge. Dies wiederum würde sich auf den gesamten Konzern nachteilig auswirken. Im schlimmsten Fall würde dies gar den Nutzen und die Effizienz des Systems des Konzernrechts beeinträchtigen.

Die Gefahr eines solchen Missbrauchsrisikos scheint allerdings begrenzt und kalkulierbar zu sein. Der (potentielle) Investor einer Gesellschaft im Vertragskonzern ist insbesondere durch die Verlustdeckungspflicht nach § 302 AktG geschützt, nach der die herrschende Gesellschaft jeden während der Vertragsdauer entstehenden Jahresfehlbetrag der beherrschten Gesellschaft auszugleichen hat. Weiterhin schützt ihn § 309 Abs. 2 AktG, der der beherrschten Gesellschaft dann einen Schadensersatzanspruch gegen die gesetzlichen Vertreter der herrschenden Gesellschaft zuspricht, wenn diese bei Ausübung ihres Weisungsrechts nicht die Sorgfalt eines ordentlichen und gewissenhaften Geschäftsleiters anwenden und hierdurch ein Schaden entsteht.

Aufgrund der Kalkulierbarkeit und der vom Gesetz vorgesehenen grundsätzlichen Schutzmechanismen sind die Nachteile, die durch den freien Informationsfluss entstehen, hinzunehmen. Die Praxis zeigt, dass das Vertrauen der Investoren in durch Beherrschungsvertrag gebundene Tochtergesellschaften grundsätzlich nach wie vor besteht und – jedenfalls aus der in dieser Hinsicht maßgeblichen Sicht des (potentiellen) Investors – die Nachteile gegenüber den Vorteilen nicht überwiegen. Dem Gesetzgeber ist zu unterstellen, dass er die Reichweite der Wirkung des freien Informationsflusses gesehen hat. Die Konsequenzen sind somit schließlich auch als vom Gesetzgeber gewollt hinzunehmen.

g) Zwischenergebnis: Vertragskonzern

Ein Informationsanspruch der herrschenden Gesellschaft gegen die beherrschte Gesellschaft ergibt sich im Vertragskonzern ebenfalls aus der Regelung des § 309 AktG. Die Weitergabe vertraulicher und geheimer Informationen von beherrschter an herrschende Gesellschaft ist mithin zulässig.

3. Faktischer Konzern

Die dritte der im Wesentlichen drei zu unterscheidenden Formen von Unternehmensverbindungen[229] ist die des faktischen Konzerns, der in den §§ 311 ff. AktG geregelt ist. Ein faktischer Konzern liegt vor, wenn ein herrschendes Unternehmen und ein oder mehrere abhängige Unternehmen unter der einheitlichen Leitung des herrschenden Unternehmens zusammengefasst sind, ohne dass zwischen beiden ein Beherrschungsvertrag nach § 291 AktG geschlossen wurde oder das beherrschte in das herrschende Unternehmen nach § 319 AktG eingegliedert worden ist.

---

[229] Vgl. *Emmerich/Habersack*, Konzernrecht, S. 364.

Im faktischen Konzern gibt es, anders als bei der Eingliederung und dem Vertragskonzern, keine § 308 bzw. §§ 323, 308 AktG entsprechende Vorschrift, die eine gesetzlich ausdrücklich anerkannte Leitungsmacht des herrschenden Unternehmens begründet. Die Leitungsmacht des Vorstands der abhängigen Gesellschaft nach § 76 AktG bleibt folglich grundsätzlich in vollem Umfang erhalten und kann auch im Interesse des herrschenden oder eines anderen mit ihm verbundenen Unternehmens nicht beschränkt werden.[230] Der Gesetzgeber hat allerdings gesehen, dass für das herrschende Unternehmen faktisch vielfache Einflusswege existieren[231] und in § 311 AktG eine Ausnahmeregelung geschaffen. Danach ist es einem herrschenden Unternehmen nicht gestattet, seinen Einfluss dazu zu benutzen, eine abhängige Gesellschaft zu veranlassen, ein für sie nachteiliges Rechtsgeschäft vorzunehmen oder Maßnahmen zu ihrem Nachteil zu treffen oder zu unterlassen, außer die Nachteile werden spätestens bis zum Endes des Geschäftsjahres ausgeglichen, vgl. § 311 Abs. 1, Abs. 2 S. 1 AktG.

Wie die Weitergabe vertraulicher oder geheimer Informationen im faktischen Konzern zu behandeln ist, ist äußerst umstritten. Im Folgenden wird daher untersucht werden, ob das herrschende Unternehmen im faktischen Konzern einen Informationsanspruch gegen die beherrschte Gesellschaft hat, ob dieser gegebenenfalls zu begrenzen ist oder aber vollumfänglich auch geheime und vertrauliche Informationen im Sinne von § 93 Abs. 1 Satz 3 AktG einschließt.

a) Meinungsstand

Zur Zulässigkeit der Informationsweitergabe im faktischen Konzern in Bezug auf die Verschwiegenheitspflicht nach § 93 Abs. 1 Satz 3 AktG finden sich kontroverse Stellungnahmen in der Literatur. Zunächst werden daher die in der Literatur entwickelten facettenreichen Lösungsvorschläge zur Frage, ob das herrschende Unternehmen ein Recht auf Informationserteilung gegen das beherrschte Unternehmen hat, dargestellt werden. Daran anschließend wird zu den bestehenden Ansichten Stellung genommen und schließlich ein eigener Ansatz entwickelt.

---

[230] *Emmerich/Habersack*, Konzernrecht, S. 368 f.; *Jäger*, Aktiengesellschaft, S. 1191.
[231] Eine empirische Untersuchung zu Einflusswegen und Einflussfolgen im faktischen Unternehmensverbund findet sich bei *Ekkenga/Weinbrenner/Schütz*, Der Konzern 2005, S. 261 ff.; siehe auch *Weinbrenner*, Der Konzern 2006, 583 ff.

aa) Ansicht 1 – Umfassende Informationsrechte der herrschenden Gesellschaft im faktischen Konzern zur Erfüllung ihrer Leitungspflicht

In der Literatur wird teilweise von der Existenz einer Ansicht ausgegangen, die der herrschenden Gesellschaft eine derart starke Sonderstellung zuspricht, dass dieser ein vollumfängliches Informationsrecht gegen ihre faktisch beherrschte Gesellschaft zusteht.[232] Die starke Stellung des herrschenden Unternehmens soll sich schlicht aus einer auch im faktischen Konzern bestehenden Konzernleitungspflicht ergeben. Dieser Pflicht wiederum soll ein Anspruch auf Informationserteilung gegen die beherrschte Gesellschaft folgen.[233]

bb) Ansicht 2 – Einschränkbares umfassendes Informationsrecht der herrschenden Gesellschaft im faktischen Konzern aufgrund der §§ 294 Abs. 3, 320 Abs. 3 HGB, 145 AktG und der §§ 311 ff. AktG

Semler geht von der Existenz eines Informationsrechts des herrschenden Unternehmens im faktischen Konzern aus und hält einen umfassenden Informationsfluss für zulässig. Zur Begründung führt er zwei unterschiedliche Ansätze an.[234] Zum einen sei aus den Normen zur Regelung der Konzernrechnungslegung, also §§ 294 Abs. 3, 320 Abs. 3 HGB, 145 AktG, ein allgemeiner Grundsatz bezüglich des Informationsflusses abzuleiten.[235] Dieser allgemeine Grundsatz besage, dass auch die zur Konzernleitung nötigen Informationen vom faktisch beherrschten Unternehmen an das herrschende Unternehmen weitergegeben werden müssen.

Nach Auffassung *Semlers* ergebe sich die Zulässigkeit eines konzerninternen Informationsflusses im faktischen Konzern zum anderen aus den Vorschriften der §§ 311 ff. AktG.[236] Das Risiko bzw. der Umfang der mit §§ 311 ff. AktG einhergehenden Pflicht zum Nachteilsausgleich aufgrund einer nachteiligen Einflussnahme durch das herrschende Unternehmen könne von diesem nur dann beurteilt werden, wenn es alle Fakten kennt, die zur Beurteilung eines möglichen Nachteils notwendig sind. Hiervon müsse nach Auffassung *Semlers* auch der Gesetzgeber ausgegangen sein. Anderenfalls wäre eine Verantwortlichkeit des herrschenden Unternehmens nur gerechtfertigt, wenn der Vorstand des abhängigen Unternehmens vor Einflussnahme des herrschenden

---

[232] So beispielsweise *Fabritius* in FS-Huber, S. 705, 710, der diese Auffassung allerdings lediglich mit der Einschränkung „gegebenenfalls" aufführt und einen konkreten Nachweis nicht erbringt.

[233] *Fabritius* in FS-Huber, S. 705, 710, nennt als Quellen *Hommelhoff*, Konzernleitungspflicht, S. 43 ff.; *Krieger* in Münchener Handbuch AG, § 69 Rz. 21. Er merkt allerdings selbst an, dass diese nicht explizit einen Informationsanspruch bejahen.

[234] Siehe hierzu *Semler*, Leitung und Überwachung, S. 178 ff.

[235] *Semler*, Leitung und Überwachung, S. 179.

[236] *Semler*, Leitung und Überwachung, S. 180.

Unternehmens einen Nachteil behauptet hatte. Das herrschende Unternehmen habe somit einen (durch den Hinweis auf einen Nachteil einschränkbaren) Informationsanspruch, der allerdings auch solche Informationen erfasst, die grundsätzlich unter § 93 Abs. 1 Satz 3 AktG fallen, da diese für eine Einflussnahme und zur Bewertung des damit möglicherweise einhergehenden Nachteils relevant sein könnten.

cc) Ansicht 3 – Umfassendes Informationsrecht des herrschenden Unternehmens aufgrund eines Sonderrechtsverhältnisses zur faktisch beherrschten Gesellschaft

Löbbe will ein über die üblichen mitgliedschaftlichen Informationsrechte hinausgehendes Auskunftsrecht des herrschenden Unternehmens aus einer das Konzern- bzw. Abhängigkeitsverhältnis begründenden Sonderverbindung zwischen herrschender und abhängiger Gesellschaft herleiten. Den teilweise in der Literatur vertretenen Ansatz, eine Sonderverbindung auf der Annahme, der faktische Konzern sei eine Innengesellschaft bürgerlichen Rechts, zu begründen,[237] lehnt er ab.[238] Seiner Ansicht nach ergebe sich die Sonderrechtsbeziehung hingegen aus der zwischen herrschendem und beherrschtem Unternehmen bestehenden haftungsrechtlichen Sonder-regelung, § 317 AktG, und den §§ 311 ff. AktG, wonach die herrschende Gesellschaft die abhängige Gesellschaft unter der Voraussetzung eines Nachteilsausgleichs zu nachteiligen Maßnahmen veranlassen kann.[239] Zwar lasse sich nicht automatisch aus der Sonderrechtsbeziehung ein besonderes Informationsrecht des herrschenden Unternehmens ableiten; hiergegen könnte zudem sprechen, dass ein solches in §§ 311 ff. AktG nicht ausdrücklich vorgesehen ist. Dafür spreche nach Ansicht *Löbbes* aber, dass der Gesetzgeber in §§ 311 ff. AktG die rechtlichen Einflussnahmemöglichkeiten der Obergesellschaft bis hin zur faktischen Konzernierung anerkannt hat.[240] Die Ausübung von Leitungsmacht bzw. von einheitlicher Leitung sei nur auf der Basis von Informationen möglich. Die aus der Gesellschafterstellung des herrschenden Unternehmens fließenden Informationsrechte und die bilanziellen Informationsmöglichkeiten der Muttergesellschaft genügen hierfür seiner Auffassung nach nicht.[241] Aus dem Grundsatz von Treu und Glauben sei mithin abzuleiten, dass das Sonderrechtsverhältnis zu einer Lockerung der Verschwiegenheitspflicht führt und ein Recht

---

[237] So *Harms*, Konzerne, S. 147 f., 156 ff.; *Wilhelm*, Juristische Person, S. 221 ff.; *Wilhelm*, Kapitalgesellschaftsrecht, S. 357 f., Rz. 1212; einem solchen Ansatz ebenfalls aufgeschlossen gegenüberstehend *Altmeppen*, Haftung des Managers, S. 56 f.

[238] *Löbbe*, Unternehmenskontrolle, S. 155 f.

[239] *Löbbe*, Unternehmenskontrolle, S. 157.

[240] *Löbbe*, Unternehmenskontrolle, S. 159 f.

[241] *Löbbe*, Unternehmenskontrolle, S. 113.

des herrschenden Unternehmens auch auf solche Informationen begründet.[242] Das Auskunftsverweigerungs-recht des beherrschten Unternehmens soll nach Ansicht *Löbbes* zum Schutz der Minderheitsaktionäre weiterhin bestehen bleiben, allerdings dann entfallen, wenn sich das herrschende Unternehmen dazu verpflichtet, die erlangten Informationen nicht zu Lasten der abhängigen Gesellschaft zu verwerten. Die bloße Bereitschaft des herrschenden Unternehmens, einen durch die Weitergabe der Information entstehenden Nachteil auszugleichen, reiche allerdings nicht aus, um das Auskunftsverweigerungsrecht des beherrschten Unternehmens zu überwinden.[243]

dd) Ansicht 4 – Nur begrenztes Informationsrecht der herrschenden Gesellschaft im faktischen Konzern

Nach der in der Literatur herrschenden Auffassung soll im faktischen Konzern ein Informationsanspruch der herrschenden Gesellschaft in dem Umfang bestehen, in dem die herrschende Gesellschaft ihrerseits zu Informations- und Publizitätspflichten aus dem faktischen Konzernverhältnis verpflichtet ist.[244] Die Verschwiegenheitspflicht entfällt nach dieser Auffassung immer dann, wenn eine vorrangige Informationspflicht besteht.[245] Eine solche Informationspflicht kann unterschiedlichen Ursprungs sein. In Betracht kommen beispielsweise Auskunftsrechte von Behörden oder aber in Konzern-verhältnissen die Pflicht zur Erstellung eines Konzernlageberichts oder die Pflicht zur Erfüllung kapitalmarktrechtlicher Informationspflichten.[246] Das Recht zum Erhalt solcher Informationen lasse sich zum einen aus § 294 Abs. 3 Satz 2 HGB und zum anderen allgemein aus dem Gedanken der Konzernbeziehung herleiten. Die Informationspflicht solle weitgehend sein und umfasse alle Aufklärungen und Nachweise, die im Zusammenhang mit den gesetzlichen Publizitätspflichten stehen.[247] Im Übrigen bestehe aber keine Verpflichtung der beherrschten Gesellschaft zur Erteilung von – insbesondere vertraulichen oder geheimen – Informationen an die Konzernmutter.[248]

---

[242] *Löbbe*, Unternehmenskontrolle, S. 158 f., 161.

[243] *Löbbe*, Unternehmenskontrolle, S. 165.

[244] *Elsner*, Kontrolle der Tochtergesellschaften, S. 134; *Fabritius*, FS-Huber, S. 705, 709 f.; *Krieger* in Münchener Handbuch AG, § 69 Rz. 23; *Lutter*, Information und Vertraulichkeit, Rz. 178 f.; *Potthoff/Trescher/Theisen*, Aufsichtsratsmitglied, Rz. 768; *Singhoff*, ZGR 2001, 146, 155 ff.

[245] *Hefermehl/Spindler* in MünchKomm. AktG, § 93 Rz. 58; *S.H. Schneider*, Informationspflichten, S. 53; *v. Stebut*, Geheimnisschutz, S. 114.

[246] Hierzu siehe nur *Hefermehl/Spindler* in MünchKomm. AktG, § 93 Rz 58; *v. Stebut*, Geheimnisschutz, S. 112 ff.

[247] *Krieger* in Münchener Handbuch AG, § 69 Rz. 23.

[248] *Lutter*, Information und Vertraulichkeit, Rz. 179; *Menke*, NZG 2004, 697; *Singhoff*, ZGR 2001, 146, 161.

b) Stellungnahme und eigener Ansatz

Die Ansichten zur Zulässigkeit der Weitergabe von Informationen im faktischen Konzern sind vielfältig. Die Ursache liegt wesentlich darin, dass die faktische Konzerntochter zwar einerseits unter der einheitlichen Leitung des faktischen herrschenden Unternehmens zusammengefasst ist, aber andererseits das Eigeninteresse dieser faktisch beherrschten Konzern-gesellschaft grundsätzlich auch im Verhältnis zum herrschenden Unternehmen geschützt wird.[249] Aber auch andere Aspekte sind von Relevanz.

aa) Stellungnahme zu Ansicht 1

Zur zuerst dargestellten Auffassung, wonach die herrschende Gesellschaft schlicht aus einer bestehenden Konzernleitungspflicht ein Informationsrecht haben soll, ist zunächst festzustellen, dass die Existenz einer solchen Auffassung – wie bereits oben angemerkt – in der Literatur zwar angedeutet wird, sich hierzu aber keine entsprechenden Primärquellen finden lassen.

Inhaltlich wäre eine solche Auffassung darüber hinaus wenig überzeugend. So ist es zunächst äußerst umstritten, ob im faktischen Konzern überhaupt eine Konzernleitungspflicht besteht.[250] Würde man dennoch diese Auffassung vertreten, so würde der Ansatz, hieraus einen vollumfänglichen Informationsanspruch des herrschenden Unternehmens abzuleiten, nicht überzeugen. Wie bereits oben[251] festgestellt wurde, kann eine Pflicht zur Konzernleitung nicht die Zulässigkeit der Durchbrechung einer Verbotsvorschrift begründen. Zwar ist eine wirtschaftlich sinnvolle Ausübung der einheitlichen Leitung nur möglich, wenn der die Leitung Ausübende vollumfänglich informiert ist. Dieser ökonomische Aspekt ist aber nicht ausreichend, um die Beschränkung bzw. Durchbrechung einer Verbotsvorschrift zu begründen. Die Ausübung von Konzernleitung oder gar einer Konzernleitungspflicht allein kann mithin nicht Maßstab für den Umfang des zulässigen Informationsflusses sein.

---

[249] Siehe hierzu *Jäger*, Aktiengesellschaft, S. 1191; *Hommelhoff*, Konzernleitungspflicht, S. 124 ff.; *Löbbe*, Unternehmenskontrolle, S. 112; *Kropf*, BegrRegE, S. 407 ff.; *Kropff* in MünchKomm AktG, § 311 Rz. 32 ff.; *Emmerich* in Emmerich/Habersack, Aktien- und GmbH-Konzernrecht, § 311, Rz. 10.

[250] Die herrschende Meinung im Schrifttum lehnt eine Konzernleitungspflicht im faktischen Konzern ab, vgl. *Emmerich/Habersack*, Konzernrecht, S. 369; *Hüffer*, § 311 AktG Rz. 8; *Kropff* in MünchKomm. AktG, § 311 Rz. 280 f.; *Koppensteiner* in KölnKomm. AktG, Vorb. § 311 Rz. 9 ff. Anderer Ansicht *Hommelhoff*, Konzernleitungspflicht, S. 74; *U. H. Schneider*, BB 1981, 249, 257.

[251] Siehe oben S. 31.

bb) Stellungnahme zu Ansicht 2

Semler stellt zwei Ansätze dar, aus denen sich ergeben soll, dass das herrschende Unternehmen im faktischen Konzern einen Anspruch auf Erhalt vollumfänglicher Informationen hat.

Nach seinem ersten Ansatz ergebe sich die Zulässigkeit vollumfänglicher Informationserteilung aus einem allgemeinen Grundsatz, der sich aus den Vorschriften zum Konzernabschluss, den Zwischenabschlüssen und Sonderprüfungsberichten im Konzern ableiten lasse.[252] Dieser Ansatz bleibt allerdings ohne hinreichende Begründung.[253] Die Vorschriften der §§ 294 Abs. 3, 320 Abs. 3 HGB entstammen einem speziellen bilanzrechtlichen Kontext. Dies spricht wesentlich für eine Ausnahmeregelung und nicht für eine durch analoge Anwendung zu einer allgemeinen Grundregel über den Informations-fluss transformierbare Norm.[254] Aus den Vorschriften über die Konzernrechnungslegung einen allgemeinen Grundsatz herzuleiten, erfordert eine Begründung, die weder in ausreichender Form erbracht wird, noch anderweitig ersichtlich zu sein scheint.

Aus den Vorschriften zur Konzernrechnungslegung nach §§ 294 Abs. 3, 320 Abs. 3 HGB ergibt sich somit kein allgemeiner Grundsatz über die Weitergabe von Informationen von der beherrschten Gesellschaft an die herrschende Gesellschaft im faktischen Konzern.

Nach *Semlers* zweitem Ansatz zur Begründung eines umfassenden Informationsanspruchs im faktischen Konzern soll sich die Zulässigkeit eines konzerninternen Informationsflusses aus den Haftungsvorschriften der §§ 311 ff. AktG ergeben.[255] Der Vorstand benötige umfassende Informationen, damit er die Nachteile seiner Einflussnahme beurteilen könne. Hiervon müsse nach *Semlers* Auffassung auch das Gesetz ausgegangen sein, da anderenfalls eine Verantwortlichkeit des herrschenden Unternehmens nur gerechtfertigt sei,

---

[252] Vgl. *Semler*, Leitung und Überwachung, S. 178 f.

[253] Der alleinige Hinweis auf *Barz* in GroßKomm. AktG, § 335 Anm. 1 geht fehl. *Semler* verweist auf *Barz*, um die Aussage zu belegen, dass der Informationsfluss bei der Konzernrechnungslegung keine Ausnahmeregelung darstellt und die entsprechenden Vorschriften lediglich im Interesse der Rechtssicherheit und der Gewährleistung einer angemessenen Konzernpublizität zur Klarstellung geschaffen worden sind. *Barz* lässt hingegen offen, ob neben den *tatsächlichen* Möglichkeiten die im Rahmen der Rechnungslegungsvorschriften eingefügten Rechtsansprüche notwendig sind. *Barz* geht somit erkennbar nicht von bereits bestehenden *rechtlichen* Möglichkeiten oder gar einem allgemeinen Rechtsgrundsatz, der die Zulässigkeit eines Informationsflusses bzw. Informationsanspruchs des herrschenden Unternehmens begründet, aus.

[254] So auch *Löbbe*, Unternehmenskontrolle, S. 155.

[255] Vgl. *Semler*, Leitung und Überwachung, S. 180.

wenn der Vorstand des abhängigen Unternehmens vor Einflussnahme des herrschenden Unternehmens einen Nachteil behauptet hatte.[256]

Dieser zweite Ansatz kann einen vollumfänglichen Informationsanspruch ebenfalls nicht begründen. Zur Bestimmung eines möglicherweise entstehenden Nachteilsausgleichsanspruchs würde es bereits genügen, wenn der Vorstand der herrschenden Gesellschaft einen Anspruch auf Erteilung solcher Informationen hat, die ihn über einen unter Umständen entstehenden Nachteil und gegebenenfalls dessen Höhe in Kenntnis setzen. Ein solcher begrenzter Informationsanspruch wäre ein milderes Mittel, welches aber nahezu gleich geeignet wäre, dem von *Semler* angeführten Sinn und Zweck zu genügen, welchen er zur Begründung seines Ansatzes zur Zulässigkeit eines vollumfänglichen Informationsanspruches anführt.

Es ließe sich zwar einwenden, dass der Vorstand der beherrschten Gesellschaft auf diese Weise die Möglichkeit hätte, unwahre oder aber pessimistische Einschätzungen zu äußern bzw. Informationen zu erteilen, um einer Veranlassung durch das herrschende Unternehmen zu entgehen, doch würde bei einem vollumfänglichen Recht auf Information ebenfalls die Gefahr bestehen, dass das herrschende Unternehmen – sofern es nicht selbständig alle Einzelheiten überprüft – Informationen nur in der Form erhält, die sich für das beherrschte Unternehmen als nützlich darstellen.

Eine Pflicht des Vorstands des beherrschten Unternehmens, das herrschende Unternehmen über einen möglichen Nachteil und dessen Höhe zu informieren, besteht darüber hinaus bereits ohnehin.[257] Dieser Pflicht wird der Vorstand des beherrschten Unternehmens in der Regel wegen der ansonsten drohenden Konsequenzen auch nachkommen: Der Vorstand einer abhängigen Gesellschaft im faktischen Konzern bleibt zur eigenverantwortlichen Leitung nach § 76 AktG verpflichtet und ist keinen Weisungen unterworfen.[258] Hieraus ergibt sich, dass er in Bezug auf Veranlassungen des herrschenden Unternehmens zunächst prüfen muss, ob die Maßnahme für die Vermögens- oder Ertragslage der Gesellschaft nachteilig und gegebenenfalls ausgleichsfähig ist *und* ob das herrschende Unternehmen zum Ausgleich bereit ist.[259] Fällt diese Prüfung negativ aus, so muss die Maßnahme unterbleiben, anderenfalls wird er gemäß

---

[256] *Semler*, Leitung und Überwachung, S. 180.

[257] OLG Hamm, AG 1995, 512, 516; *Altmeppen*, Haftung des Managers, S. 69; *Burgard*, ZHR 162 (1998), 51, 97; *Geßler*, FS-Westermann, S. 145, 157; *Koppensteiner* in KölnKomm. AktG, § 311 Rz. 139 ff., 145; *Kropff* in MünchKomm. AktG, § 311 Rz. 336.

[258] Siehe hierzu nur *Koppensteiner* in KölnKomm. AktG, § 311 Rz. 139 mwN.

[259] OLG Hamm, AG 1995, 512, 516; *Altmeppen*, Haftung des Managers, S. 69; *Burgard*, ZHR 162 (1998), 51, 97; *Geßler*, FS-Westermann, S. 145, 157; *Koppensteiner* in KölnKomm. AktG, § 311 Rz. 139 ff., 145; *Kropff* in MünchKomm. AktG, § 311 Rz. 336.

§ 93 AktG schadensersatzpflichtig.[260] Der Veranlassung Folge leisten darf der Vorstand der abhängigen Gesellschaft erst, wenn seine Prüfung positiv ausfällt. Die bereits bestehende Rechtslage in Bezug auf die Erteilung von Informationen zur Erkennbarkeit eines Nachteils und dessen Höhe ist mithin bereits hinreichend. Ein weitergehender Informationsanspruch lässt sich somit nicht begründen.

Ein Informationsrecht des herrschenden Unternehmens im faktischen Konzern ergibt sich folglich auch nicht aus §§ 311 ff. AktG. *Semlers* zweiter Ansatz ist mithin ebenfalls abzulehnen.

cc) Stellungnahme zu Ansicht 3
Löbbes Auffassung, nach der ein Sonderrechtsverhältnis zwischen herrschender und beherrschter Gesellschaft im faktischen Konzern bestehe, scheint plausibel. Sein Schluss, hieraus ein Informationsrecht des herrschenden Unternehmens abzuleiten, kann allerdings nicht überzeugen.

(1) Faktischer Konzern als Sonderrechtsverhältnis
Ein Sonderrechtsverhältnis im faktischen Konzern ergibt sich richtigerweise nicht aus den §§ 705 ff. BGB.[261] Dies würde das Zustandekommen eines entsprechenden (zumindest konkludent) geschlossenen Vertragsschlusses zwischen herrschendem und abhängigem Unternehmen voraussetzen. Ein solcher Vertragsschluss ist im faktischen Konzern regelmäßig nicht zu erkennen, da das Verhältnis von Ober- und Untergesellschaft im faktischen Konzern strukturell vorrangig durch Realakte in Form von beherrschenden Einflussnahmen geprägt ist. Die vereinzelt in der Literatur zu findende Ansicht, ein Vertragsschluss komme regelmäßig „faktisch" durch Beteiligungserwerb zustande,[262] würde dem Beteiligungserwerb eine zu große Bedeutung zumessen und ist daher abzulehnen. Es kann einem (potentiellen) Aktionär nicht unterstellt werden, dass er mit dem Erwerb einer Beteiligung zugleich immer auch die mit der Gründung einer GbR entstehenden Rechte und Pflichten eingehen

---

[260] So die h.M. *Altmeppen*, Haftung des Managers, S. 69; *Burgard*, ZHR 162 (1998), 51, 97; *Geßler*, FS-Westermann, S. 145, 156 f.; *Koppensteiner* in KölnKomm. AktG, § 311 Rz. 145; *Kropff* in MünchKomm. AktG, § 311 Rz. 336.
[261] *Koppensteiner* in KölnKomm. AktG, § 18 Rz. 7; *Kropff* in MünchKomm. AktG, § 311 Rz. 270 f.; *Lutter*, Zur Aufgabe eines Konzernrechts: Schutz vor Missbrauch oder Organisationsrecht?, in: *Druey*, Das St. Galler Konzernrechtsgespräch. Konzernrecht aus der Konzernwirklichkeit, S. 225 ff.; *Reuter*, ZHR 146 (1982), 1, 9 ff.; *Karsten Schmidt*, Gesellschaftsrecht, § 31 IV 2 b, S. 960; a.A. *Altmeppen*, Haftung des Managers, S. 56 f.; *Harms*, Konzerne im Recht, S. 147 f., 156 ff.; *Wilhelm*, Rechtsform und Haftung, S. 221 ff.; *ders.*, Kapitalgesellschaftsrecht, S. 357 f., Rz. 1212.
[262] So *Harms*, Konzerne im Recht, S. 148.

will. Darüber hinaus ist fraglich, ob die Unterwerfung unter einen solchen Gesellschaftsvertrag dem Vorstand nicht nach § 76 AktG verboten ist.[263]

Gegen die Einordnung des Verhältnisses von abhängiger und herrschender Gesellschaft im faktischen Konzern als GbR spricht weiterhin, dass es in der Natur ihrer Verbindung liegt, dass zwischen beiden ein Über- und Unterordnungsverhältnis besteht und nicht, wie es für die GbR typisch ist, eine gleichberechtigte Zweckverfolgung.[264] Zwar bleibt dem Vorstand der abhängigen Gesellschaft im Rahmen der §§ 311. AktG die Entscheidung überlassen, ob er einer Anweisung der herrschenden Gesellschaft folgt. Dieses „Verweigerungsrecht" aber mit der faktischen Macht zur Veranlassung der herrschenden Gesellschaft gleichzusetzen oder aber darin eine gleichberechtigte Koordination der Geschäftsführung durch Ober- und Untergesellschaft zu sehen,[265] würde zu weit gehen. Die herrschende Gesellschaft gibt durch die bestehende Möglichkeit zur Einflussnahme vor, in welchem Rahmen und in welcher Art und Weise überhaupt eine Interaktion zwischen Ober- und Untergesellschaft verlaufen kann. Die beherrschte Gesellschaft kann die Befolgung der mit einer Einflussnahme verbundenen Veranlassung zwar ablehnen, doch ist die Geltendmachung ihres Verweigerungsrechts lediglich eine *Reaktion* auf das vorangegangene Verhalten der herrschenden Gesellschaft. Die beherrschte Gesellschaft ist folglich sowohl faktisch[266] als auch rechtlich der herrschenden Gesellschaft untergeordnet.

Löbbe ist deshalb darin zuzustimmen, dass sich das Sonderrechtsverhältnis nicht aus dem Bestehen einer Innengesellschaft bürgerlichen Rechts ergibt. Auch ist ihm zuzustimmen, dass sich ein Sonderrechtsverhältnis nicht zwangsläufig aus einem Vertrag ergeben muss. Sein Hinweis auf die c.i.c kann aber nicht überzeugen. Von der c.i.c. werden gerade nur solche Verbindungen erfasst, die durch Aufnahme von Vertragsverhandlungen (vgl. § 311 Abs. 2 Nr. 1 BGB), durch die Anbahnung eines Vertrags (vgl. § 311 Abs. 2 Nr. 2 BGB) oder durch ähnliche Geschäfte[267] (vgl. § 311 Abs. 2 Nr. 3 BGB) entstehen – und

---

[263] So ausdrücklich *Kropff* in MünchKomm. AktG, § 311 Rz. 271.

[264] *Koppensteiner* in KölnKomm. AktG, § 18 Rz. 7; *Kropff* in MünchKomm. AktG, § 311 Rz. 270 f.; *Löbbe*, Unternehmenskontrolle, S. 156; *Lutter*, ZGR 1987, 324, 334 f.; *ders.*, Zur Aufgabe eines Konzernrechts: Schutz vor Missbrauch oder Organisationsrecht?, in: *Druey*: Das St. Galler Konzernrechtsgespräch. Konzernrecht aus der Konzernwirklichkeit, S. 225 f.

[265] So etwa vertreten von *Wilhelm*, Kapitalgesellschaftsrecht, S. 357 f., Rz. 1212, der davon ausgeht, dass eine „Kooperation" zwischen Ober- und Untergesellschaft besteht, die als Rechtsverhältnis einer „Gemeinschaft von gleichberechtigten Personen" zu verstehen sei; dazu ebenfalls tendierend *Altmeppen*, Haftung des Managers, S. 56 f.

[266] *Kropff* in MünchKomm. AktG, § 311 Rz. 271 geht lediglich vom Vorliegen einer faktischen Unterordnung, nicht aber einer rechtlichen Unterordnung aus.

[267] Unter ähnlichen Geschäften im Sinne von § 311 Abs. 2 Nr. 3 BGB fallen solche Kontakte, die zwar nicht auf den Abschluss eines Vertrages abzielen (vgl. *Heinrichs* in Palandt, § 311 BGB Rz. 18) und bei denen auch noch keine Vertrag angebahnt (vgl. *Emmerich* in Münch-

mithin zumindest vertragsnah sind. Unter keine dieser Ziffern lässt sich der Kontakt von herrschendem und beherrschtem Unternehmen subsumieren, da es in diesem Verhältnis weder um die Aufnahme von Vertragsverhandlungen, noch um die Anbahnung eines Vertrags oder die Vorbereitung der Anbahnung, also um ein ähnliches Geschäft im Sinne von § 311 Abs. 2 Nr. 3 BGB, geht. Aufgrund der erhöhten Einwirkungsmöglichkeiten auf Rechtsgüter und Interessen der jeweils anderen Gesellschaft, welche sich wiederum in den Regelungen der §§ 311 ff. AktG und den darin geregelten Rechten und Pflichten der beiden Gesellschaften, welche über die normalen Mitgliedschaftsrechte hinausgehen, widerspiegelt,[268] ist der faktische Konzern als gesellschaftsrechtlich eigenes Gebilde zu qualifizieren. Dieses hat weder eine eigene Rechtsform, noch besitzt es eigene Rechtsfähigkeit.[269]

Die Beziehung von herrschender und beherrschter Gesellschaft ist mit *Löbbe* aufgrund von §§ 311 ff. AktG als Sonderrechtsbeziehung einzustufen.

(2) Informationsrecht aus dem Sonderrechtsverhältnis

Allein das Vorliegen einer Sonderrechtsbeziehung begründet noch keinen Informationsanspruch der herrschenden Gesellschaft gegen die beherrschte Gesellschaft. Die §§ 311 ff. AktG, die das Sonderrechtsverhältnis begründen und eine erhöhte Rechte- und Pflichtenbindung der Gesellschaften im faktischen Konzern normieren, legen ein solches Informationsrecht gerade nicht fest. Dies sieht auch *Löbbe* und spekuliert daher, dass eine solche Festlegung unterblieben sein könnte, weil das Konzernrecht ursprünglich in erster Linie als Minderheiten- und Gläubigerschutzrecht geschaffen wurde.[270] Das Informationsrecht hingegen sei eher dem Organisationsrecht zuzuordnen, so dass allein hierin die Ursache des Fehlens einer Regelung liegen könnte.

Zwar ist *Löbbe* darin zuzustimmen, dass das Konzernrecht ursprünglich primär als Minderheiten- und Gläubigerschutzrecht geschaffen bzw. jedenfalls aber eingeordnet wurde.[271] Dass ein Informationsrecht allein wegen einer möglichen Zuordnung zum Organisationsrecht nicht in das Gesetz aufgenommen worden sein soll, erscheint allerdings zweifelhaft. Zum einen dient gerade

---

Komm BGB, § 311 Rz. 72) ist, ein solcher aber vorbereitet werden soll (vgl. Begr. zum Entwurf eines Gesetzes zur Modernisierung des Schuldrechts, BT-Ds. 14/6040, S. 163).

[268] *Löbbe*, Unternehmenskontrolle, S. 156 f.

[269] Hierzu grundlegend *Lutter*, ZGR 1987, 324, 334 ff.; *ders.*, FS-Stimpel, S. 825, 829 f.; *ders.* Zur Aufgabe eines Konzernrechts: Schutz vor Missbrauch oder Organisationsrecht?, in: *Druey*: Das St. Galler Konzernrechtsgespräch. Konzernrecht aus der Konzernwirklichkeit, S. 225.

[270] Löbbe, Unternehmenskontrolle, S. 157 f.

[271] In diesem Sinne auch *Kropff*, BegrRegE, S. 374; *Karsten Schmidt*, Gesellschaftsrecht, § 17, S. 486 ff.

auch die Regelung eines Informationsrechts wenigstens mittelbar dem Gläubigerschutz und kann somit nicht ausschließlich dem Organi-sationsrecht zugeordnet werden, zum anderen waren immer auch wesentliche organisationsrechtliche Aspekte Inhalt des Konzernrechts[272]. Somit ist auch nach der mittlerweile eingetretenen Veränderung der allgemeinen Sichtweise der Einordnung des Konzernrechts vom Schutzrecht hin zum Organisations-recht bzw. Schutz- und Organisationsrecht[273] ein durch das Gesetz vorge-gebenen Rahmen erforderlich, aus dem sich die Zulässigkeit bzw. das Bestehen eines Informationsrechts des herrschenden Unternehmens gegen das beherrschte Unternehmen ergeben kann. *Löbbe* will dies aus der auch im faktischen Konzern vorherrschenden einheitlichen Leitung ableiten.[274] Er schreibt der herrschenden Gesellschaft eine derart starke Leitungsmacht zu, dass sich bereits daraus ein Informationsrecht ergeben müsse. Wie bereits bei der Eingliederung und dem Vertragskonzern gezeigt, ist nicht das Weisungsrecht, welches bei diesen Konzernierungsformen Grundlage für die einheitliche Leitung ist, bereits ausreichend, um einen Informationsanspruch des herrschenden Unternehmens zu begründen.[275] Erst durch die Konkretisierung in § 309 AktG, nach der das Weisungsrecht – und mithin alle Maßnahmen der einheitlichen Leitung – mit der Sorgfalt eines ordentlichen und gewissenhaften Geschäftsleiters durchgeführt werden muss, lässt sich ein Anspruch der Obergesellschaft auf Erteilung auch solcher Informationen, die durch § 93 Abs. 1 Satz 3 AktG geschützt sind, herleiten. Eine solche Vorschrift existiert für faktische Konzernverhältnisse allerdings gerade nicht.

Löbbes Einschränkung seines eigenen Ansatzes, dem beherrschten Unternehmen im Rahmen von §§ 311 ff. AktG zu seinem Schutz grundsätzlich ein Auskunftsverweigerungsrecht zu belassen und ihm dies nur in bestimmten Fällen abzusprechen,[276] kann ebenfalls nicht überzeugen. Der Ansatz, das Auskunftsverweigerungsrecht dem Vorsand der beherrschten Gesellschaft dann abzusprechen, wenn sich der Vorstand der herrschenden Gesellschaft verpflichtet, die Informationen ausschließlich zu Kontrollzwecken und nicht zu Lasten der beherrschten Gesellschaft zu verwenden,[277] ist praktisch nicht

---

[272] *Karsten Schmidt*, Gesellschaftsrecht, § 17 I 1, S. 486 ff., § 17 II, S. 491.

[273] Zur Einordnung und Entwicklung des Zwecks des Konzernrechts *Lutter*, Zur Aufgabe eines Konzernrechts: Schutz vor Missbrauch oder Organisationsrecht?, in: *Druey*: Das St. Galler Konzernrechtsgespräch. Konzernrecht aus der Konzernwirklichkeit, S. 225 ff.; *ders.*, FS-Volhard, S. 105 ff.; *ders.*, FS-Westermann, S. 347 ff.; *Hommelhoff*, Konzernleitungspflicht, S. 35 ff.; *Karsten Schmidt*, Gesellschaftsrecht, § 17 II 1 a, S. 491 f.; *Uwe H. Schneider*, BB 1981, 249 ff.; *Windbichler*, FS-Ulmer, S. 683 ff.; *dies.*, Handbuch Corporate Governance, S. 605, 606.

[274] Löbbe, Unternehmenskontrolle, 161.

[275] Siehe oben S. 38 ff., 55 f.

[276] Hierzu *Löbbe*, Unternehmenskontrolle, S. 165.

[277] So *Löbbe*, Unternehmenskontrolle, S. 115, 165.

durchführbar und daher jedenfalls abzulehnen. Die Nutzung einer an den Vorstand der herrschenden Gesellschaft weitergegebenen Information kann praktisch nicht lediglich auf die Nutzung zu Kontrollzwecken begrenzt werden. Eine Informationsweitergabe ausschließlich zu Kontrollzwecken zu gestatten, kann daher allenfalls als theoretisch zufrieden stellende Lösung angesehen werden. Die Eigenschaft von Information als Rechtsgut bedingt, dass diese dem Informationsempfänger ab dem Zeitpunkt des Empfangs bekannt ist und nicht mehr bei bestimmten Handlungen ausgeblendet werden kann. Dem Vorstand einer herrschenden Gesellschaft werden Informationen, die er zu Kontrollzwecken erhält somit, unabhängig davon ob er dies möchte oder nicht, auch bei jeder seiner unternehmerischen Entscheidungen bewusst sein. Hier wird es ihm praktisch nicht möglich sein, diese Informationen auszublenden und so zu agieren, als würde er nicht über die Informationen verfügen. Insbesondere wird die weitere unternehmerische Entscheidungsfindung gegebenenfalls auch unterbewusst immer auch die ihm vom beherrschten Unternehmen mitgeteilten Informationen einbeziehen. Eine Trennung der Nutzung ist praktisch daher nicht möglich. Sollte eine unternehmerische Entscheidung zu einer nachteiligen Folge bei der beherrschten Gesellschaft führen, kann somit also nicht ausgeschlossen werden, dass dies gerade Folge der Weitergabe der Information ist. *Löbbes* Einschränkung des unbeschränkten Informationsflusses überzeugt folglich nicht und kann die von ihm vertretene Auffassung der Zulässigkeit des Informationsflusses nicht bekräftigen.

Löbbe sieht zwar ebenfalls, dass diese Lösung nicht ganz zufrieden stellend sein kann, führt als Rechtfertigung aber an, dass in der Praxis aufgrund der häufig vorkommenden Doppelmandate eine strikte Trennung ohnehin nicht realisierbar sei.[278] Seiner Meinung nach müsse daher zudem ein Mitglied des Muttervorstands, dass gleichzeitig im Aufsichtsrat oder gar im Vorstand des abhängigen Unternehmens vertreten ist, in dieser Eigenschaft uneingeschränkten Zugang zu den unternehmensinternen Daten der Tochter haben, da weder im Verhältnis zum Aufsichtsrat der eigenen Gesellschaft noch zwischen den einzelnen Organmitgliedern die Verschwiegenheitspflicht des § 93 Abs. 1 Satz 3 AktG Anwendung findet.[279] Zwar ist es richtig, dass eine strikte Trennung im Konzern aufgrund der oftmals bestehenden Doppelmandate nur schwer realisierbar ist. Allein aus dem faktischen Bestehen einer Lage auf die Zulässigkeit dieser Lage zu schließen, kann aber nicht überzeugen.[280]

---

[278] *Löbbe*, Unternehmenskontrolle, S. 116 f.

[279] *Löbbe*, Unternehmenskontrolle, S. 117.

[280] So sieht beispielsweise *Windbichler*, Handbuch Corporate Governance, S. 605, 615 in der Personalunion in Gesellschaftsorganen lediglich einen Weg der praktischen Lösung des Informationsproblems. Ihrer Auffassung zufolge schließt die selbstverständliche Verfügbarkeit von Informationen Interessenkonflikte nicht aus, so dass auch bei Personalunion die

Vielmehr ist die vorherrschende Praxis der Doppelmandatierungen zu Gunsten des Erhalts der Funktionsfähigkeit des bestehenden Konzernrechtssystems in Frage zu stellen.[281] Die Anzweifelung der Zulässigkeit von Doppelmandaten im Konzern mag verwundern und praxisfern erscheinen.[282] Geht man allerdings unbefangen an die Praxis der Doppelmandatierungen heran und lässt sich auf den Gedanken ein, die Zulässigkeit von Doppelmandaten als mit der Verschwiegenheitspflicht im Konzern vereinbare Gestaltung nicht unreflektiert hinzunehmen, sondern einer rechtlichen Würdigung – insbesondere im Hinblick auf die Vorschrift des § 93 Abs. 1 Satz 3 AktG – zu unterziehen, so stellt man fest, dass auch die Qualifikation von Doppelmandatierung als unzulässige Gestaltung Vorteile aufweisen kann, die die damit verbundenen Nachteile überwiegen.

Zweifellos würde die „Abschaffung" von Doppelmandaten die Einflussnahme herrschender Gesellschaften auf ihre faktisch beherrschten Gesellschaften erschweren. Diese Erschwernis und Einschränkung der zulässigen Einflussnahme wären aber zugleich ein Schutz der beherrschten Gesellschaft vor zu tiefgreifenden und ungewollten Eingriffen durch das herrschende Unternehmen. Weiterhin würden hierdurch Minderheitsaktionäre und Gläubiger der beherrschten Gesellschaft vor „Plünderung"[283] durch die eigene Obergesellschaft geschützt. Gegen diesen Ansatz könnte man sicherlich einwenden, dass die bisherige Praxis funktioniert und das System des Konzerns, insbesondere im Hinblick auf die Kapitalbeschaffung über die Börse, nicht beeinträchtigt wird. Es ist jedoch nicht auszuschließen, dass sich ein solcher Zustand wieder ändern könnte. Betrachtet man auch hier das Beispiel der Deutschen Telekom AG und ihrer ehemals faktischen[284] Tochter T-Online AG, so wird deutlich, welche Probleme mit starken Einflussnahmen einhergehen können.[285] Wird diese Problematik auch der Mehrheit potentieller Aktionäre be-

---

Berechtigung zur Weitergabe von Informationen, vor allem auf Ebene der Tochtergesellschaft, hinterfragt werden muss.

[281] Auch *Kleindiek*, in Handbuch Corporate Governance, S. 571, 596 f. ist der Auffassung, dass diese Problematik dogmatisch wie rechtspolitisch noch nicht befriedigend geklärt ist.

[282] So ist *Hommelhoff*, ZGR 1996, 144, 162, sogar der Auffassung, Doppelmandate seien im Konzern und in dessen gestufter Überwachung auf den verschiedenen Konzernebenen rechtlich angelegt.

[283] Zum Begriff siehe *Lutter*, Zur Aufgabe eines Konzernrechts: Schutz vor Missbrauch oder Organisationsrecht?, in: *Druey*: Das St. Galler Konzernrechtsgespräch. Konzernrecht aus der Konzernwirklichkeit, S. 225, 228.

[284] Vgl. Lagebericht 2004 der T-Online AG, 11. Bericht über Beziehungen zu verbundenen Unternehmen, S. 17.

[285] Die T-Online AG (TO AG) als faktische Konzerntochter der Deutschen Telekom AG (DT AG) sollte nach dem Willen der DT AG mit der DT AG verschmolzen werden. Aktionäre der TO AG kritisierten dies und *Baums* stellte in einem entsprechenden Rechtsgutachten fest, dass die DT AG ihren herrschenden Einfluss dazu nutzte, durch konzerninterne Vorgaben

wusst, könnte die Bereitschaft, in solche Unternehmen durch Aktienkäufe zu investieren, nachlassen, wodurch die Kapitalbeschaffung für diese Unternehmen erschwert und als Folge verteuert würde.

Dass das Vorliegen von Doppelmandaten im Konzern ständiger Praxis entspricht, sollte somit kein Hinderungsgrund sein, deren Zulässigkeit anzuzweifeln. Auch der „Wettbewerber im Aufsichtsrat"[286] entsprach lange Zeit und im Besonderen zu Zeiten der so genannten Deutschland-AG der gängigen Praxis.[287] Nach Einführung der Ziffern 5.4.2 und 5.5.3 des Deutschen Corporate Governance Kodex[288] und den darin enthaltenen Empfehlungen, welche sich mit der Unabhängigkeit und möglichen Interessenkonflikten von Aufsichtsratsmitgliedern befassen, ist ein entsprechendes Problembewusst-sein in der Unternehmenswirklichkeit geschaffen worden,[289] obwohl Wett-bewerber im

---

und durch „Herunterreden" den Aktienkurs der TO AG zu mindern. Hierdurch sollten günstigere Bedingungen für eine Verschmelzung der TO AG mit der DT AG geschaffen werden. Vgl. hierzu: FAZ v. 04. Mai 2006, Gutachter: T-Online-Kurs wurde „heruntergeredet". Siehe auch: FAZ v. 05. Mai 2006, Der ferngesteuerte Vorstand; FAZ v. 06. Mai 2006, „Netter Vorstand von diesen Einflüssen gesteuert". – Solch starke (und negative) Einflussnahmemöglichkeiten werden dadurch begünstigt, dass Organmitglieder der herrschenden Gesellschaft im Aufsichtsrat oder Vorstand der beherrschten Gesellschaft Doppelmandate einnehmen. Im Fall der TO AG/DT AG war dies der Fall; so hatten allein drei der sieben Vorstandsmitglieder der DT AG zugleich Aufsichtsratsmandate (unter anderem den Aufsichtsratsvorsitz) der TO AG inne, vgl. Geschäftsbericht 2005 der Deutschen Telekom AG, S. 202.

[286] Hierzu grundlegend *Lutter*, ZHR 159 (1995), 287, 303; zuletzt *ders./Kirschbaum*, ZIP 2005, 103 ff.

[287] So äußerte bspw. *Wendelin Wiedeking* in einem im September 2006 erschienenen Spiegelinterview (http://www.spiegel.de/spiegel/0,1518,438927,00.html), dass das Problem der Deutschland AG die gegenseitige Verflechtung über die Aufsichtsräte sei. Das sei ein Problem gewesen, „denn eine Krähe hackt der anderen kein Auge aus". Dass diese Problematik gerade von *Wiedeking* geäußert wird, verwundert, da er als Vorstandsvor-sitzender der Porsche AG – einem Großaktionär der Volkswagen AG – selbst ein Aufsichts-ratsmandat bei der Volkswagen AG eingenommen hat; und das obwohl beide Unternehmen in der gleichen Branche tätig sind und Interessenkonflikte aufgrund einer möglichen Wettbewerbssituation nicht auszuschließen sind; vgl. hierzu „VW-Aufsichtsrat: Wiedeking kommt, Piech geht" in FAZ v. 21. Januar 2006. - An dieser Praxis allerdings auch schon früher Kritik übend *Lutter*, ZHR 159 (1995), 287, 303; *ders.*, FS-Beusch, S. 509, 515; *Wardenbach*, Interessenkonflikte, S. 62 ff.

[288] Allgemein zum Deutschen Corporate Governance Kodex und dessen Bedeutung siehe *Kirschbaum/Wittmann*, JuS 2005, 1062 ff.

[289] Kurz nach In-Kraft-Treten des Deutschen Corporate Governance Kodex fanden sich viele Unternehmensmeldungen, in denen vom Ausscheiden eines Aufsichtsratsmitgliedes berichtet wurde. Oftmals wurde ausdrücklich auf den Deutschen Corporate Governance Kodex und dessen Inhalte als Grund für das Ausscheiden hingewiesen. Man beachte in diesem Kontext nur das prominente Beispiel von *Dr. Henning Schulte-Noelle*, der zu diesem Zeitpunkt Vorstandsvorsitzender der Allianz AG war und im Jahre 2002 – also kurz nach In-Kraft-Treten des DCGK – sein Ausscheiden aus dem Aufsichtsrat seines Wettbewerbers der Münchener Rückversicherungs-Gesellschaft AG bekannt gab. Hierbei bezog er sich aus-drücklich auf den Gedanken des Deutschen Corporate Governance Kodex, vgl. Presseerklärung der

Aufsichtsrat vorher gängige Praxis waren. – Eine solche Entwicklung wäre ebenfalls in Bezug auf die Erklärung der Unzulässigkeit von Doppelmandaten im Konzern nicht auszuschließen.

Die Rechtswirklichkeit ist somit nicht zwangsläufig kritiklos hinzunehmen. Darüber hinaus ist sie durchaus änderbar. Durch *Löbbes* Hinweis auf die bestehende Unternehmenswirklichkeit kann das von ihm entwickelte Ergebnis mithin nicht an Überzeugungskraft gewinnen.

Löbbes Ansatz, dem herrschenden Unternehmen ein Informationsrecht zuzusprechen, ist im Ergebnis abzulehnen.

dd) Stellungnahme zu Ansicht 4 (h.M.)

Die in der Literatur herrschende Auffassung, dem herrschenden Unternehmen lediglich einen Anspruch auf Erhalt solcher Informationen zuzusprechen, die es zur Erfüllung seiner eigenen Publizitätspflichten benötigt, erscheint auf den ersten Blick überzeugend. Die Vertreter dieser Auffassung äußern sich bezüglich aller Einzelheiten allerdings nicht einheitlich.

Im Folgenden wird untersucht, ob die herrschende Meinung haltbar ist. Weiterhin wird auf dieser Grundlage ein eigener Ansatz entwickelt. Insbesondere wird herausgearbeitet, ob Publizitätspflichten Vorrang vor der Geheimhaltungspflicht nach § 93 Abs. 1 Satz 3 AktG haben oder ob die Geheimhaltungspflicht im Rang über den Publizitätspflichten steht.

ee) Eigener Ansatz

In Anlehnung an die von den Vertretern der herrschenden Meinung vertretene Sicht zur Zulässigkeit des Informationsflusses im faktischen Konzern und eines Informationsrechts des herrschenden Unternehmens wird im Folgenden das Bestehen und der mögliche Umfang eines Informationsrechts des herrschenden Unternehmens gegen die beherrschte Gesellschaft im faktischen Konzern untersucht. Hierbei ist zunächst wiederholt festzustellen, dass keinesfalls allein aus der Tatsache des Gruppenverbundes geschlossen werden kann, dass innerhalb der Gruppe die Verschwiegenheitspflicht nach § 93 Abs. 1 Satz 3 AktG nicht gilt.[290]

Münchener Rückversicherungs-Gesellschaft AG vom 06. Dezember 2002, www.munichre.com/Pages/06/press_releases/2002/2002_12_06_press_release_120_de.as px. Siehe hierzu auch eine entsprechende Äußerung des Vorstandsvorsitzenden der Porsche AG *Wendelin Wiedeking*, Fn 287.

[290] Vgl. ebenfalls *Windbichler*, Handbuch Corporate Governance, S. 605, 616.

(1) § 311 AktG als Maßstab für einen Informationsanspruch

Wie bereits bei der Darstellung der bestehenden Ansichten zur Zulässigkeit des Informationsflusses bzw. eines Informationsanspruchs des herrschenden Unternehmens im faktischen Konzern deutlich wurde, wird § 311 AktG eine bedeutende Rolle zugemessen. Im Folgenden wird daher auf Voraussetzungen, Umfang und Bedeutung der Norm zur Beurteilung des Bestehens eines Informationsanspruchs des herrschenden Unternehmens gegen das beherrschte Unternehmen im faktischen Konzern einzugehen sein.

Unpräzise formuliert geht es bei § 311 AktG um die Verantwortlichkeit des herrschenden Unternehmens bei Fehlen einer Eingliederung bzw. eines Beherrschungsvertrags.[291] § 311 Abs. 1 AktG besagt, dass bei Nichtbestehen eines Beherrschungsvertrags das herrschende Unternehmen seinen Einfluss nicht dazu benutzen darf, eine abhängige AG oder KGaA zu veranlassen, ein für sie nachteiliges Rechtsgeschäft vorzunehmen oder Maßnahmen zu ihrem Nachteil zu treffen oder zu unterlassen, es sei denn, die Nachteile werden ausgeglichen. Welchen Inhalts die Regelung des § 311 AktG genau ist, wird uneinheitlich gesehen. Im Folgenden wird daher auf ihren Norminhalt und ihre tatbestandlichen Voraussetzungen eingegangen. Herausgearbeitet werden wird, ob die Weitergabe von Informationen, insbesondere solcher Informationen, die von § 93 Abs. 1 Satz 3 AktG geschützt sind, von § 311 AktG erfasst ist bzw. ob sich hieraus gar ein Anspruch des herrschenden Unternehmens gegen das beherrschte Unternehmen auf Informationserteilung ableiten lassen kann.

(a) Veranlassung

Bei Bestehen eines faktischen Konzerns ist erstes Merkmal des § 311 AktG das Vorliegen einer Veranlassung durch das herrschende Unternehmen.

(aa) Definition

Der Begriff der Veranlassung ist grundsätzlich weit zu verstehen.[292] So ist eine Veranlassung jedes Handeln von Seiten des herrschenden Unternehmens, das von der abhängigen Gesellschaft als Ausdruck des Wunsches zu verste-

---

[291] Zur Missverständlichkeit der Formulierung der §§ 311 ff. AktG vgl. *Karsten Schmidt*, Gesellschaftsrecht, § 31 IV, 1 a, S. 958.

[292] *Habersack* in Emmerich/Habersack, Aktien- und GmbH-Konzernrecht, § 311 Rz. 22; *Hüffer*, § 311 AktG Rz. 16; *Kropff* in MünchKomm. AktG, § 311 Rz. 73. Zu den Einflusswegen und Einflussfolgen im faktischen Unternehmensverbund umfassend *Ekkenga/Weinbrenner/Schütz*, Der Konzern 2005, 261 ff. Siehe auch *Weinbrenner*, Der Konzern 2006, 583 ff. zu modernen Kommunikationsmitteln im faktischen Konzern.

hen ist, bei ihr eine entsprechende Reaktion auszulösen.[293] Eine Veranlassung kann beispielsweise in konkreten Weisungen, Aufforderungen, allgemeinen Richtlinien oder Planungsgesprächen liegen. Eine Willens-erklärung ist hierzu jedoch nicht erforderlich.[294] Der zur Veranlassung führende Einfluss muss nicht einmal mit einem gewissen Nachdruck ausgeübt werden. Sogar Ratschläge oder „Kamingespräche" sind bereits hinreichende Einflussnahmen, um als Veranlassung im Sinne von § 311 AktG qualifiziert werden zu können.[295] Stellen sich Anregungen, Ratschläge und dergleichen aus Sicht des Adressaten aber als solche dar und sieht dieser sie lediglich als Diskussionsbeiträge ohne Konsequenzen für seinen Handlungsspielraum, so würde eine Qualifikation als Veranlassung i.s.v. § 311 AktG allerdings zu weit gehen.[296]

Die Veranlassung muss vom herrschenden Unternehmen ausgehen. Dass ein gesetzlicher Vertreter des herrschenden Unternehmens, ein Prokurist oder Handlungsbevollmächtigter tätig wird, ist aber nicht notwendig. Ein Handeln anderer Angestellter oder sogar Dritter reicht bereits aus, wenn dieses Handeln dem herrschenden Unternehmen zugerechnet werden kann.[297] Dies ist dann der Fall, wenn Angestellte oder Dritte vom herrschenden Unternehmen bevollmächtigt wurden oder das herrschende Unternehmen sonst den Rechtsschein begründet hat, dass diese Personen für das Unternehmen handeln können.[298]

Veranlassungsempfänger ist die abhängige Gesellschaft. Eine Eingrenzung des Adressatenkreises wie bei § 117 Abs. 1 Satz 1 AktG findet sich in § 311 AktG nicht. Empfänger kann daher nicht nur ein Mitglied des Vorstands oder des Aufsichtsrats, ein Prokurist oder ein Handlungsbevollmächtigter sein, sondern auch ein einfacher Angestellter der Gesellschaft.[299] Darüber hinaus ist sogar eine von der beherrschten Gesellschaft bevollmächtigte Person, wie beispielsweise eine Bank, ein geeigneter Veranlassungsempfänger.[300]

---

[293] *Habersack* in Emmerich/Habersack, Aktien- und GmbH-Konzernrecht, § 311 Rz. 22; *Koppensteiner* in KölnKomm. AktG, § 311 Rz. 2 f.; *Kropff* in MünchKomm. AktG, § 311 Rz. 73; *Würdinger* in GroßKomm. AktG, § 311 Anm. 4.

[294] *Koppensteiner* in KölnKomm. AktG, § 311 Rz. 8; *Kropff* in MünchKomm. AktG, § 311 Rz. 73; *Würdinger* in GroßKomm. AktG, § 311 Anm. 4.

[295] *Koppensteiner* in KölnKomm. AktG, § 311 Rz. 2 f.; *Kropff* in MünchKomm. AktG, § 311 Rz. 73; *Würdinger* in GroßKomm. AktG, § 311 Anm. 4.

[296] So auch *Koppensteiner* in KölnKomm. AktG, § 311 Rz. 2.

[297] *Hüffer*, § 311 AktG Rz. 17; *Koppensteiner* in KölnKomm. AktG, § 311 Rz. 17; *Kropff* in MünchKomm. AktG, § 311 Rz. 76; *Würdinger* in GroßKomm. AktG, § 311 Anm. 4.

[298] *Koppensteiner* in KölnKomm. AktG, § 311 Rz. 17; *Kropff* in MünchKomm. AktG, § 311 Rz. 76; *Würdinger* in GroßKomm. AktG, § 311 Rz. 4.

[299] *Habersack* in Emmerich/Habersack, Aktien- und GmbH-Konzernrecht, § 311 Rz. 27; *Hüffer*, § 311 AktG Rz. 19; *Koppensteiner* in KölnKomm. AktG, § 311 Rz. 21; *Kropff* in MünchKomm. AktG, § 311 Rz. 77.

[300] *Kropff* in MünchKomm. AktG, § 311 Rz. 77.

(bb) Weitergabe von Information als Veranlassungsgegenstand

Es stellt sich die Frage, ob eine Einwirkung von herrschender auf beherrschte Gesellschaft, welche zu einer Weitergabe von Informationen führen soll, eine Veranlassung im Sinne von § 311 AktG sein kann.

Teilweise wird zur Definition des Begriffs der Veranlassung eine Parallele zum Weisungsrecht nach § 308 AktG gezogen und gesagt, die Veranlassung decke sich weitgehend mit dem dort normierten Weisungsrecht.[301] Die unterschiedliche Terminologie sei darauf zurückzuführen, dass § 311 AktG im Gegensatz zu § 308 AktG kein Leitungs*recht* und folglich keine Befolgungs*pflicht* statuiere.[302] Diese Aussage ist jedoch insbesondere an der für die hier aufgeworfene Frage relevanten Stelle ungenau. Wie oben dargestellt, muss sich die Weisung auf die Leitung der Gesellschaft beziehen.[303] Ein solcher Leitungsbezug ist bei der Informationserteilung nach richtiger Auffassung aber gerade nicht gegeben, so dass die Aufforderung zur Weitergabe von (vertraulichen oder geheimen) Informationen folglich nicht als Weisung im Sinne von § 308 AktG eingeordnet werden kann.[304]

Der Inhalt einer Veranlassung kann sich auf ein „Rechtsgeschäft" oder andere „Maßnahmen" beziehen, vgl. § 311 AktG. Diese Begriffe schließen zusammengefasst sämtliche tatsächlichen und rechtlichen Handlungen ein, die sich auf Vermögen und Ertrag der Gesellschaft auswirken können. Der Begriff der Veranlassung führt somit praktisch zu nahezu keinen Einschränkungen.[305] Eine Einwirkung auf die beherrschte Gesellschaft, die zur Weitergabe von Informationen führen soll, ist jedenfalls eine tatsächliche Handlung, die sich auf Vermögen und Ertrag der Gesellschaft auswirken kann und ist somit grundsätzlich geeignet, Inhalt einer Veranlassung im Sinne von § 311 AktG zu sein.

(b) Befolgung der Veranlassung durch die abhängige Gesellschaft

Das Eintreten der Rechtsfolgen von § 311 AktG setzt weiterhin voraus, dass die Veranlassung von der abhängigen Gesellschaft befolgt wird. Die Einflussnahme muss also ursächlich für die Vornahme eines Rechtsgeschäfts oder

---

[301] *Emmerich/Habersack*, Konzernrecht, S. 374; dies., § 311 AktG Rz. 23; *Koppensteiner* in KölnKomm. AktG, § 311 Rz. 4.

[302] Siehe vorangehende Fußnote.

[303] Siehe oben S. 39 ff.

[304] Siehe hierzu oben S. 41 f.

[305] *Habersack* in Emmerich/Habersack, Aktien- und GmbH-Konzernrecht, § 311 AktG Rz. 37; *Hüffer*, § 311 AktG Rz. 24; *Koppensteiner* in KölnKomm. AktG, § 311 Rz. 14; *Kropff* in MünchKomm. AktG, § 311 Rz. 136.

den Vollzug oder das Unterlassen einer Maßnahme durch die abhängige Gesellschaft sein.[306]

Für die hier zu entscheidende Frage ist relevant, ob einer Maßnahme, die zu einer Veranlassung führen soll, Folge geleistet werden muss, die beherrschte Gesellschaft also eine Veranlassungsfolgepflicht hat und dem herrschenden Unternehmen ein dieser Pflicht entsprechendes anspruchsgleiches Recht auf Befolgung ihrer Veranlassung zukommt.

Der Vorstand der beherrschten Gesellschaft hat zunächst die Verpflichtung, Veranlassungen daraufhin zu überprüfen, ob ihre Befolgung einen Nachteil der Gesellschaft zur Folge haben würde oder davon unabhängig nicht beachtet werden dürfen. Veranlassungen, die unabhängig von einem Nachteil nicht beachtet werden dürfen, sind beispielsweise solche, die rechtswidrig sind oder dem Satzungsinhalt der Gesellschaft zuwiderlaufen.[307] Kommt der Vorstand der beherrschten Gesellschaft bei Anwendung der erforderlichen Sorgfalt zu dem Ergebnis, dass es sich um eine solche Veranlassung handelt, muss er sich entsprechend verhalten und darf der Veranlassung nicht Folge leisten.

Kommt der Vorstand zu dem Ergebnis, dass die Veranlassung nachteilig ist, so hängt seine Verhaltenspflicht davon ab, ob der Nachteil ausgleichfähig ist oder nicht. Ist keine Ausgleichsfähigkeit gegeben, muss das veranlasste Rechtsgeschäft oder die Maßnahme unterbleiben.[308]

Handelt es sich bei der Veranlassung weder um eine nachteilige, noch um eine solche, die nicht beachtet werden darf und besteht somit keine Pflicht des Vorstands, die Veranlassung nicht auszuführen, so *darf* der Vorstand der Veranlassung Folge leisten. Eine Verpflichtung des Vorstands, sein Verhalten an Veranlassungen des herrschenden Unternehmens zu orientieren, besteht hingegen nicht.[309] Anders als bei § 308 Abs. 1 AktG begründet § 311 AktG gerade kein *Recht* des herrschenden Unternehmens. § 311 AktG ist vielmehr als Regelungs- und insbesondere Schutznorm zu verstehen, welche die faktisch bestehenden Möglichkeiten des herrschenden Unternehmens gegenüber der beherrschten Gesellschaft regeln soll. Der Gesetzgeber ist davon ausgegangen, dass die faktische Macht des herrschenden Unternehmens oftmals so

---

[306] *Emmerich/Habersack*, Konzernrecht, S. 376; *Koppensteiner* in KölnKomm. AktG, § 311 Rz. 2; *Kropff* in MünchKomm. AktG, § 311 Rz. 136; *Würdinger* in GroßKomm. AktG, § 311 Anm. 4.

[307] Hierzu *Koppensteiner* in KölnKomm. AktG, § 311 Rz. 99.

[308] *Koppensteiner* in KölnKomm. AktG, § 311 Rz. 141; *S. H. Schneider*, Informationspflichten, S. 145 f.; *Schwark*, WM 2000, 2517, 2522.

[309] So die allgemeine Meinung, vgl. nur *Habersack* in Emmerich/Habersack, Aktien- und GmbH-Konzernrecht, § 311 Rz. 78; *Hüffer*, § 311 AktG Rz. 8; *Koppensteiner* in KölnKomm. AktG, § 311 Rz. 139; *Kropff* in MünchKomm. AktG, § 311 Rz. 281; *Lutter*, Information und Vertraulichkeit, Rz. 178.

ausgeprägt ist, dass dieses das abhängige Unternehmen sogar zu nachteiligen Maßnahmen veranlassen kann.[310] Um das faktisch abhängige Unternehmen nicht schutzlos zu stellen, sollte die ohnehin bestehende Lage durch § 311 AktG lediglich geregelt und gegebenenfalls die bestehenden faktischen Möglichkeiten beschränkt werden.[311] Die Norm ist weder Grundlage einer normativen Anerkennung faktischer Herrschaftsverhältnisse, noch Grundlage weitergehender *Rechte* des herrschenden Unternehmens.[312]

(c) Zwischenergebnis

Der Vorstand der herrschenden Gesellschaft hat eine Entscheidungskompetenz, ob er der Veranlassung der herrschenden Gesellschaft folgt oder nicht. § 311 AktG setzt keinen Anspruch des herrschenden Unternehmens fest, sondern regelt lediglich die Art und Weise der Ausübung bestehender *faktischer* Möglichkeiten des herrschenden Unternehmens und schränkt deren Umfang unter bestimmten Umständen sogar ein. Ein vollumfänglicher Informationsanspruch des herrschenden Unternehmens gegen die beherrschte Gesellschaft im faktischen Konzern ergibt sich somit jedenfalls nicht aus § 311 AktG.

(2) Publizitätspflichten als Maßstab eines Informationsanspruchs

Ein Informationsanspruch des herrschenden Unternehmens im Konzern gegen die von ihm beherrschte Gesellschaft könnte sich weiterhin aus den Publizitätspflichten der herrschenden Gesellschaft ergeben. Solche Publizitätspflichten können sich aus diversen Vorschriften ergeben. Auf einige wird im Folgenden näher eingegangen werden. Weiterhin wird untersucht, ob mögliche Informationsansprüche zu einer Durchbrechung bzw. Einschränkung der Verschwiegenheitpflicht nach § 93 Abs. 1 Satz 3 AktG führen.

(a) Aufstellung des Konzernabschlusses, § 294 Abs. 3 HGB

Die im Konzern wohl relevanteste Publizitätspflicht ist § 294 Abs. 3 HGB. Diese Norm begründet Informationspflichten der Tochtergesellschaften gegen-

---

[310] Siehe hierzu *Kropff*, RegBegr., S. 407.

[311] Vgl. *Kropff*, RegBegr., S. 407; Einen entgegengesetzten Schwerpunkt setzend allerdings *Koppensteiner* in KölnKomm. AktG, Vorb. § 311 Rz. 11, der davon ausgeht, dass § 311 AktG das herrschende Unternehmen begünstigt, indem es überhaupt *erlaubt*, auf die abhängige Gesellschaft in ihr nachteiliger Weise einzuwirken.

[312] In diesem Sinne auch *Koppensteiner* in KölnKomm. AktG, Vorb. § 311 Rz. 11, § 311 Rz. 139.

über dem sie beherrschenden Unternehmen, welche im Zusammen-hang mit dem Konzernabschluss stehen.[313]

(aa) Inhalt und Umfang

Nach § 294 Abs. 3 Satz 1 HGB sind Tochterunternehmen verpflichtet, dem Mutterunternehmen ihre Jahresabschlüsse, Lageberichte, Konzernabschlüsse, Konzernlageberichte und, wenn eine Abschlussprüfung stattgefunden hat, die Prüfungsberichte sowie, wenn ein Zwischenabschluss aufzustellen ist, einen auf den Stichtag des Konzernabschlusses aufgestellten Abschluss unverzüglich einzureichen.

Inhalt und Form sind in § 294 Abs. 3 Satz 1 HGB nicht näher definiert, doch ist davon auszugehen, dass sich die Vorlagepflicht nur auf die Unterlagen beschränkt, welche die Tochtergesellschaften nach den jeweils für sie geltenden gesetzlichen Vorschriften zu erstellen haben.[314] So müssen beispielsweise Tochtergesellschaften, die Personenhandelsgesellschaften sind und nicht dem Publizitätsgesetz unterliegen, nicht nach § 294 Abs. 3 Satz 1 HGB einen Anhang vorlegen und kleine Kapitalgesellschaften, die keinen Lagebericht aufstellen müssen, haben ebenfalls nicht nach § 296 Abs. 3 Satz 1 HGB eine Vorlagepflicht.[315]

Das neben die Informations- und Einreichungspflicht von Tochterunternehmen nach § 294 Abs. 3 Satz 1 HGB tretende weitergehende Auskunftsrecht des Mutterunternehmens nach § 294 Abs. 3 Satz 2 HGB würde dem Mutterunternehmen allerdings auch einen Anspruch auf einen solchen Anhang oder Lagebericht geben, auf den gerade nicht bereits nach § 294 Abs. 3 Satz 1 HGB ein Anspruch besteht.[316]

§ 294 Abs. 3 Satz 2 HGB bezieht sich auf alle Aufklärungen und Nachweise, die die Aufstellung des Konzernabschlusses und des Konzernlageberichts erfordert. Während unter Nachweisen in erster Linie die Beibringung schriftlicher Unterlagen zu verstehen ist, fallen unter Aufklärungen auch mündliche Aussagen oder Erläuterungen.[317] Das Auskunftsrecht wird dadurch beschränkt, dass die geforderte Information für die Erstellung des Konzernabschlusses notwendig sein muss. Die für den Konzernanhang und -lagebericht

---

[313] Umfassend zur Rechnungslegung von Tochtergesellschaften *Hils*, Die handelsrechtliche Rechnungslegung der Tochtergesellschaft, Frankfurt, 2001.

[314] *Förschle/Deubert*, BilanzKomm, § 294 Rz. 31; *Möhrle*, Der Konzern 2006, 487, 489; *Pfaff* in MünchKomm HGB, § 294 Rz. 33.

[315] Hierzu *Möhrle*, Der Konzern 2006, 487, 489.

[316] *Förschle/Deubert*, BilanzKomm, § 294 Rz. 31; *Pfaff* in MünchKomm. HGB, § 294 Rz. 33, Rz. 40 ff.

[317] *Pfaff* in MünchKomm. HGB, § 294 Rz. 41.

erforderlichen Angaben wiederum ergeben sich wesentlich aus den §§ 313 - 315 HGB.[318] Hinreichend ist es allerdings bereits, dass die geforderte Auskunft nur mittelbaren Zusammenhang zu diesen Angaben hat.[319]

Liegt keine Publizitätspflicht des Tochterunternehmens vor oder betreffen die erweiterten Auskünfte Bereiche, die nur einen (unmittelbaren oder gar mittelbaren) Zusammenhang zu den zur Erstellung des Konzernabschlusses notwendigen Informationen haben, so wird es sich bei den Auskünften oftmals auch um solche Angaben handeln, die vertraulich oder geheim sind und folglich der Verschwiegenheitspflicht nach § 93 Abs. 1 Satz 3 AktG unterliegen.[320] Für diese Fälle der Überschneidung von Verschwiegen-heitspflicht und Publizitätspflicht ist zu entscheiden, welcher Pflicht der Vorrang zu geben ist.

(bb) Verhältnis zur Verschwiegenheitspflicht nach § 93 Abs. 1 Satz 3 AktG

Kommt es zu Kollisionen der umfassenden Auskunftspflicht nach § 294 HGB mit Geheimhaltungspflichten des Tochterunternehmens, so ist eine Abwägung von Rechnungslegungsinteresse und Geheimhaltungsinteresse geboten.[321]

(aaa) Vorrang des Rechnungslegungsinteresses

Teilweise wird bei einer Interessenabwägung von der grundsätzlichen Vorrangigkeit des Rechnungslegungsinteresses ausgegangen.[322] Mit dieser Wertung soll gerade den durch das BiRiLiG eingeführten Änderungen Rechnung getragen werden, welche teilweise ihrerseits der Änderung der Unternehmenswirklichkeit Rechnung tragen, in der Unternehmen zunehmend Unternehmenszusammenschlüssen angehören.[323] Es solle nicht ausreichen, wenn sich Gesellschafter und Gläubiger über das eigene Unternehmen informieren können,

---

[318] Allgemein zum Konzernanhang und Konzernlagebericht *Baetge/Kirsch/Thiele*, Bilanzen, S. 757 ff., 793 ff.; Zu den Anforderungen an den Konzernlagebericht und insbesondere zu Herausforderungen durch TransPuG und den DCGK *Böcking/Müßig*, Der Konzern 2003, 38 ff.

[319] So die ganz herrschende Meinung; siehe nur *Pfaff* in MünchKomm. HGB, § 294 Rz. 42 mwN.

[320] Augenscheinlich wird die Problematik insbesondere bei Auskünften über voraussichtliche Entwicklung der Gesellschaft sowie Auskünfte über den Bereich Forschung und Entwicklung; vgl. zum Inhalt *Scheffler* in Handbuch Corporate Governance, S. 625, 631. Zum Umfang der Verschwiegenheitspflicht siehe oben S. 5 ff. sowie *Hopt* in GroßKomm. AktG, § 93 Rz. 189 ff.; *Lutter*, Information und Vertraulichkeit, Rz. 423 ff.; *Mertens* in KölnKomm. AktG, § 93 Rz. 75 ff.

[321] *Merkt* in Baumbach/Hopt HGB, § 294 Rz. 3.

[322] *Kropff* in MünchKomm. AktG, § 311 Rz. 299; *Merkt* in Baumbach/Hopt HGB, § 294 Rz. 3; *Semler*, Leitung und Überwachung, Rz. 291 ff., 295, jeweils mwN.

[323] *Merkt* in Baumbach/Hopt HGB, § 294 Rz. 3; Einl v § 238 Rz. 12.

sondern ihnen müssen auch die Informationen über relevante Verhältnisse des Konzerns und der einzelnen Konzernunternehmen zugänglich sein, welche sie zu einer Beurteilung benötigen. Hierzu sei ein konsolidierter Abschluss erforderlich, weil die Gesellschafter der herrschenden Gesellschaft die Verwaltung nur dann wirklich kontrollieren können, wenn sie die entsprechenden Informationen über den Unternehmensverbund haben – insbesondere deshalb, weil Schwierigkeiten im Unternehmensverbund bzw. bei einer abhängigen Gesellschaft leicht auf das herrschende Unternehmen zurückschlagen.[324]

(bbb) Gebot der Interessenabwägung
Der gelegentliche Schluss von der Existenz einer Mitteilungspflicht auf entsprechende Informationsrechte wird teilweise allerdings angezweifelt. So findet sich in der Literatur ebenfalls die Auffassung, dass es einen solchen allgemeinen Grundsatz nicht gebe und Vorschriften wie die §§ 294 Abs. 3, 296 Abs. 1 HGB, §§ 10a Abs. 8, 10 Abs. 1 Satz 4 KWG[325] zeigen, dass ein rechtlich gesicherter Informationsfluss gerade nicht vorausgesetzt werde.[326] Das Rechnungslegungsinteresse ist dieser Auffassung zufolge nicht uneingeschränkt als vorrangig anzusehen. Zur Beurteilung der Zulässigkeit der Weitergabe von Informationen bedarf es neben einem Informationsrecht weiterhin einer Abwägung der gruppenspezifischen Schwierigkeiten unter Berücksichtigung der Nachteiligkeit der Weitergabe von geheimhaltungs-pflichtigen Informationen zur Festlegung von Auskunftsschranken.[327]

(ccc) Stellungnahme
Für die Argumentation der Vertreter, die die Rechnungslegung immer als vorrangig ansehen und sich hierbei auf das Gläubiger- und Gesellschafterinteresse stützen, spricht zunächst, dass die Obergesellschaft nicht bloß eine Beteiligungsverwaltung betreibt, sondern teilweise vielmehr Unternehmensleitung ist, die in die abhängige Gesellschaft hineinwirkt.[328] Daher sind Infor-

---

[324] *Merkt* in Baumbach/Hopt HGB, Einl v § 238 Rz. 12.
[325] Die KWG-Vorschrift beschränkt die Einwirkungspflicht auf gruppenangehörige Unternehmen auf das gesellschaftsrechtlich Zulässige; es ist zwar auf die Pflicht, Unterlagen bei der Aufsichtsbehörde einzureichen, verwiesen, nicht aber auf die Pflicht, eine Binnenorganisation zur Sicherstellung der Aufbereitung und Weiterleitung der Angaben zu sorgen. Letztere bleibt unternehmensintern und wird nicht auf die Gruppe erstreckt. Vgl. *Windbichler* in Handbuch Corporate Governance, S. 605, 615.
[326] *Fabritius*, FS-Huber, 705, 708 f.; *Windbichler*, Handbuch Corporate Governance, S. 605, 615.
[327] *Windbichler*, Handbuch Corporate Governance, S. 605, 616.
[328] Gegen eine bloße Beteiligungsverwaltung ebenfalls *Karsten Schmidt*, Gesellschaftsrecht, § 17 II 1 a, S. 492; *Uwe H. Schneider*, BB 1981, 249, 250; *Semler*, Leitung und Überwa-

mationen über das Tochterunternehmen auch für die Beurteilung des Vorstands der eigenen Gesellschaft relevant.[329]

Gegen eine solch pauschale Aussage spricht allerdings, dass für Gesellschaftsgläubiger kein Informationsanspruch vorgesehen ist, der auch vertrauliche und geheime Informationen einschließt. Auch die Gesellschafter haben ihrerseits nur einen begrenzten Informationsanspruch gegen die eigene Gesellschaft. Das für Gesellschafter existierende umfassende Informations-recht nach § 131 Abs. 1 AktG schließt gerade vertrauliche und geheime Informationen, welche nach § 93 Abs. 1 Satz 3 AktG geschützt sind, nicht ein.[330] Aus dem Informationsinteresse der Gesellschafter und Gesellschafts-gläubiger einen Vorrang der Rechnungslegungspflicht abzuleiten, welcher generell die Zulässigkeit der Durchbrechung der Verschwiegenheitspflicht begründen soll, kann daher nicht überzeugen.

Der zweite Ansatz, nach welchem der Schluss von der Existenz einer Mitteilungspflicht auf entsprechende Informationsrechte angezweifelt und nicht von einer allgemeinen Vorrangigkeit bestehender konzernrechnungs-rechtlicher Informationsrechte ausgegangen wird, beruft sich auf spezielle Normen, welche ausdrücklich davon ausgehen, dass ein umfassender Konzernabschluss nicht immer zu erlangen sei. Dass sich hieraus aber eine fehlende Vorrangigkeit der Rechnungslegung im konkreten Fall der Kollision mit der Verschwiegenheitspflicht § 93 Abs. 1 Satz 3 AktG ergeben soll, wäre nur dann überzeugend, wenn die Ausnahmevorschriften generelle und auf alle Sachverhalte übertragbare Aussagekraft hätten oder aber im Speziellen auf Sachverhalte anwendbar wären, die die Schweigepflicht betreffen.

§§ 10a Abs. 8, 10 Abs. 1 Satz 4 KWG sind allgemein gefasst und deuten lediglich abstrakt an, dass es zu gesellschaftsrechtlichen Zulässigkeitshindernissen kommen kann. Eine Aussage zum Vorrang bzw. zur Nachrangigkeit der Verschwiegenheitspflicht im Verhältnis zur Publizitätspflicht lässt sich aus diesen Vorschriften nicht ableiten.

Die in § 296 Abs. 1 HGB vorgesehenen Ausnahmen von der in § 294 Abs. 3 HGB normierten Vorlage- und Auskunftspflicht nennen konkret bestimmbare Fälle, in denen Tochterunternehmen nicht in den Konzernabschluss einbezogen werden brauchen. Ob § 296 HGB einem Vorrang der Publizitäts-pflichten entgegensteht, sich aus dieser Norm also ableiten lässt, dass die Rechnungs-

---

chung, S. 158 ff., Rz. 270 ff. Zur Abgrenzung von Konzernleitung und bloßer Beteiligungsverwaltung *Hommelhoff*, Konzernleitungspflicht, S. 46 ff.

[329] Vgl. *Uwe H. Schneider*, BB 1981, 249, 250; eingehend *Semler*, Leitung und Überwachung, S. 158 ff., Rz. 270 ff.; *Binder*, Beteiligungsführung in der Konzernunter-nehmung, S. 117 ff.

[330] Siehe hierzu oben S. 18 ff.

legung in Bezug auf die Schweigepflicht nach § 93 Abs. 1 Satz 3 AktG nachrangig ist, hängt davon ab, ob die Schweigepflicht unter einen der Ausnahmetatbestände subsumierbar ist.

Nach § 296 Abs. 1 Nr. 1 HGB darf von einer Einbeziehung eines Tochterunternehmens in den Konzernabschluss abgesehen werden, wenn erhebliche und andauernde Beschränkungen die Ausübung der Rechte des Mutterunternehmens in Bezug auf das Vermögen oder die Geschäftsführung des Tochterunternehmens nachhaltig beeinträchtigen. Andauernde Be-schränkungen können sowohl tatsächlicher Natur sein, als auch auf gesellschaftsrechtlicher bzw. vertraglicher Grundlage beruhen.[331] In faktischen Konzernverhältnissen könnte daran gedacht werden, dass im Mangel eines allgemeinen Informationsrechts wie es bei der Eingliederung und im Vertragskonzern existiert und der bestehenden Verschwiegenheitspflicht nach § 93 Abs. 1 Satz 3 AktG, eine solche andauernde Beeinträchtigung gesellschaftsrechtlicher Natur liegt. Das Nichtvorliegen eines allgemeinen Informationsrechts kann den Ausnahmetatbestand des § 296 Abs. 1 Nr. 1 HGB jedoch gerade nicht begründen. § 294 Abs. 3 HGB stellt vielmehr eine eigene Anspruchsgrundlage zur Informationserteilung dar und ist nicht lediglich abgeleitetes Recht aus einem allgemeinen Informationsanspruch. Die Verschwiegenheitspflicht nach § 93 Abs. 1 Satz 3 AktG als gesellschaftsrechtliche Beschränkung im Sinne der Norm anzusehen, ist ebenfalls zu verneinen. § 296 Abs. 1 Nr. 1 HGB spricht von erheblichen und andauernden Beschränkungen, welche die *Ausübung der Rechte beeinträchtigen*. Mit dieser Formulierung konstatiert das Gesetz, dass ein Informationsrecht existiert und lediglich die *Ausübung* dieses Rechts beeinträchtigt wird.[332] Wäre die Verschwiegenheitspflicht nach § 93 Abs. 1 Satz 3 AktG auch auf bilanzrechtliche Vorschriften anwendbar und unter § 296 Abs. 1 Nr. 1 HGB subsumierbar, so müsste die Formulierung nicht lediglich „Beeinträchtigung der *Ausübung* von Rechten" lauten, sondern es müsste von „Beeinträchtigung von Rechten" oder gar *„Verhinderung* von Rechten" gesprochen werden bzw. es müsste ganz auf den Begriff der „Rechte" verzichtet werden. § 296 Abs. 1 Nr. 1 HGB soll Fälle regeln, in denen ein Konsolidierungswahlrecht besteht.[333] Würde § 296 Abs. 1 Nr. 1 HGB sich auch auf die Verschwiegenheitspflicht beziehen wollen, so würde es sich allerdings nicht mehr um ein Wahlrecht, sondern um ein Konsolidierungsverbot handeln. Bereits der Wortlaut des § 296 Abs. 1 Nr. 1 HGB macht mithin deutlich, dass die Verschwiegenheitspflicht nach § 93 Abs. 1 Satz 3 AktG nicht unter § 296 Abs. 1 Nr. 1 HGB sub-

---

[331] Vgl. *Förschle/Deubert*, BilanzKomm, § 296 Rz. 6.
[332] In diesem Sinne auch *Semler*, Leitung und Überwachung, Rz. 295, der betont, dass auch solche Tochterunternehmen, die nach § 296 HGB in den Konzernabschluss nicht einbezogen werden brauchen, auskunftspflichtig sind.
[333] Siehe nur *Merkt* in Baumbach/Hopt HGB, § 296 Rz. 1.

sumierbar ist. Aus dieser Norm ist somit nicht ableitbar, ob die Verschwiegenheitspflicht oder aber das publizitätsrechtliche Informationsrecht vorrangig ist.

§ 296 Abs. 1 Nr. 2 HGB lässt dann eine Ausnahme von der Einbeziehungspflicht zu, wenn die für die Aufstellung des Konzernabschlusses erforderlichen Angaben nicht ohne unverhältnismäßig hohe Kosten oder Verzögerungen zu erhalten sind. Dieses Konsolidierungswahlrecht könnte ebenfalls die Vorrangigkeit der Verschwiegenheitspflicht im faktischen Konzern vor rechnungslegungsrechtlichen Informationsansprüchen indizieren, wenn die Erlangung derartiger Informationen unverhältnismäßig hohe Kosten erforderlich machen würde. Eine solche Folge würde in faktischen Konzernverhältnissen gegebenenfalls dann in Betracht kommen, wenn die Geltendmachung von Informationsrechten über die §§ 311 ff. AktG abgewickelt werden würde und die Möglichkeit des Eintritts einer Nachteilsausgleichspflicht bestünde. Das in § 296 Abs. 1 Nr. 2 HGB normierte Konsolidierungswahlrecht hilft jedoch ebenfalls nicht weiter, um die Frage des Vorrangs von Schweige- oder Publizitätspflicht zu klären. Ordnet man die publizitätsrechtlichen Informationsrechte als vom Tochterunternehmen zu befolgend ein, so fände § 311 AktG und die darin enthaltene Nachteils-ausgleichspflicht keine Anwendung, da das abhängige Unternehmen keinen Spielraum haben würde, ob es der Veranlassung folgt oder nicht.[334] In diesem Fall wären die tatbestandlichen Voraussetzungen des § 296 Abs. 1 Nr. 2 HGB folglich nicht erfüllt. Würde das Auskunftsrecht aus § 294 Abs. 3 HGB aber hinter die Verschwiegenheitspflicht nach § 93 Abs. 1 Satz 3 AktG zurücktreten, so würde das in § 296 Abs. 1 Nr. 2 HGB genannte Tatbestandsmerkmal der Entstehung unverhältnismäßig hoher Kosten gegebenenfalls erfüllt. Zwar hat die Entscheidung über den Rang von Verschwiegenheitspflicht und Rechnungslegungspflicht Auswirkungen auf die Anwendbarkeit des Konsolidierungswahlrechts, eine Beantwortung der Frage, welche der beiden Pflichten Vorrang hat, ergibt sich jedoch jedenfalls ebenso nicht aus § 296 Abs. 1 Nr. 2 HGB, sondern hängt von anderen Faktoren ab.

Nach § 296 Abs. 1 Nr. 3 HGB braucht ein Tochterunternehmen dann nicht in den Konzernabschluss einbezogen zu werden, wenn die Anteile daran ausschließlich zum Zweck ihrer Weiterveräußerung gehalten werden. Abgesehen davon, dass dieses Wahlrecht nur unter besonderen eng gefassten Umständen zur Anwendung kommen darf,[335] kommt es für die hier behandelte Konstellation jedenfalls nicht in Betracht, da, wie bereits ausgeführt, davon auszugehen ist, dass die Obergesellschaft nicht bloß eine Beteiligungsverwaltung

---

[334] In diesem Sinne auch *Kropff* in MünchKomm. AktG, § 311 Rz. 299, 305.
[335] Vgl. *Förschle/Deubert*, BilanzKomm, § 296 Rz. 23 ff.

betreibt, sondern vielmehr Unternehmensleitung ist, die in die abhängige Gesellschaft hineinwirkt.[336]

Die Annahme der Vorrangigkeit der Verschwiegenheitspflicht bei Kollision mit der Rechnungslegungspflicht wegen der in HGB und KWG existierenden Ausnahmevorschriften überzeugt somit nicht. Andere Vorschriften, aus denen sich ein solcher Schluss ableiten ließe, sind ebenfalls nicht ersichtlich.

Betrachtet man Wortlaut und Inhalt von § 294 Abs. 3 HGB, ist vielmehr davon auszugehen, dass eine Vorrangigkeit der Rechnungslegungsvorschriften vor der Schweigepflicht im Konzern dem gesetzgeberischen Willen entspricht. § 294 Abs. 3 HGB differenziert gerade nicht zwischen Eingliederung, Vertragskonzern und faktischem Konzern, sondern spricht schlicht von Mutter- und Tochterunternehmen.[337] Auch faktische Konzerne werden somit grundsätzlich vom Gesetz erfasst. Den Vertretern des oben zuerst aufgeführten Ansatzes, welche vom grundsätzlichen Vorrang des Rechungslegungsinteresses ausgehen, ist darin zuzustimmen, dass auch die Gesellschafter und Gläubiger ein Interesse an Informationen über Tochterunternehmen haben.[338] Mangels Informationsansprüche dieser Gesellschafter und Gesellschaftsgläubiger, welche auch einen Anspruch auf vertrauliche und geheime Informationen einschließen, muss der sich aus diesem Interesse abzuleitende Vorrang aber auf solche Informationen beschränkt werden, auf deren Erlangung Gesellschafter und gegebenenfalls Gesellschaftsgläubiger einen Anspruch haben.

So sind die Informationen nach § 294 Abs. 3 Satz 1 HGB in großem Umfang vom Tochterunternehmen zu erteilen. Der Umfang dieser Norm ist teilweise so konkret definiert und zudem vom Auskunftsrecht nach § 131 Abs. 1 AktG erfasst, dass nur wenig Spielraum für eine Einschränkung zugunsten der Schweigepflicht bleibt. Handelt es sich allerdings um Informationen im Rahmen des Lageberichts nach § 289 Abs. 2 HGB, so ist darauf zu achten, dass es sich bei dieser Regelung um eine Soll-Vorschrift handelt. Soll-Vorschriften schreiben ein Tun oder Unterlassen nur für den Regelfall vor und sind nicht zwingend.[339] Daher ist im Rahmen von § 289 Abs. 2 HGB jeweils eine Abwägung mit der Verschwiegenheitspflicht vorzunehmen. Insbesondere bei sensiblen Bereichen wie „Forschung und Entwicklung", vgl. § 289 Abs. 2 Nr. 3 HGB, ist darauf zu achten, dass die Weitergabe von Geheimnissen und ver-

---

[336] Siehe schon oben S. 84 und *Karsten Schmidt*, Gesellschaftsrecht, § 17 II 1 a, S. 492. Zur Abgrenzung *Hommelhoff*, Konzernleitungspflicht, S. 46 ff.

[337] Zu den Problemen und Unklarheiten dieser Begriffe des HGB siehe *Kropff*, DB 1986, 364 ff.; *ders.*, FS-Ulmer, S. 847 ff.; *Ulmer*, FS-Goerdeler, S. 623 ff.

[338] *Merkt* in Baumbach/Hopt HGB, Einl v § 238 Rz. 12.

[339] *Creifelds*, Rechtswörterbuch, S. 1119; *Lange* in MünchKomm. HGB, § 289 Rz. 10 f.; *Marsch-Barner* in GK-HGB, § 289 Rz. 9.

traulichen Informationen der Gesellschaft in jedem Einzelfall überprüft und die mit der Weitergabe verbundenen Vor- und Nachteile sorgfältig mit § 93 Abs. 1 Satz 3 AktG abgewogen werden.

Der Vorrang der Rechnungslegung muss weiterhin dann eine Einschränkung erfahren, wenn es um Auskünfte nach § 294 Abs. 3 Satz 2 HGB geht. Der Umfang der nach dieser Vorschrift gewährten Auskünfte ist wesentlich weiter und unbestimmter gefasst als bei § 294 Abs. 3 Satz 1 HGB. Wie bereits dargestellt wird bei § 294 Abs. 3 Satz 2 HGB schon ein mittelbarer Zusammenhang zur Rechnungslegung als ausreichend angesehen.

Dieses Mittelbarkeitserfordernis schränkt den geforderten Zusammenhang zur Rechnungslegung jedoch nur sehr beschränkt ein und würde dazu führen, dass auch im faktischen Konzern nahezu alle Informationen vom herrschenden Unternehmen verlangt werden könnten. Die Schweigepflicht hätte somit faktisch keine Auswirkungen mehr. Eine rechtliche oder tatsächliche Notwendigkeit hierfür ist allerdings nicht ersichtlich; insbesondere kann das herrschende Unternehmen bereits ohne einen derart weitgehenden Informationsanspruch seinen eigenen Publizitätspflichten nachkommen. Die dem Konzernabschluss zugrunde liegende Fiktion, dass der Konzern eine wirtschaftliche Einheit darstellt (so genannte Einheitstheorie),[340] geht in diesem Maße bei faktischen Konzernen gerade fehl und würde die Funktionsfähigkeit des Systems und die Stellung außenstehender Aktionäre der beherrschten Gesellschaft gefährden.[341] Die Bedeutung der Schweigepflicht im faktischen Konzern erfordert daher, dass bei Anwendung von § 294 Abs. 3 Satz 2 HGB in faktischen Konzernverhältnissen für jeden Einzelfall eine Abwägung vorzunehmen und nur in besonderen Ausnahmefällen eine Durchbrechung der Schweigepflicht als zulässig anzusehen ist. Lediglich das Vorliegen eines nur mittelbaren Zusammenhangs zur Rechnungslegung wird zumeist jedoch nicht hinreichend sein können, um eine Durchbrechung der Verschwiegenheitspflicht als zulässig ansehen zu können.[342] Anhaltspunkt und Maxime hierfür muss die

---

[340] Siehe *Scheffler* in Handbuch Corporate Governance, S. 625, 630.

[341] Siehe hierzu bereits oben S. 72 ff.

[342] Bereits der Gesetzgeber hat in der Regierungsbegründung zu § 335 AktG a.F. (Vgl. *Kropff*, RegBegr., S. 451) ausgeführt, dass der Obergesellschaft ein weitgehendes Auskunftsrecht eingeräumt wird *um ihr die sachgerechte Aufstellung des Konzernabschlusses und des Konzerngeschäftsberichts zu ermöglichen*. Der Gesetzgeber hat weiterhin ausgeführt, dass gegebenenfalls beeinträchtigte Interessen eines Konzernunternehmens oder seiner Gesellschafter gegenüber dem öffentlichen Interesse an der Konzernpublizität zurückstehen müssen. – Begrenzt man den Auskunftsanspruch nach § 296 Abs. 1 Satz 2 HGB und wertet einen nur mittelbaren Zusammenhang nicht immer als hinreichend bzw. gibt man in diesen Fällen dem Interesse eines Konzernunternehmens oder seiner Gesellschafter den Vorrang, so läuft dies folglich auch nicht dem gesetzgeberischen Willen zuwider.

Erforderlichkeit der zur Erfüllung der eigenen Publizitätspflichten benötigten Informationen des Mutterunternehmens sein.

(b) Publizitätspflicht nach IFRS

Nach der im Jahre 2004 vorgenommenen Änderung des Handelsgesetzbuchs durch das Bilanzrechtsreformgesetz[343] sind Unternehmen, die die Zulassung von Wertpapieren zum Handel an einem organisierten Markt im Inland beantragt haben, gemäß § 315a HGB verpflichtet, für Geschäftsjahre, welche nach dem 31. Dezember 2004 begonnen haben, Konzernabschlüsse nach IFRS aufzustellen.[344]

Nach § 315a Abs. 1 HGB findet auch in diesem Fall § 294 Abs. 3 HGB Anwendung, so dass das oben unter (a) gefundene Ergebnis des grundsätzlichen Vorrangs solcher Publizitätspflichten auch für den Abschluss nach IFRS gilt. Somit spielt es keine Rolle, ob nach HGB oder IFRS bilanziert wird; die Verschwiegenheitspflicht wird stets durchbrochen.

(c) § 314 Abs. 1 Nr. 8 HGB

§ 314 Abs. 1 Nr. 8 HGB normiert die Pflicht der Muttergesellschaft, im Konzernanhang anzugeben, dass jedes in den Konzernabschluss einbezogene börsennotierte Unternehmen eine Entsprechenserklärung nach § 161 AktG abgegeben hat.[345] Die Formulierung „dass" anstatt von „ob" könnte Indiz dafür sein, dass das herrschende gegebenenfalls auf börsennotierte Tochterunternehmen einzuwirken hat und entsprechende Einwirkungsrechte auf Abgabe einer Erklärung nach § 161 AktG hat. Ein gesonderter Informationsanspruch ergibt sich aus dieser Vorschrift allerdings nicht, da die Entsprechenserklärung der börsennotierten beherrschten Gesellschaft öffentlich ist und mithin der herrschenden Gesellschaft auch ohne spezielle Erklärung der beherrschten Gesellschaft zugänglich ist. Aus § 314 Abs. 1 Nr. 8 HGB lässt sich folglich kein Informationsanspruch des herrschenden Unternehmens – insbesondere kein

---

[343] Gesetz zur Einführung internationaler Rechnungslegungsstandards und zur Sicherung der Qualität der Abschlussprüfung (Bilanzrechtsreformgesetz – BilReG) vom 4. Dezember 2004, BGBl. 2004 I, S. 3166 ff.

[344] Zu den Änderungen siehe Arnold/Tettinger, Der Konzern 2004, 183 f.; Böcking, Der Konzern 2004, 177 ff.; Busse von Colbe, BB 2004, 2063 ff.; Schulze-Osterloh, Der Konzern 2004, 173 ff.; kritisch Tanski, DStR 2004, 1843 ff.

[345] Zum Verhältnis von § 314 Abs. 1 Nr. 8 HGB, Konzernanhang und Prüfungsbericht Böcking/Müßig, Der Konzern 2003, 38, 49. Ausführlich zum Komplex der Entsprechenserklärungen Kirschbaum, Entsprechenserklärungen zum englischen Combined Code und zum Deutschen Corporate Governance Kodex, Köln 2006; Eine allgemeine und einführende Darstellung des Deutschen Corporate Governance Kodex findet sich bei Kirschbaum/Wittmann, JuS 2005, 1062 ff.

solcher, der eine Durchbrechung von § 93 Abs. 1 Satz 3 AktG begründen würde – ableiten.

(d) § 5 EuropBetriebsräteG[346]

Handelt es sich bei dem im faktischen Konzern herrschenden Unternehmen ebenfalls um ein herrschendes Unternehmen im Sinne des Europäischen Betriebsrätegesetzes[347], so hat die zentrale Unternehmensleitung, welche regelmäßig bei der Muttergesellschaft im Konzern liegt, nach § 5 EuropBetriebsräteG auf Verlagen einer Arbeitnehmervertretung Auskünfte über die durchschnittliche Gesamtzahl der Arbeitnehmer und ihre Verteilung auf die Mitgliedstaaten, die Unternehmen und Betriebe sowie über die Struktur des Unternehmens und der Unternehmensgruppe zu erteilen.

§ 5 EuropBetriebsräteG regelt zwar eine Auskunftspflicht der Unternehmensleitung bzw. Unternehmensgruppenleitung, doch enthält das EuropBetriebsräteG selbst kein entsprechendes, ausdrücklich geregeltes Auskunftsrecht der Unternehmensleitung bzw. Unternehmensgruppenleitung gegenüber beherrschten Gesellschaften der Unternehmensgruppe. Im faktischen Konzern existiert auch kein allgemeines Auskunftsrecht des herrschenden Unternehmens. Um der Rechtspflicht folgen zu können, wäre hier daran zu denken, einen Grundsatz aufzustellen, dass auf solche Informationen ein Anspruch besteht, die das herrschende Unternehmen zur Erfüllung seiner Publizitäts- bzw. Informationspflichten benötigt.[348]

---

[346] § 5 EuropBetriebsräteG (Auskunftsanspruch)
(1) Die zentrale Leitung hat einer Arbeitnehmervertretung auf Verlangen Auskünfte über die durchschnittliche Gesamtzahl der Arbeitnehmer und ihre Verteilung auf die Mitgliedstaaten, die Unternehmen und Betriebe sowie über die Struktur des Unternehmens oder der Unternehmensgruppe zu erteilen.
(2) Ein Betriebsrat oder ein Gesamtbetriebsrat kann den Anspruch nach Absatz 1 gegenüber der örtlichen Betriebs- oder Unternehmensleitung geltend machen; diese ist verpflichtet, die für die Auskünfte erforderlichen Informationen und Unterlagen bei der zentralen Leitung einzuholen.
[347] Dies richtet sich nach § 6 Abs. 1 EuropBetriebsräteG, wonach ein Unternehmen dann herrschendes Unternehmen im Sinne des Gesetzes ist, wenn es zu einer gemeinschaftsweit tätigen Unternehmensgruppe gehört und unmittelbar oder mittelbar einen beherrschenden Einfluss auf ein anderes Unternehmen derselben Gruppe (abhängiges Unternehmen) ausüben kann. Gesetzliche Vermutungen, wann ein solcher beherrschender Einfluss vorliegt, finden sich in § 6 Abs. 2 EuropBetriebsräteG. Im faktischen Konzern ist danach vom Vorliegen eines solchen Einflusses auszugehen.
[348] Ähnlich *Kropff*, der zu dem Ergebnis kommt, dass das für den Konzernabschluss gefundene Ergebnis auch für andere Publizitätspflichten gilt (beispielhaft nennt er zwar lediglich Quartalsabschlüsse und Quartalsberichte aufgrund börsenrechtlicher Vorschriften, doch müsste er auch für das Auskunftsrecht nach § 5 EuropBetriebsräteG zu diesem Ergebnis kommen) vgl. *Kropff* in MünchKomm. AktG, § 311 Rz. 299; ebenso *U.H. Schneider*, FS-Brandner, S. 565, 573 f.

Mangels eines ausdrücklich geregelten Auskunftsanspruchs, ist jedoch fraglich, woraus sich ein solcher Anspruch ergeben könnte. Teilweise wird bei bestehenden gesetzlichen Auskunftspflichten von der Möglichkeit einer entsprechenden Anwendbarkeit des § 294 Abs. 3 HGB ausgegangen.[349] Eine entsprechende Anwendbarkeit von Rechtsnormen setzt voraus, dass erstens eine Regelungslücke vorliegt und zweitens eine Vergleichbarkeit der Sachverhalte gegeben ist.[350]

Der Gesetzgeber hat mit § 5 EuropBetriebsräteG zwar eine Auskunftspflicht normiert, dem Auskunftspflichtigen nicht aber zugleich ausdrücklich ein entsprechendes Auskunftsrecht erteilt, welches ihm die Erlangung dieser Informationen ermöglicht. Teilweise wird hieraus abgeleitet, dass folglich kein Anspruch des herrschenden Unternehmens bestehe, da außerhalb von § 308 AktG gerade keine Folgepflicht des Vorstands der abhängigen AG bestehe.[351] Gegen diese Auffassung spricht allerdings, dass der Gesetzgeber bei Ablehnung einer entsprechenden Anwendung von § 294 Abs. 3 HGB zwei gegenläufige Rechtspflichten geschaffen hätte und eine Verletzung einer dieser Pflichten unumgänglich wäre. Die Gesetzgebung ist nach Art. 20 Abs. 3 GG an Recht und Gesetz gebunden. Eine Rechtspflicht aufzustellen, deren Einhaltung rechtlich nicht möglich ist, wäre mit Art. 20 Abs. 3 GG und dem unter anderem darin zum Ausdruck kommenden Rechtsstaatsgebot kaum vereinbar. Es ist dem Gesetzgeber daher zu unterstellen, dass er es planwidrig unterlassen bzw. versäumt hat, ein entsprechendes Auskunftsrecht des Auskunftspflichtigen zu normieren. Eine planwidrige Regelungslücke liegt mithin vor.

Für eine analoge Anwendbarkeit von § 294 Abs. 3 HGB bedürfte es weiterhin einer Vergleichbarkeit der Sachverhalte. § 294 Abs. 3 HGB enthält ausschließlich Regelungen zu Auskünften mit bilanzrechtlichem Bezug. Hierbei werden Umfang sowie Zeitpunkt der Auskunftserteilung geregelt. Diese Regelungen sind zwar speziell bilanzrechtlich und können nicht unmittelbar auf andere Auskunftspflichten übertragen werden. Jedoch geht es bei § 294 Abs. 3 HGB, ähnlich wie bei § 5 EuropBetriebsräteG, um Auskünfte zur Erfüllung einer gesetzlichen Publizitäts- bzw. Auskunftspflicht. Die geregelte Interessenlage bei § 294 Abs. 3 HGB ist der ungeregelten bei § 5 EuropBetriebsräteG so ähnlich, dass davon auszugehen ist, dass die Gesetzgebung die getroffene Regelung auch für den ungeregelten Sachverhalt vorsehen würde. Ein Analogieschluss ist mithin möglich. § 294 Abs. 3 HGB ist folglich entsprechend anwendbar.

---

[349] So beispielsweise *Uwe H. Schneider* in Assmann/Uwe H. Schneider WpHG, § 22 Rz. 24 für die Mitteilungspflicht aus §§ 21 ff. WpHG.

[350] Vgl. nur *Bydlinski*, Methodenlehre, S. 63 ff.; *Rüthers*, Rechtstheorie, Rz 878 ff.; *Zippelius*, Methodenlehre, S. 64 ff.

[351] *Fabritius*, FS-Huber, S. 705, 710 mit weiteren Nachweisen in denen jedoch keine entsprechende pauschale Äußerung zu finden ist.

Die nach § 5 EuropBetriebsräteG zu erteilenden Auskünfte unterliegen teilweise der Verschwiegenheitspflicht nach § 93 Abs. 1 Satz 3 AktG. Wie bei den nach § 294 Abs. 3 HGB zu erteilenden Auskünften kann es folglich auch bei der im Rahmen von § 5 EuropBetriebsräteG betroffenen Informationen zu Kollisionen mit der aktienrechtlichen Verschwiegenheitspflicht kommen. Bezüglich der Schweigepflicht ist ebenfalls die Wertung des § 294 Abs. 3 HGB zu übertragen, so dass zur Erfüllung der Auskunftspflichten nach § 5 EuropBetriebsräteG eine Durchbrechung der Verschwiegenheitspflicht nach § 93 Abs. 1 Satz 3 AktG als zulässig anzusehen ist.

Im von § 5 EuropBetriebsräteG festgesetzten Umfang besteht somit ein Informationsanspruch des Mutterunternehmens, der ebenfalls eine Durchbrechung der Schweigepflicht rechtfertigt.

(e) §§ 21 ff. WpHG
Erreicht, überschreitet oder unterschreitet die herrschende Gesellschaft im faktischen Konzern durch Erwerb, Veräußerung oder auf sonstige Weise 5 Prozent, 10 Prozent, 25 Prozent, 50 Prozent oder 75 Prozent der Stimmrechte an einer börsennotierten Gesellschaft, muss sie dies unverzüglich, spätestens innerhalb von sieben Kalendertagen, der Gesellschaft sowie der Bundesanstalt für Finanzdienstleistungsaufsicht (BaFin) mitteilen, § 21 Abs. 1 WpHG.

Diese Mitteilungspflicht entsteht nicht nur dann, wenn die Schwellenwerte durch Rechtsgeschäfte erreicht, über- oder unterschritten werden, die der Meldepflichtige selbst vornimmt. Nach § 22 Abs. 1 Satz 1 WpHG werden dem Meldepflichtigen auch Stimmrechte von Tochterunternehmen zugerechnet.[352] Ein Tochterunternehmen liegt gemäß § 22 Abs. 3 WpHG vor, wenn das Unternehmen als Tochterunternehmen im Sinne des § 290 HGB gilt oder wenn auf das Unternehmen rechtlich oder faktisch beherrschender Einfluss ausgeübt werden kann.

Die herrschende Gesellschaft im faktischen Konzern kann jedenfalls faktisch auf abhängige bzw. beherrschte Gesellschaften Einfluss nehmen. Diese gelten auch als Tochterunternehmen im Sinne von § 290 HBG. Die Anteile von beherrschten Gesellschaften an anderen börsennotierten Gesellschaften werden folglich der herrschenden Gesellschaft nach § 22 Abs. 1 Satz 1 WpHG zugerechnet.

Um den wertpapierhandelsrechtlichen Publizitätspflichten nachkommen zu können, besteht also auch in diesen Konzernverhältnissen ein Interesse der herrschenden Gesellschaft daran, über Anteile der von ihm beherrschten Ge-

---

[352] Ausführlich hierzu *Fiedler*, Mitteilungen über Beteiligungen von Mutter- und Tochterunternehmen, Baden-Baden 2005.

sellschaft an anderen börsennotierten Gesellschaften Informationen zu erhalten. Informationen über Beteiligungen an anderen (börsennotierten) Gesellschaften unterfallen jedoch, sofern sie öffentlich unbekannt sind und diesbezüglich keine eigenen Publizitätspflichten der beherrschten Gesellschaft bestehen, der Verschwiegenheitspflicht nach § 93 Abs. 1 Satz 3 AktG.[353]

Der für die Konzernrechnungslegung aufgestellte Grundsatz, dass ein Anspruch auf Erhalt solcher Informationen besteht, die das herrschende Unternehmen benötigt, um seiner gesetzlichen Veröffentlichungspflicht nachkommen zu können, muss auch in Bezug auf wertpapierhandelsrechtliche Veröffentlichungspflichten gelten.[354] Die Schweigepflicht nach § 93 Abs. 1 Satz 3 AktG tritt mithin hinter diesem Anspruch zurück. Mangels eines entsprechend offen formulierten Wortlauts der Norm, welche erst nach der Regelung des § 93 Abs. 1 Satz 3 AktG erlassen wurde,[355] ist davon auszugehen, dass eine solche Wertung dem Willen des Gesetzgebers entspricht, welcher mit Einführung der §§ 21 ff. WpHG den Sinn und Zweck verfolgte, die Anleger zu schützen, die Funktionsfähigkeit der Wertpapier-märkte zu erhalten und den Missbrauch von Insiderinformationen zu verhindern.[356] Es ist davon auszugehen, dass die Verfolgung dieser Zwecke durch Weitergabe von gegebenenfalls vertraulichen Daten besser erreicht werden kann, wenn die Verschwiegenheitspflicht nach § 93 Abs. 1 Satz 3 AktG hinter den §§ 21 ff. WpHG zurücktritt. Es ist als Wertung des Gesetzgebers anzuerkennen, dass die Vorteile, welche mit einer Weitergabe verbunden sind, jedenfalls die Nachteile der Weitergabe überwiegen.

Das herrschende Unternehmen hat somit wegen §§ 21 ff. WpHG einen Anspruch auf Erhalt von Informationen über Beteiligungen der von ihm beherrschten Gesellschaften an börsennotierten Gesellschaften. Dieser Anspruch ist ebenfalls nicht unmittelbar aus der in den §§ 21 ff. WpHG normier-

---

[353] Vgl. *Lutter*, Information und Vertraulichkeit, Rz. 426.

[354] In diesem Sinne wohl auch *Kropff* in MünchKomm. AktG, § 311 Rz. 299, vgl. Fn. 348.

[355] Das WpHG ist am 1. Januar 1995 in Kraft getreten und gilt in der Fassung der Bekanntmachung vom 9. September 1998, vgl. BGBl. I 1998, S. 2708 ff. Durch §§ 21 ff. WpHG wird die Richtlinie des Rates vom 12.12.1988 über die bei Erwerb und Veräußerung einer Beteiligung an einer börsennotierten Gesellschaft zu veröffentlichenden Informationen, ABl. EG Nr. L 348/62 vom 17.12.1988 (Transparenz-Richtlinie) in das deutsche Recht umgesetzt. Die Regelungen der §§ 21 ff. WpHG wurden anschließend zudem durch das 4. Finanzmarktförderungsgesetz vom 21.6.2002 (BGBGl. I 2002, S. 2010) und das Anlegerschutzverbesserungsgesetz vom 28.10.2004 (BGBl. I 2004, S. 2630) novelliert.

[356] Vgl. ABl. EG Nr. L 148/1, S. 10 Rz. 31 ff.; BT-Drucks. 12/6679, S. 52. Siehe auch *Fiedler*, Mitteilungen über Beteiligungen von Mutter- und Tochterunternehmen, S. 23 ff.; *U.H. Schneider*, FS-Brandner, S. 565 f.; *ders.* in Assmann/Uwe H. Schneider WpHG, Vor § 21 Rz. 12 ff.

ten Publizitätspflicht abzuleiten, sondern ergibt sich auch hier aus einer entsprechenden Anwendung von § 294 Abs. 3 HGB.[357]

(f) § 15 Abs. 1 Satz 1 WpHG

§ 15 Abs. 1 Satz 1 WpHG, welcher in seiner ursprünglichen Form § 44a BörsG a.f. ablöst, regelt die so genannte Ad-hoc-Publizität.[358] Hiernach muss der Emittent von Finanzinstrumenten[359], die zum Handel an einem inländischen organisierten Markt zugelassen sind oder für die er eine solche Zulassung beantragt hat, Insiderinformationen, die ihn unmittelbar betreffen, unverzüglich veröffentlichen.

Anders als § 21 WpHG, welcher nicht lediglich an Emittenten von Wertpapieren gerichtet ist, sondern sich an alle Aktionäre – auch Privataktionäre – richtet, die einen bestimmten Schwellenwert von Gesellschaftsanteilen börsennotierter Gesellschaften erreichen,[360] adressiert § 15 WpHG nur Emittenten selbst. Ist das herrschende Unternehmen im faktischen Konzern Emittent von Wertpapieren, die zum Handel an einer inländischen Börse zugelassen sind, so ist es folglich Normadressat der Regelung des § 15 WpHG.

§ 15 WpHG ist nach dem Sinn und Zweck der Norm konzernweit zu verstehen.[361] Zwar schließt § 15 WpHG nicht ausdrücklich Konzern-unternehmen mit ein, doch ergibt sich dies aus der Auslegung des § 15 Abs. 1 Satz 2 WpHG, wonach eine Insiderinformation den Emittenten insbesondere dann unmittelbar betrifft, wenn sie sich auf Umstände bezieht, die in seinem Tätigkeitsbereich eingetreten sind. Der Tätigkeitsbereich des Emittenten umfasst auch juristische Personen, die sich in seinem Einflussbereich befinden.[362]

---

[357] Siehe hierzu bereits oben S. 92 f. So ebenfalls *Uwe H. Schneider* in Assmann/Uwe H. Schneider WpHG, § 22 Rz. 24; *ders.*, FS-Brandner, S. 565, 573 f.

[358] Zur Entwicklung der Ad-hoc-Publizität siehe nur *Assmann* in Assmann/Uwe H. Schneider WpHG, § 15 Rz. 20 ff.

[359] Der Begriff der Finanzinstrumente ist in § 2 Abs. 2b Satz 1 WpHG geregelt und umfasst neben Wertpapieren im herkömmlichen Sinne (§ 2 Abs. 1 WpHG) auch Geldmarktinstrumente (§ 2 Abs. 1a WpHG), Derivate (§ 2 Abs. 2 WpHG) und Rechte auf Zeichnung von Wertpapieren.

[360] Ausführlich zu den Normadressaten von § 21 WpHG *Uwe H. Schneider* in Assmann/Uwe H. Schneider WpHG, § 21 Rz. 5 ff.; *ders.*, FS-Brandner, S. 565, 567; *Kropff*, in Lutter (Hrsg.) 25 Jahre Aktiengesetz, S. 19, 37.

[361] *Assmann* in Assmann/Uwe H. Schneider WpHG, § 15 Rz. 72; *Hopt*, ZHR 159 (1995), 135, 149 ff.; *ders.*, ZGR 2002, 333, 348 ff.; *Lutter*, Information und Vertraulichkeit, Rz. 660 ff.; *Schäfer* in Dreyling/Schäfer, Rz. 389 ff.; *S. H. Schneider*, Informationspflichten, S. 139; *Zimmer* in Schwark, Kapitalmarktrechtskommentar, § 15 WpHG Rz. 54; *Wölk*, AG 1997, 73, 77; *Götz*, DB 1995, 1949, 1952.

[362] *Zimmer* in Schwark, Kapitalmarktrechtskommentar, § 15 WpHG Rz. 54.

Stellt man auf den Einflussbereich ab, so ist allerdings nach der Art der Konzernierung zu differenzieren. Wie bereits oben dargestellt, hat das herrschende Unternehmen im faktischen Konzern, anders als das herrschende Unternehmen bei Eingliederung und Vertragskonzern, keinen allgemeinen Informationsanspruch. Auch die Einflussnahmemöglichkeiten unterscheiden sich. Besteht bei der Eingliederung und im Vertragskonzern eine Weisungsgebundenheit des Vorstands der abhängigen Gesellschaft,[363] so hat der Vorstand der bloß faktisch abhängigen Gesellschaft eine Entscheidungskompetenz, ob er einer Veranlassung durch das herrschende Unternehmen folgt oder nicht.[364] – Für die Eingliederung und den Vertragskonzern ist mithin davon auszugehen, dass die Verbindung zwischen derart verbundenen Unternehmen stark genug ist, um das beherrschte Unternehmen dem Einflussbereich des herrschenden Unternehmens zuzurechnen und es mithin dessen Tätigkeitsbereich zuordnen zu können. Hier besteht folglich jedenfalls eine Ad-hoc-Publizitätspflicht der herrschenden Gesellschaft. Im faktischen Konzern kann ein solch pauschaler Schluss nicht überzeugen.[365] Das herrschende Unternehmen hat zwar eine faktisch vorliegende Einflussnahmemöglichkeit, folgt die beherrschte Gesellschaft den Bestrebungen der Einflussnahme allerdings nicht, so hat die herrschende Gesellschaft keine Möglichkeit, diese rechtlich vollumfänglich durchzusetzen. Es wäre daher nicht nachvollziehbar, auf diese bloß faktischen Einflussnahmemöglichkeiten eine Rechtspflicht zu stützen, welche einer vollumfänglichen Informationsversorgung bedürfte. Das Tatbestandsmerkmal des Tätigkeitsbereichs, welches auf die Einflussnahme abstellt, muss im faktischen Konzern daher auf Fälle reduziert werden, in denen eine solche Einflussnahme der Obergesellschaft tatsächlich vorliegt.[366]

Sofern die herrschende Gesellschaft im Konzern Emittent ist, hat sie folglich im oben aufgestellten Umfang auch solche Insiderinformationen zu veröffentlichen, die bei einer Tochtergesellschaft eingetreten sind. Zu beachten ist jedoch, dass mangels einer Konzernklausel in § 15 WpHG eine Konzernmutter jedenfalls dann nicht als Emittentin gilt, die einer Pflicht zur Ad-hoc-Publizität

---

[363] Siehe oben S. 39, 55.
[364] Siehe oben S. 79 f.
[365] So aber *S. H. Schneider*, Informationspflichten, S. 139; *Assmann* in Assmann/Uwe H. Schneider WpHG, § 15 Rz. 49; anders noch die Vorauflage des Kommentars, in der dem Tätigkeitsbereich des Emittenten nur solche kursrelevanten Tatsachen zugeordnet werden, die bei einem mit ihm verbundenen Konzernunternehmen eingetreten *und* im Konzernabschluss oder -lagebericht zu berücksichtigen sind, vgl. *Kümpel/Assmann* in Assmann/Uwe H. Schneider, 3. Auflage, § 15 Rz. 44.
[366] Ähnlich *Kümpel/Assmann* in Assmann/Uwe H. Schneider, 3. Auflage, § 15 Rz. 44, die sich auf § 290 HGB stützen und von einer Begrenzung der Pflicht zur Veröffentlichung solcher Tatsachen ausgehen, welche im Konzernabschluss zu berücksichtigen sind.

unterliegt, wenn zwar ihre Tochtergesellschaften Emittent von Finanzinstrumenten sind, nicht aber sie selbst.[367]

Was unter einer Insiderinformation zu verstehen ist, ergibt sich aus § 13 WpHG. Danach liegt eine solche vor, wenn es sich um eine konkrete Information über Umstände handelt, die nicht öffentlich bekannt sind, die sich auf einen oder mehrere Emittenten von Insiderpapieren oder auf Insiderpapiere beziehen und die geeignet sind, im Fall ihres öffentlichen Bekanntwerdens den Börsen- oder Marktpreis der Insiderpapiere erheblich zu beeinflussen.[368]

Insiderinformationen sind nicht unbedingt Gesellschaftsgeheimnisse, sondern können beispielsweise auch Vorgänge außerhalb der Gesellschaft betreffen; umgekehrt ist nicht jedes Gesellschaftsgeheimnis eine Insidertatsache im Sinne von § 13 WpHG.[369] Dennoch liegen häufig Überschneidungen von Insiderinformationen und Geheimnissen bzw. vertraulichen Informationen vor. Hat eine Information, welche als geheim oder vertraulich im Sinne von § 93 Abs. 1 Satz 3 AktG einzustufen ist,[370] ebenfalls Kursrelevanz,[371] so handelt es sich zugleich um eine Insiderinformation i.S.v. §§ 13, 15 WpHG.

Fraglich ist, wie die rechtliche Lage in Bezug auf die Verschwiegenheitspflicht nach § 93 Abs. 1 Satz 3 AktG zu qualifizieren ist; insbesondere in Fällen, in denen eine herrschende Konzerngesellschaft als Emittent gilt.

Unterliegt der Inhalt der Insiderinformation auch der Schweigepflicht nach § 93 Abs. 1 Satz 3 AktG, so ist zur Ermittlung der Zulässigkeit der Weitergabe der Information von beherrschtem Unternehmen an das herrschende Unternehmen danach zu unterscheiden, ob mit der Weitergabe der Information eine Rechtspflicht erfüllt wird. Wie bereits dargestellt, richtet sich die Intensität der Pflicht der herrschenden Gesellschaft zur Ad-hoc-Publizität im Konzern nach der Art der Konzernierung. Sowohl bei der Eingliederung als auch beim Vertragskonzern ist diese Pflicht vollumfänglich. Bei Vorliegen eines faktischen Konzerns kann eine Pflicht zur Ad-hoc-Publizität hingegen nur dann angenommen werden, wenn die publizitätspflichtigen Umstände solche sind, die das Mutterunternehmen im Konzernabschluss zu berücksichtigen hat,[372] die von ihm veranlasst wurden oder ihm sonst bekannt sind. In all diesen Fällen ist auch hier die Zulässigkeit der Weitergabe vertraulicher und geheimer Informa-

---

[367] So auch *Assmann* in Assmann/Uwe H. Schneider WpHG, § 15 Rz. 49.

[368] Eine genaue Darstellung des Begriffs der Insiderinformation findet sich unten S. 144 ff. Siehe zudem *Assmann* in Assmann/Uwe H. Schneider WpHG, § 13 Rz. 4 ff.

[369] *Assmann* in Assmann/Uwe H. Schneider WpHG, § 13 Rz. 32; *Hopt* in GroßKomm. AktG, § 93 Rz. 191; Begr. RegE 2. FFG, BT-Ds. 12/6679, S. 46.

[370] Siehe hierzu oben S. 12 f.

[371] Ausführlich zum Begriff der Kursbeeinflussung siehe *Feldhaus*, Zur Eignung der erheblichen Kursbeeinflussung bei der Ad-hoc-Publizität, Frankfurt 2003.

[372] Siehe zum Umfang oben S. 81 f.

tionen im Sinne von § 93 Abs. 1 Satz 3 AktG gegeben. Ein gesonderter Informationsanspruch zur Erfüllung der Pflichten im Rahmen der Ad-hoc-Publizität ist nicht erforderlich.

(g) § 30 i.V.m. § 2 WpÜG

Auch das WpÜG enthält Regelungen, die konzernweite Dimensionen aufweisen. So stehen nach § 30 Abs. 1 Nr. 1 WpÜG Stimmrechte des Bieters Stimmrechten aus Aktien der Zielgesellschaft, die einem Tochterunternehmen des Bieters gehören, gleich. Liegen beispielsweise die Voraussetzungen für die Abgabe eines Pflichtangebots vor, vgl. § 35 WpÜG, so ist zunächst für das Vorliegen der Voraussetzungen relevant, zu wissen, wie hoch der dem Bieter zugerechnete Stimmrechtsanteil ist; außerdem normiert § 35 WpÜG, dass der Stimmrechtsanteil bei Angebotsveröffentlichung anzugeben ist. Das herrschende Unternehmen im faktischen Konzern hat somit ein Interesse an bzw. benötigt sogar, ähnlich wie bei den §§ 21 ff. WpHG,[373] Informationen von seiner Tochtergesellschaft über deren Stimmrechtsanteile.

Nach § 2 WpÜG liegt ein Tochterunternehmen vor, wenn das Unternehmen entweder als solches im Sinne des § 290 HGB gilt oder wenn auf das Unternehmen ein beherrschender Einfluss ausgeübt werden kann, ohne dass es auf die Rechtsform oder den Sitz ankommt. Diese Regelung entspricht der des § 22 Abs. 3 WpHG. Die Zurechnungsvorschrift des § 30 WpÜG und die des § 22 WpHG sind – bis auf die nötigen inhaltlichen Anpassungen – identisch. Diese Formulierung hat der Gesetzgeber bewusst gewählt, um Irritationen am Kapitalmarkt zu vermeiden.[374]

Die für §§ 21 ff. WpHG gefundene Lösung gilt somit auch für § 30 WpÜG. Das herrschende Unternehmen hat folglich wegen § 30 WpHG einen Anspruch auf Erhalt von Informationen über Stimmrechtsanteile der von ihm beherrschten Gesellschaften. Dieser Anspruch ergibt sich ebenfalls aus einer entsprechenden Anwendung von § 294 Abs. 3 HGB und ist nicht unmittelbar aus § 30 WpÜG abzuleiten.[375]

(h) Pflicht zur Zwischenberichterstattung

§ 40 Abs. 1 BörsG verpflichtet den Emittenten zugelassener Aktien, innerhalb des Geschäftsjahres mindestens einen Zwischenbericht zu veröffentlichen. Hierin soll ein den tatsächlichen Verhältnissen entsprechendes Bild der Fi-

---

[373] Siehe hierzu oben S. 94 f.
[374] Begr. RegE, BT-Ds. 14/7034, S. 53, 70; Hierzu auch *Uwe H. Schneider* in Assmann/Pötzsch/Uwe H. Schneider, WpÜG, § 30 Rz. 5.
[375] Siehe hierzu bereits oben S. 92 f.

nanzlage und des allgemeinen Geschäftsgangs des Emittenten im Berichtszeitraum vermittelt werden.

Sofern ein den tatsächlichen Verhältnissen entsprechendes Bild der Finanzlage und des allgemeinen Geschäftsgangs des Emittenten im Berichtszeitraum nur dann vermittelt werden könnte, wenn auch Informationen über Konzerngesellschaften im Zwischenbericht enthalten sind, würde auch § 40 BörsG eine konzernrechtliche Komponente aufweisen. Dann hätte gegebenenfalls auch wegen dieser Vorschrift das herrschende Unternehmen im faktischen Konzern ein Interesse daran, Informationen über von ihm beherrschte Gesellschaften zu erhalten.

§ 40 BörsG selbst enthält keine Spezifikation des erforderlichen Inhalts der Zwischenberichte. Allerdings wird in § 40 Abs. 2 BörsG die Bundesregierung ermächtigt, durch Rechtsverordnung mit Zustimmung des Bundesrats zum Schutz des Publikums Vorschriften über den Inhalt des Zwischenberichts zu erlassen. Von dieser Ermächtigung wurde in Form der Börsenzulassungs-Verordnung[376] Gebrauch gemacht. Die Börsenzulassungsverordnung enthält in § 56 Satz 1 BörsZulV jedoch eine Regelung des Inhalts, dass es einem Emittenten überlassen sei, ob er den Zwischenbericht in Bezug auf die Einzelgesellschaft oder auf den Konzern erstellt und veröffentlicht. Eine Verpflichtung zur Einbeziehung von Tochtergesellschaften ergibt sich hieraus somit nicht. Nach § 56 Satz 2 BörsZulV kann die Zulassungsstelle von dem Emittenten allerdings die Veröffentlichung zusätzlicher Angaben verlangen, wenn die nicht gewählte Form der Veröffentlichung nach ihrer Auffassung wichtige zusätzliche Angaben enthält. Aus dieser Regelung ergibt sich somit eine gesetzliche konzerndimensionale Publizitätspflicht. In diesem Fall hätte die herrschende Gesellschaft somit – aufgrund einer gesetzlich vorgesehenen Publizitätspflicht – ein Interesse daran, Informationen über ihre Tochter-gesellschaft zu erhalten.

Auch Börsenordnungen der einzelnen Börsen enthalten Regelungen zu den Zwischenberichten.[377] Diese Börsenordnungen sind als Satzungen konstruiert und können gemäß § 42 BörsG für Teilbereiche des amtlichen Marktes ergänzend zu den vom Unternehmen einzureichenden Unterlagen weitere Unterrichtungspflichten des Emittenten vorsehen. In den Börsenordnungen finden sich allerdings lediglich Verweise auf bestehende Rechtspflichten insbeson-

---

[376] Verordnung über die Zulassung von Wertpapieren zum amtlichen Markt an einer Wertpapierbörse (Börsenzulassungs-Verordnung – BörsZulV) vom 9. September 1998, BGBl. I S. 2832, BGBl. III/FNA 4110-1-1.

[377] Die Börsenordnungen der deutschen Börsen sind weitgehend gleichlautend, vgl. *Schwark* in Schwark (Hrsg.), Kapitalmarktrecht, § 13 BörsG Rz. 17. Vgl. beispielsweise § 64 Abs. 11 BörsO für die Frankfurter Wertpapierbörse; § 60 BörsO für die Börse München; § 82 BörsO für die Börse Düsseldorf.

re aus der Börsenzulassungsverordnung, so dass hieraus keine selbständige Rechtspflicht begründet wird.[378]

Weiterhin werden die Deutschen Rechnungslegungsstandards (DRS) des Deutschen Rechnungslegungs Standards Committee e.V. (DRSC) zur Beurteilung des Umfangs der Zwischenberichte herangezogen.[379] Das Bundesjustizministerium hat von seiner Befugnis nach § 342 Abs. 1 Satz 1 Nr. 1 HGB Gebrauch gemacht und mit dem DRSC einen Vertrag geschlossen, in dem diesem die Aufgabe übertragen wird, Empfehlungen zur Anwendung der Grundsätze über die Konzernrechnungslegung zu entwickeln.

DRS 6 Ziffer 3[380] besagt, dass der Zwischenbericht auf konsolidierter Basis zu erfolgen hat. Es könnte somit daran gedacht werden, dass sich auch aus dieser Regelung eine Rechtspflicht der herrschenden Gesellschaft im faktischen Konzern – sofern diese Emittent zugelassener Aktien ist – zur Einbeziehung von Tochtergesellschaften in den Zwischenbericht ergibt.[381]

Nach § 342 Abs. 2 HGB führt die Beachtung solcher Standards wie der DRS zu der Vermutung, dass die die Konzernrechnungslegung betreffenden Grundsätze ordnungsgemäßer Buchführung beachtet wurden. § 342 HGB enthält jedoch keine Ermächtigung zum Erlass von Rechtsverordnungen (vgl. Art. 80 Abs. 1 GG). Die vom Bundesjustizministerium bekannt gemachten DRS haben somit keine Allgemeinverbindlichkeit oder Gesetzeskraft.[382] Durch die DRS entsteht folglich keine Verpflichtung des herrschenden Unternehmens, einen konsolidierten Zwischenbericht zu veröffentlichen.

Eine Pflicht zur Veröffentlichung eines konsolidierten Zwischenberichts durch das herrschende Unternehmen, sofern dieses Emittent zugelassener Aktien ist, ergibt sich somit lediglich direkt aus § 40 BörsG i.V.m. § 56 BörsZulV. Ein entsprechender Informationsanspruch ergibt sich wiederum nicht unmittelbar aus diesen Normen, sondern aus einer entsprechenden Anwendung des § 294 Abs. 3 HGB. Ebenso wie der Informationsanspruch aus § 294 Abs. 3 HGB im Rahmen der Konzernrechnungslegung hat auch dieser Informationsanspruch Vorrang vor der Verschwiegenheitspflicht nach § 93 Abs. 1 Satz 3 AktG. Inhaltlich sind die im Rahmen von § 40 BörsG i.V.m. §§ 53 ff. BörsZulV zu erteilenden Informationen nicht weitergehend als die im Rahmen der Kon-

---

[378] Vgl. z.B. §§ 62 ff. BörsO für die Frankfurter Wertpapierbörse; § 60 (insbesondere Abs. 3) BörsO für die Börse München; § 82 BörsO für die Börse Düsseldorf.

[379] Ausführlich zu den DRS und deren Einordnung und Rechtsnatur *Stürwald*, BKR 2002, 1021, 1022.

[380] Bekanntmachung durch das BMJ vom 2.2.2001, Bundesanzeiger vom 13.2.2001, Beilage 30a.

[381] So wohl *S. H. Schneider*, Informationsbeschaffungspflichten, S. 140.

[382] *Ebke* in MünchKomm. HGB, § 342 Rz. 21; *Heidelbach* in Schwark (Hrsg.), Kapitalmarktrecht, § 40 BörsG Rz. 8; *Merkt* in Baumbach/Hopt, § 342 HGB Rz. 2.

zernrechnungslegung zu erteilenden Informationen, so dass sich bezüglich des Umfangs auch keine weitergehenden Probleme ergeben.

(i) Pflicht zur Aufstellung einer Konzernplanung, § 90 Abs. 1 Satz 1 Nr. 1, Satz 2 AktG

Auch die Pflicht zur Aufstellung einer Konzernplanung nach § 90 Abs. 1 Satz 1 Nr. 1 AktG wird teilweise als gesetzliche Pflicht des Vorstands der Obergesellschaft angesehen, welche ein unbegrenztes Auskunftsrecht des Mutterunternehmens begründet.[383] Hiergegen spricht allerdings, dass eine solche bezüglich des Umfangs gesetzlich nicht konkretisierte Pflicht des Mutterunternehmens diesem Tür und Tor öffnen würde, nahezu unbegrenzt Informationen von und über das beherrschte Unternehmen fordern zu können. Ähnlich wie beim Maßstab für die vom herrschenden Unternehmen in Bezug auf das eigene Unternehmen einzuhaltenden Sorgfaltspflichten muss auch für die Pflicht zur Aufstellung einer Konzernplanung gelten, dass diese nur in dem Umfang wahrgenommen werden kann, wie rechtlich und faktisch Möglichkeiten dazu bestehen.[384]

Konzernplanung kann auch ohne Erhalt vertraulicher und geheimer vorgenommen werden. Arbeitet das herrschende Unternehmen nur mit der im Rahmen der ohnehin auf zulässige Weise erhältlichen Information, so scheint dies aus betriebswirtschaftlicher Sicht für das herrschende Unternehmen zwar nicht optimal zu sein[385], doch müssen solche betriebswirtschaftlichen Aspekte zugunsten des herrschenden Unternehmens hinter den betriebs-wirtschaftlichen Interessen des beherrschten Unternehmens,[386] verbunden mit volkswirtschaft-

---

[383] *Kropff* in MünchKomm. AktG, § 311 Rz. 299.

[384] Vgl. RegBegr. BT-Ds. 14/8769, S. 14.

[385] Zur betriebswirtschaftlichen Bedeutung des Informationsmanagements siehe *S. H. Schneider*, Informationsbeschaffungspflichten, S. 202 ff. Bereits oben bei Behandlung der Eingliederung, siehe S. 31 f., 43 f. wurde gezeigt, dass es der herrschenden Gesellschaft durch die Kenntnis von wesentlichen Informationen über die beherrschte Gesellschaft, die unter die Verschwiegenheitspflicht fallen, möglich ist, sich ökonomisch effizient zu verhalten. Auch kann sie durch die Gewinnung von Information Synergieeffekte zum Vorteil des gesamten Konzerns nutzen.

[386] Zu betriebswirtschaftlichen Interessen als Gegenstand der aktienrechtlichen Verschwiegenheitspflicht, siehe nur *Hopt* in GroßKomm. AktG, § 93 Rz. 190. Insbesondere bei umfangreicher Informationsweitergabe im faktischen Konzern sind Situationen denkbar, in denen die Obergesellschaft Weisungen vornimmt oder bewusst unterlässt, die zwar begünstigende Auswirkungen auf die Obergesellschaft haben, die die Tochtergesellschaft aber benachteiligen. – So äußerte beispielsweise *Peter Dreier*, Anwalt mehrerer Kleinanleger der T-Online AG, dass Anzeichen vorlägen, dass T-Online aus Rücksicht auf die Deutsche Telekom AG erst sehr spät mit der Internet-Telephonie angefangen habe (vgl. Spiegel Online vom 02. Mai 2006, www.spiegel.de/wirtschaft/0,1518,414045,00.html). Von einer entsprechenden Einwirkung der Deutschen Telekom AG als Obergesellschaft an die T-Online AG als Tochterge-

lichen Aspekten, nämlich dem Erhalt der Funktionsfähigkeit des Systems,[387] welcher einen Schutz von vertraulichen und geheimen Informationen einer Gesellschaft erfordert, zurücktreten.[388]

§ 90 Abs. 1 Satz 1 Nr. 1 AktG begründet folglich kein unbegrenztes Auskunftsrecht des Mutterunternehmens.

(3) Summa: Informationsanspruch im faktischen Konzern

Besteht eine besondere Rechtspflicht des herrschenden Unternehmens, die nur auf der Grundlage von Informationen erfüllt werden kann, so hat das herrschende Unternehmen in diesem Umfang auch einen Anspruch gegen die beherrschte Gesellschaft auf Informationserteilung.[389] Derartige besondere Rechtspflichten des Mutterunternehmens sind jedoch nur eingeschränkt anzuerkennen und auf solche Pflichten zu beschränken, die gesetzlich ausdrücklich normiert sind und den Erhalt von Informationen in einem bestimmten Umfang zwingend erforderlich machen. Keine hinreichend bindenden öffentlich-rechtlichen Pflichten stellen lediglich Empfehlungen, wie beispielsweise die Deutschen Rechnungslegungsstandards, oder aber „Soll-Bestimmungen", etwa im Rahmen des Konzernlageberichts, vgl. § 289 Abs. 2 HGB, dar.

Auf die Rechtspflichten des herrschenden Unternehmens ist, sofern diese nicht mit einem Informationsanspruch verbunden sind, das für den Konzernabschluss gefundene Ergebnis anzuwenden,[390] so dass sich ein Informationsanspruch aus entsprechender Anwendung von § 294 Abs. 3 HGB ergibt.

---

sellschaft sprach *Dreier* zwar nicht ausdrücklich. Hätte eine solche aber vorgelegen, würde dies den angesprochenen Fall konkret beschreiben. Deutlicher klang die mediale Berichterstattung, vgl. FAZ v. 3. Mai 2006 mit Hinweis auf ein Gutachten von *Theodor Baums*: „Gutachter: T-Online-Kurs wurde heruntergeredet"; FAZ v. 4. Mai 2006: „T-Online – Der ferngesteuerte Vorstand"; FAZ v. 5. Mai 2006: Ärger um T-Online – „Netter Vorstand von fiesen Einflüssen gesteuert".

[387] Bestünde das Risiko nachteiliger Verhaltensweisen des herrschenden Unternehmens, welche aufgrund umfangreicher Informationsweitergabe ermöglicht worden sind, so wäre eine Anpassung des Investitionsverhaltens potentieller (Minderheits-)aktionäre denkbar. Das Risiko als Minderheitsaktionär benachteiligt zu werden, könnte gegebenenfalls so hoch eingeschätzt werden, dass Investitionen unterlassen oder aber nur zu einem hohen Preis stattfinden würden. Mangelndes Investoreninteresse hätte wiederum nachteilige Auswirkungen auf den gesamten Konzern und die Funktionsfähigkeit des geschaffenen Konzernrechtssystems zur Folge, beispielsweise durch die Schaffung der Notwendigkeit zur Beschaffung teurerer Kredite.

[388] Zu § 90 Abs. 1 AktG ebenfalls bereits oben S. 21 f., 54.

[389] So auch *U.H. Schneider*, FS-Brandner, S. 565, 573 f.

[390] So auch *Kropff* in MünchKomm. AktG, § 311 Rz. 299.

4. 100%ige Tochtergesellschaft

In der Praxis finden sich oftmals beherrschte Gesellschaften, an denen eine Obergesellschaft zu 100 % beteiligt ist, zwischen denen aber kein Unternehmensvertrag besteht. Die Beherrschungssituation zwischen diesen Gesellschaften ist folglich rein faktischer Natur.[391] Beispielsweise Probleme im Zusammenhang mit der Existenz und dem daraus erforderlichen Schutzbedürfnis von Minderheitsgesellschaftern stellen sich hier nicht. Teilweise wird daher die Auffassung vertreten, dass keine schutzwürdigen Interessen durch einen Informationsfluss oder -austausch verletzt werden[392] und diese Gesellschaften uneingeschränkt in das Berichtssystem der herrschenden Gesellschaft einzufügen seien.[393]

Dieser Auffassung ist zu widersprechen. Vielmehr muss das oben für den faktischen Konzern erlangte Ergebnis auch für 100%ige Tochtergesellschaften Geltung haben. Der Grund für einen solchen Schluss liegt darin, dass der potentielle (Minderheits-)Aktionär einer zuvor im 100%igen Besitz stehenden Gesellschaft darauf vertrauen können muss, dass diese Gesellschaft, wie jede andere lediglich faktisch beherrschte Gesellschaft auch, autonom gehandelt und vertrauliche bzw. geheime Informationen entsprechend geschützt hat. Würde man eine Ausnahme für 100%ige Tochtergesellschaften machen, so bestünde die Gefahr, dass mangels Kenntnis über die bisherige Weitergabe von vertraulichen Informationen und der damit einhergehenden Steigerung der Ungewissheit der künftigen Position im Markt die Bereitschaft zur Investition sinken und damit die Eignung des Kapitalmarkts als Finanzbeschaffungsinstrument beeinträchtigt würde.[394] Dieses Szenario mag realitätsfremd wirken und theoretisch klingen, doch wird die Brisanz bei näherer Betrachtung offensichtlich.

Wirft man zum Beispiel einen Blick auf die Deutsche Telekom AG und die Vorgänge in Bezug auf die T-Online AG,[395] so stellt man fest, dass ein Gefah-

---

[391] Hierzu *Lutter*, Information und Vertraulichkeit, Rz. 165 ff.

[392] So *Potthoff/Trescher/Theisen*, Aufsichtsratsmitglied, Rz. 768.

[393] *Lutter*, Information und Vertraulichkeit, Rz. 165, 167.

[394] Hierzu bereits oben, S. 75 f.

[395] Hierzu bereits oben S. 73 und Fn. 285. Der Vorgang war Gegenstand ausführlicher Berichterstattung in der Tagespresse. Zu den bereits genannten Berichten (Fn. 386) siehe in chronologischer Reihenfolge auch http://www.spiegel.de/wirtschaft/0,1518,322402,00.html (Deutsche Telekom – Abschiedsangebot für T-Online); http://www.manager-magazin.de/geld/artikel/0,2828,338268,00.html (T-Online-Reintegration – Sieben Zehntausendstel); http://www.ftd.de/tm/it/1097302797472.html (Telekom nimmt T-Online von der Börse); http://www.manager-magazin.de/unternehmen/artikel/o,2828,353801,00.html (T-Online – Wie sich Aktionäre wehren können); http://www.spiegel.de/wirtschaft/0,1518,354027,00.html (T-Online-Hauptversammlung – Ricke lässt Kleinaktionär von der Polizei abführen); http://www.spiegel.de/wirtschaft/0,1518,41404,00.html (T-Online-Fusion – Anleger bereiten

renbewusstsein der Akteure am Kapitalmarkt im Zeitpunkt des Börsengangs nicht bzw. nur unwesentlich bestanden hat. Nun, da die Deutsche Telekom ihre ehemalige Tochtergesellschaft (nicht zum Vorteil derer, die im Zeitpunkt des Börsengangs Aktien der T-Online AG bezogen haben) wieder „zurückgekauft" hat, bemerken Kapitalanleger und Medien, dass ein rein faktisches Beherrschungsverhältnis, bei dem das herrschende Unternehmen in nicht unwesentlichem Umfang Informationen über das beherrschte Unternehmen erhalten haben muss und entsprechend nicht unwesentlich auf das beherrschte Unternehmen eingewirkt hat, mit gravierenden Problemen verbunden sein kann. Welche Bedeutung bereits vor dem Börsengang erhaltene Informationen eine Rolle spielen, kann nur vermutet werden. Es ist allerdings nicht unwahrscheinlich, dass – insbe-sondere bei Häufung solcher Beispiele in der Unternehmenswirklichkeit – das Bewusstsein der Risiken an Beteiligungen an solchen Unternehmen steigt und mithin die Investitionsbereitschaft der Anleger sinkt. Die Gefahr, dass eine solche Entwicklung zu einer Beeinträchtigung der Qualität des Kapitalmarkts als Kapitalbeschaffungsinstrument führt, bedarf zu Ihrer Eindämmung klarer und strenger Regelungen über den zulässigen Informationsfluss. Informationen dürfen daher nur bei Eingliederung und dem Vorliegen eines Beherrschungsvertrags uneingeschränkt weitergegeben werden. Möchte ein Unternehmen nicht den aufgrund einer Eingliederung oder Abschluss eines Beherrschungsvertrags möglicherweise eintretenden Rechtsfolgen der Regelungen der §§ 302 (Verlustausgleichspflicht) bzw. 322 (Haftung als eigene Verbindlichkeit) AktG ausgesetzt sein, so muss es hinnehmen, nur begrenzte Informationen erlangen zu dürfen; und dies unabhängig davon, ob momentan Minderheitsaktionäre existieren oder nicht. Behindert das Recht des faktischen Konzerns den Zugriff auf wesentliche Informationen zu sehr, so ist es unter Umständen erforderlich, dass ein Beherrschungsvertrag abgeschlossen wird.[396]

Eine derartige Gleichstellung von faktisch konzernierten Aktiengesellschaften mit Minderheitsaktionären und 100%igen faktischen Tochtergesellschaften in Bezug auf den Informationsfluss wird auch durch die Vorschriften zur Kapitalerhaltung gestützt. Dort wird ebenfalls nicht zwischen Beteiligungen unter 100% und 100%igen Beteiligungen unterschieden. Im Recht der Aktiengesellschaft gilt immer die strenge Kapitalbindung.[397] Bei der GmbH hingegen exis-

---

Schadenersatzklage gegen Telekom vor);
http://www.spiegel.de/wirtschaft/0,1518,419494,00.html (T-Online/Telekom – Aktionärsschützer wollen mehr Geld rausschlagen).
[396] *Singhoff*, ZGR 2001, 146, 158; *Krieger* in Lutter (Hrsg.), Holding-Handbuch, S. 240, § 6 Rz. 24.
[397] Vgl. §§ 57 ff. AktG, hierzu ausführlich *Karsten Schmidt*, Gesellschaftsrecht, § 29 II 2, S. 890 ff.

tiert eine solche strenge Kapitalbindung grundsätzlich nicht.[398] Existieren allerdings Minderheitsgesellschafter, so besteht auch bei der GmbH eine umfassende Vermögensbindung.[399] Im Recht der GmbH wird somit zwischen
100%igen Tochtergesellschaften und Tochtergesellschaften mit Minderheitsgesellschaftern unterschieden. Die Aktiengesellschaft hingegen, welche den
volkswirtschaftlichen Zweck der Kapitalsammelfunktion erfüllen und ein System schaffen soll, in dem das Kapital zum wirtschaftlichen Know-how geführt
werden soll,[400] muss zum Erhalt einer sicheren Struktur und zur Verlässlichkeit
auf das System einen immer gleich stark geprägten Schutz bieten.

Für beherrschte Gesellschaften, an denen eine Obergesellschaft zu 100 %
beteiligt ist, zwischen denen aber kein Unternehmensvertrag besteht, gilt folglich uneingeschränkt das für den faktischen Konzern entwickelte Ergebnis.

II. Berechtigung des beherrschten Unternehmens zur Informations-
erteilung

Nachdem herausgearbeitet wurde, wann das herrschende Unternehmen im
Konzern einen Anspruch auf Erhalt von Informationen hat, wird nun untersucht, wann das beherrschte Unternehmen ein Recht hat, vertrauliche bzw.
geheime Informationen i.S.v. § 93 Abs. 1 Satz 3 AktG an das herrschende
Unternehmen weiterzugeben.

Es wurde bereits gezeigt, dass das auf der Geheimhaltungspflicht nach § 93
Abs. 1 Satz 3 AktG beruhende Weitergabeverbot Grenzen haben kann. Dies
zeigte sich unter anderem am Beispiel ausgewählter Publizitätspflichten, wo
deutlich wurde, dass es vorrangige Auskunftspflichten geben kann, die den
Umfang der Schweigepflicht der beherrschten Gesellschaft begrenzen können.

Ebenfalls erscheint das Vorliegen von Situationen denkbar, in denen eine
Informationsweitergabe für das Unternehmen vorteilhaft wäre, § 93 Abs. 1
Satz 3 AktG mithin seinen Zweck des Schutzes und der Förderung des Unternehmensinteresses bei Einhaltung der Schweigepflicht nicht erfüllen würde
und gerade eine Weitergabe von Informationen mithin im Unternehmensinteresse liegen würde.

---

[398] Vgl. § 30 Abs. 1 GmbHG. Siehe auch *Karsten Schmidt*, Gesellschaftsrecht, § 37 III 1,
S. 1131 ff. der ebenfalls auf die Unterschiede zwischen GmbH und AG eingeht.
[399] Hierzu eingehend *Bitter*, ZHR 168 (2004), 302, 313 ff.
[400] Zur wirtschaftlichen Bedeutung der Aktiengesellschaft siehe *Hueck/Windbichler*, Gesellschaftsrecht, S. 244 ff.; *Karsten Schmidt*, Gesellschaftsrecht, § 26 III, S. 770 ff.

Welche Auswirkungen all das auf die Schweigepflicht und das Recht zur Informationsweitergabe in Konzernverhältnissen hat, wird im Folgenden Untersucht werden.

1. Eingliederung

Bei der Eingliederung hat die herrschende Gesellschaft aufgrund der Verweisung des § 323 Abs. 1 Satz 2 AktG auf § 309 Abs. 1 AktG einen umfassenden Anspruch gegen die beherrschte Gesellschaft auf Informationserteilung.[401] Wo ein Anspruch der herrschenden Gesellschaft gegen die beherrschte Gesellschaft auf Informationserteilung besteht, hat die beherrschte Gesellschaft nicht lediglich ein Recht zur Weitergabe, sondern sogar die Pflicht dazu.[402] Es wäre mit dem Rechtsstaatsprinzip unvereinbar, wenn die beherrschte Gesellschaft den Anspruch des herrschenden Unternehmens nicht erfüllen könnte, ohne zwangsläufig eine rechtswidrige Handlung vorzunehmen.[403]

Wird der Anspruch nicht vom herrschenden Unternehmen geltend gemacht, so muss auch dann ein Recht zur Informationserteilung bestehen. Eine autonom veranlasste Weitergabe durch das beherrschte Unternehmen als unzulässig zu werten, obwohl das beherrschte Unternehmen zugleich jederzeit die Möglichkeit hätte, seinen Anspruch auf umfassende Informationsweitergabe geltend zu machen, wäre nicht einzusehen. Sinn und Zweck der Verschwiegenheitpflicht nach § 93 Abs. 1 Satz 3 AktG, das Unternehmens-interesse der Gesellschaft zu wahren,[404] werden durch eine autonome Weitergabe durch das beherrschte Unternehmen nicht beeinträchtigt.

Die beherrschte Gesellschaft darf somit jederzeit jegliche Information an das herrschende Unternehmen weitergeben.

2. Vertragskonzern

Liegt ein Vertragskonzern vor, so ergibt sich ein umfassender Informationsanspruch des herrschenden Unternehmens aus § 309 AktG.[405] Auch hier gilt, dass die beherrschte Gesellschaft nicht lediglich ein Recht, sondern sogar eine Pflicht zur umfassenden Informationserteilung hat.[406]

Wie bei der Eingliederung gilt auch im Vertragskonzern, dass die beherrschte Gesellschaft jederzeit – und nicht nur bei der Befolgung eines geltend ge-

---

[401] Siehe hierzu oben S. 50.
[402] Vgl. *Hopt* in GroßKomm. AktG, § 93 Rz. 207.
[403] Zum Rechtsstaatsprinzip bereits oben S. 93.
[404] Statt aller *Hefermehl/Spindler* in MünchKomm. AktG, § 93 Rz. 43.
[405] Siehe hierzu oben S. 58.
[406] Siehe oben Fn 402.

machten konkreten Informationsanspruchs – Informationen an das herrschende Unternehmen weitergeben darf.

3. Faktischer Konzern

Im faktischen Konzern stellt sich die Situation anders dar als bei der Eingliederung und im Vertragskonzern. Das herrschende Unternehmen hat zwar ebenfalls einen Informationsanspruch gegen die beherrschte Gesellschaft, doch lediglich in dem Umfang, in dem es Informationen benötigt, um seiner gesetzlichen Publizitätspflicht nachkommen zu können.[407] In diesem Rahmen besteht ebenfalls nicht nur ein Recht des herrschenden Unternehmens zur Informationserteilung, sondern sogar die Pflicht.[408]

Weil der Informationsanspruch des herrschenden Unternehmens sowohl bezüglich des Inhalts als auch bezüglich der zeitlichen Geltendmachung auf die konkrete Publizitätspflicht und deren Vorliegen beschränkt ist, kann nicht von einem grundsätzlichen Recht zur Weitergabe wenigstens dieser vertraulichen oder geheimen Informationen außerhalb der Geltendmachung des Informationsanspruchs ausgegangen werden. Zur Abwägung der Zulässigkeit einer autonomen Weitergabe durch die beherrschte Gesellschaft muss auf allgemeine Maßstäbe zurückgegriffen und die Zulässigkeit der Weitergabe im Einzelfall daran gemessen werden.

a) Allgemeiner Maßstab zur Bewertung der Zulässigkeit der Weitergabe von Informationen

Die Weitergabe von Informationen stellt eine Betriebsführungsmaßnahme und damit eine unternehmerische Entscheidung dar.[409] Die Zulässigkeit der Weitergabe von Informationen orientiert sich mithin an der Zulässigkeit der unternehmerischen Entscheidung. Diese wiederum richtet sich nach dem in § 93 Abs. 1 AktG aufgestellten Sorgfaltsmaßstab. Die Zulässigkeit der Weitergabe von Information ist folglich immer dann zulässig, wenn das Vorstandsmitglied vernünftigerweise annehmen durfte, auf der Grundlage angemessener Information zum Wohle der Gesellschaft zu handeln, vgl. § 93 Abs. 1 Satz 2 AktG.

Die Weitergabe von Informationen kann somit immer nur dann als zulässig bewertet werden, wenn sie die Voraussetzungen dieses allgemeinen Maßstabs erfüllt.

---

[407] Siehe oben S. 104.
[408] Siehe Fn. 402.
[409] Siehe hierzu bereits oben S. 41 f.

b) Voraussetzungen der Zulässigkeit der Weitergabe vertraulicher oder geheimer Informationen i.S.v. § 93 Abs. 1 Satz 3 AktG

Handelt es sich bei Informationen um solche, die nach § 93 Abs. 1 Satz 3 AktG der Schweigepflicht unterliegen – und das ist im faktischen Konzern außerhalb der Geltendmachung eines Informationsanspruchs auch bei solchen Informationen der Fall, die die herrschende Gesellschaft benötigt, um ihre Publizitätspflichten erfüllen zu können –, so ist nicht allein der allgemeine Zulässigkeitsmaßstab Richtschnur zur Bewertung der Zulässigkeit. § 93 Abs. 1 Satz 3 AktG wird als besondere Ausprägung der Sorgfalts- und Treuepflichten des Vorstands gesehen, woraus sich ergibt, dass die Weitergabe derartiger Informationen üblicherweise als nicht mit der Sorgfaltspflicht vereinbar anzusehen ist. Jedoch stellt § 93 Abs. 1 Satz 3 AktG keine gesetzliche Vermutung für ein umfassendes absolutes Geheimhaltungsbedürfnis auf, so dass Ausnahmen von der Verschwiegenheitspflicht in besonderen Fällen dennoch zulässig sein können.[410] Derartige Ausnahmefälle können in drei Gruppen eingeteilt werden,[411] die im Folgenden dargestellt werden.

aa) Auskunftspflichten

Informationen dürfen bzw. müssen sogar weitergegeben werden, wenn ein Unternehmen einer gesetzlichen Auskunftspflicht unterliegt.[412] Solche Auskunftspflichten können beispielsweise im Zusammenhang mit der Erstellung des Jahresabschlusses auftreten und in der Verpflichtung des Unternehmens liegen, dem Abschlussprüfer alle Aufklärungen und Nachweise, die für eine sorgfältige Prüfung notwendig sind, vorzulegen, vgl. § 320 Abs. 2 HGB. Auskunftspflichten finden sich weiterhin oftmals im kollektiven Arbeitsrecht und betreffen Pflichten, dem Betriebsrat[413] oder dem Wirtschaftsausschuss[414] Auskünfte zu erteilen; dies können auch solche sein, die als vertraulich oder geheim einzustufen sind.[415]

Im Konzernverhältnissen wird der Ausnahmetatbestand der Auskunftspflichten ebenfalls relevant, nämlich dann, wenn das beherrschte Unternehmen nach § 294 Abs. 3 HGB bzw. § 294 Abs. 3 HGB analog zur Auskunft verpflichtet ist, um wiederum dem herrschenden Unternehmen zu ermöglichen, seinen Publizitätspflichten nachkommen zu können.[416]

---

[410] BGHZ 64, 325, 330 f.; *Hefermehl/Spindler* in MünchKomm. AktG, § 93 Rz. 63; *Löbbe*, Unternehmenskontrolle, S. 110; *v. Stebut*, Geheimnisschutz, S. 89 f.

[411] Eine solche Einteilung nimmt auch *Hopt* in GroßKomm. AktG, § 93 Rz. 206 ff. vor.

[412] *Hopt* in GroßKomm. AktG, § 93 Rz. 206.

[413] Vgl. §§ 90, 92, 99, 111 BetrVG.

[414] Vgl. § 108 Abs. 5 BetrVG.

[415] Hierzu auch *Mertens* in KölnKomm. AktG, § 93 Rz. 81.

[416] Siehe hierzu oben S. 80 ff. und *Hopt* in GroßKomm. AktG, § 93 Rz. 207.

bb) Informationsweitergaberecht wegen Unzumutbarkeit

Die Verschwiegenheitspflicht muss weiterhin dann nicht eingehalten werden, wenn die Einhaltung dem Vertraulichkeits- bzw. Geheimnisträger unzumutbar ist.[417] Dies ist insbesondere der Fall, wenn ein Organmitglied die Information zur Verteidigung eigener Interessen im Rahmen eines Rechtsstreits benötigt oder zur Anfechtung oder Geltendmachung der Nichtigkeit von Organbeschlüssen, die Gegenstand eines Rechtsstreits sind.[418]

In Konzernverhältnissen ist diese Fallgruppe der Ausnahmetatbestände nicht von spezifischer Relevanz.

cc) Informationsweitergaberecht aufgrund des Unternehmensinteresses

Die Verschwiegenheitspflicht besteht im Unternehmensinteresse.[419] Von ihr können daher insbesondere auch dann Ausnahmen gemacht werden, wenn eine Offenbarung im Interesse des Unternehmens liegt und das Interesse der Weitergabe das der Einhaltung der Verschwiegenheitspflicht nach § 93 Abs. 1 Satz 3 AktG überwiegt.[420]

Dies ist beispielsweise dann der Fall, wenn Arbeitnehmer zur Ausübung ihrer Tätigkeit für die Gesellschaft Kenntnis von Geschäfts- oder Betriebsgeheimnissen benötigen.[421] Die Arbeitnehmer wiederum unterliegen während und nach ihrer Tätigkeit für die Gesellschaft einer arbeits-vertraglichen Schweigepflicht[422] bzw. machen sich während des Arbeitsverhältnisses unter bestimmten Umständen zudem nach § 17 Abs. 1 UWG strafbar.

Ein überwiegendes Unternehmensinteresse kann ebenfalls dann vorliegen, wenn Personen zur Beratung des Gesellschaftsorgans oder zur Wahrnehmung von Rechten informiert werden müssen. Dies werden oftmals – aber nicht immer – Personen sein, die ihrerseits einem Berufsgeheimnis unterliegen

---

[417] *Hopt* in GroßKomm. AktG, § 93 Rz. 207; *Mertens* in KölnKomm. AktG, § 93 Rz. 82 f.

[418] *Hopt* in KölnKomm. AktG, § 93 Rz. 209; *Mertens* in KölnKomm. AktG, § 93 Rz. 83; *Meyer-Landrut*, AG 1964, 325, 326 f.

[419] Ausführlich zum Begriff des Unternehmensinteresses *Eggenberger*, Gesellschaftsrechtliche Voraussetzungen und Folgen einer due-diligence Prüfung, Frankfurt a.M. 2001, S. 104 f.

[420] *Banerjea*, ZIP 2003, 1730; *Fleischer*, ZIP 2002, 651 f.; *Grüner*, NZG 2000, 770, 777; *Hefermehl/Spindler* in MünchKomm. AktG, § 93 Rz. 62; *Hopt* in GroßKomm. AktG, § 93 Rz. 209 ff.; *Hüffer*, § 93 AktG, Rz. 7; *Kusche*, Durchführung einer Due Diligence, S. 165 f.; *Menke*, NZG 2004, 697 ff.; *Müller*, NJW 2000, 3452 f.; *Rittmeister*, NZG 2004, 1032, 1034; *Roschmann/Frey*, AG 1996, 447, 452; *U. H. Schneider*, FAZ v. 27. Januar 2006, S.11, „Insider darf Großaktionär einweihen"; *Wiesener* in Münchener Handbuch AG, § 25, Rz. 38.

[421] *Hefermehl/Spindler* in MünchKomm. AktG, § 93 Rz. 62; *Hopt* in GroßKomm. AktG, § 93 Rz. 210; *v. Stebut*, Geheimnisschutz, S. 91 f.

[422] *Gaul*, NZA 1988, 225 ff.; *Hefermehl/Spindler* in MünchKomm. AktG, § 93 Rz. 62; *Hopt* in KölnKomm. AktG, § 93 Rz. 210.

und über vertrauliche Angelegenheiten oder Geheimnisse der Gesellschaft Stillschweigen zu wahren haben, wie etwa Rechtsanwälte, Wirtschaftsprüfer, Steuerberater und Mitarbeiter von Kreditinstituten.[423]

Äußerst umstritten ist, ob ein überwiegendes Unternehmensinteresse im Rahmen der Informationsweitergabe zur Durchführung einer Due Diligence gegeben ist.[424] Dies wird nach der wohl herrschenden Auffassung bejaht,[425] nach einer überzeugenden Gegenansicht jedoch verneint und nur in besonderen Ausnahmefällen als zulässig angesehen.[426] Auf die Diskussion ist an dieser Stelle nicht weiter einzugehen und es sei auf die umfangreichen Stellungnahmen in der Literatur verwiesen.[427]

Auch in Konzernverhältnissen kann ein überwiegendes Unternehmensinteresse vereinzelt angenommen werden. So etwa bei Eingliederung und Vertragskonzern, wenn Informationen an das herrschende Unternehmen weitergegeben werden, auch ohne dass dieses seinen Informationsanspruch geltend macht. Neben der oben aufgeführten Wertung[428] liegt eine Weitergabe auch deshalb im Unternehmensinteresse, weil die beherrschte Gesellschaft bei Eingliederung und Vertragskonzern gemäß § 308 Abs. 2 AktG bzw. § 323 i.V.m. § 308 Abs. 2 AktG weisungsgebunden ist und eine Weitergabe von Informationen Informationsdefizite der herrschenden Gesellschaft und die damit einhergehenden Risiken für das beherrschte Unternehmen verringert, die im Zusammenhang mit Weisungen entstehen können, welche auf Grundlage nicht umfassender Informationen vorgenommen werden.

Es wurde bereits oben festgestellt, dass in faktischen Konzernverhältnissen ein solcher pauschaler Schluss nicht möglich ist und eine Weitergabe von Informationen nicht immer als im Unternehmensinteresse liegend eingestuft werden kann. Dennoch sind auch in faktischen Konzernverhältnissen Situatio-

---

[423] *Hefermehl/Spindler* in MünchKomm. AktG, § 93 Rz. 63; *Hopt* in GroßKomm. AktG, § 93 Rz. 211; *Mertens* in KölnKomm. AktG, § 93 Rz. 82.

[424] *Angersbach*, Due Diligence beim Unternehmenskauf, 2002; *Bihr*, BB 1998, 1198 ff.; *Eggenberger*, Gesellschaftsrechtliche Voraussetzungen und Folgen einer due-diligence Prüfung, Frankfurt a.M. 2001, S. 98 ff.; *Banerjea*, ZIP 2003, 1730 f.; *Fleischer*, ZIP 2002, 651; *Hefermehl/Spindler* in MünchKomm. AktG, § 93 Rz. 63; *Kort* in GroßKomm. AktG, § 76 Rz 124 ff.; *Kusche*, Die aktienrechtliche Zulässigkeit der Durchführung einer Due Diligence anlässlich eines Unternehmenskaufes, 2005; *Lutter*, ZIP 1997, 613 ff.; *Müller*, NJW 2000, 3452; *Zumbansen/Lachner*, BB 2006, 613 ff.

[425] *Angersbach*, Due Diligence beim Unternehmenskauf, S. 84; *Bihr*, BB 1998, 1198, 1199; *Eggenberger*, Gesellschaftsrechtliche Voraussetzungen, S. 100; *Fleischer*, ZIP 2002, 651 f.; *Hüffer*, § 93 AktG Rz. 8; *Kusche*, Due Diligence, S. 166 ff., 213; *Müller*, NJW 2000, 3452 f.

[426] *Lutter*, ZIP 1997, 613, 617; *Ziemons*, AG 1999, 492, 495; einschränkend *Hopt* in GroßKomm. AktG, § 93 Rz. 213; *Treeck* in FS-Fikentscher, 1998, S. 434 ff.; *Meincke*, WM 1998, 749, 750 f.

[427] Siehe oben Fn. 424.

[428] Siehe oben S. 108 f.

nen vorstellbar, in denen eine Weitergabe im Unternehmensinteresse liegt. Allerdings muss zur Bestimmung solcher Fälle in jedem Einzelfall eine Abwägung zwischen den Unternehmensinteressen und den Geheimhaltungsinteressen der Gesellschaft vorgenommen werden.[429]

Geht es um die Verschwiegenheitspflicht, ist richtigerweise ein strengerer Maßstab anzulegen als bei der Abwägung sonstiger Sorgfaltspflichten, da die Verschwiegenheitspflicht eine Vorrangstellung innehat.[430] Die Verschwiegenheitspflicht darf aus diesem Grund nur ganz gravierenden Interessen weichen.[431] Die Sonderstellung der Verschwiegenheitspflicht ergibt sich bereits aus einer einfachen Betrachtung des Gesetzes: Im Gegensatz zu allgemeinen Sorgfalts- und Treuepflichten findet sie in § 93 Abs. 1 Satz 3 AktG ausdrückliche Erwähnung im Gesetz. Zudem existiert nur für die Verletzung der Sorgfalts- und Treuepflicht der Geheimhaltung ein aktienrechtlicher Sonderstraftatbestand, vgl. § 404 AktG.[432] Dass aber auch das Gesetz grundsätzlich die Möglichkeit der Ausnahmen von der Verschwiegen-heitspflicht anerkennt, ergibt sich ebenfalls aus der Lektüre des Gesetzes, denn § 404 AktG sieht eine Strafe nur für den Fall vor, dass ein Geheimnis *unbefugt* offenbart wurde.

Dieser strengere Maßstab ist insbesondere dann anzuwenden, wenn es um die Abwägung von Geheimhaltungsinteresse und Gesellschaftsinteresse bei der Weitergabe von Informationen an Dritte, einfache Minderheitsaktionäre oder aber auch Großaktionäre geht.[433] Handelt es sich um eine Weitergabe vertraulicher oder geheimer Informationen im faktischen Konzern, so ist zudem das Konzerninteresse zu beachten, welches im Ergebnis wieder einen Ausgleich zur Vorrangstellung der Verschwiegenheitspflicht bietet. In diesem Verhältnis würde ein Zwang der Organe des abhängigen Unternehmens, der Obergesellschaft nahezu alle Informationen vorzuenthalten, die diese in irgendeiner Weise zum Nachteil ihrer Tochter verwerten könnte, eine empfindliche Beschränkung bedeuten, die oftmals nicht dem Wohle der Untergesellschaft dienen würde.[434] Im faktischen Konzern muss mithin also nicht gefordert werden, dass es sich, wie *Lutter* es für Konstellationen außerhalb von

---

[429] So die ganz h.M., siehe nur *Angersbach*, Due Diligence, S. 84; *Eggenberger*, Gesellschaftsrechtliche Voraussetzungen, S. 100; *Fleischer*, ZIP 2002, 651 f.; *Hüffer*, § 93 AktG Rz. 8; *Müller*, NJW 2000, 3452 f.

[430] In diesem Sinne *Lutter*, ZIP 1997, 613, 617. Dies anzweifelnd *Banerjea*, ZIP 2003, 1730, 1731.

[431] *Lutter*, ZIP 1997, 613, 617.

[432] Mit diesen Argumenten seien *Banerjeas* dogmatische Bedenken an der Auffassung *Lutters* ausgeräumt, vgl. ZIP 2003, 1730.

[433] Anderer Auffassung ist allerdings die wohl h.M. vgl. *Banerjea*, ZIP 2003, 1730 f.; *Uwe H. Schneider*, FAZ v. 27. Januar 2006, S.11, „Insider darf Großaktionär einweihen". *Stoffels*, ZHR 165 (2001), 362, 373 ff.; *Körber*, NZG 2002, 263, 269; *Wiesner* in Münchener Handbuch AG, § 19 Rz. 22.

[434] *Löbbe*, Unternehmenskontrolle, S. 112 f.

Konzernverhältnissen formuliert, um ein ungewöhnliches und überragendes, anders nicht erreichbares, eigenes unternehmerisches Interesse der Gesellschaft handelt, gewissermaßen um eine einmalige und unwiederbringliche unternehmerische Chance.[435] In faktischen Konzern-verhältnissen reicht bereits ein einfaches Überwiegen von Unternehmens- bzw. Konzerninteresse aus, um eine Durchbrechung der Verschwiegen-heitspflicht als zulässig ansehen zu können.[436] Dies kann bereits dann gegeben sein, wenn Informationen vom beherrschten an das herrschende Unternehmen weitergegeben werden, um deshalb mit Sicherheit eintretende wirtschaftliche Vorteile zu erlangen. Hierbei ist beispielsweise an eine Weitergabe ausgewählter Informationen zur Schaffung von Synergien zu denken oder an eine Erteilung von Auskünften über bestimmte Finanzdaten oder Geschäftsideen, etwa um auf günstiges Kapital aus einem konzern-internen Cash-Pool zurückgreifen zu können.[437]

dd) Zwischenergebnis

Informationen, die im Sinne von § 93 Abs. 1 Satz 3 AktG als vertraulich oder geheim einzuordnen sind, dürfen in faktischen Konzernverhältnissen immer dann vom beherrschten an das herrschende Unternehmen weitergegeben werden, wenn entweder eine Auskunftspflicht besteht oder aber die Weitergabe der Information im überwiegenden Unternehmensinteresse des beherrschten Unternehmens erfolgt.

c) Weitergabe vertraulicher und geheimer Informationen unter Berücksichtigung von §§ 311 ff. AktG

Kommt die Abwägung von Unternehmensinteresse und Geheimhaltungsinteresse nicht zu einem Überwiegen des Unternehmensinteresses, so liegt in der Weitergabe von geheimen oder vertraulichen und mithin nach § 93 Abs. 1 Satz 3 AktG geschützten Informationen vom beherrschten an das herrschende Unternehmen im faktischen Konzern ein Sorgfaltsverstoß. Fraglich ist jedoch, ob die Weitergabe dennoch stattfinden darf und als zulässig angesehen werden kann, wenn sie aufgrund einer Veranlassung durch das herrschende Unternehmen erfolgt ist und die Voraussetzungen des § 311 AktG erfüllt sind.

---

[435] *Lutter*, ZIP 1997, 613, 617; *Ziemons*, AG 1999, 492, 494 f.
[436] Ein ähnliches Beispiel findet sich bei *Lutter*, ZIP 1997, 613, 617, Fn. 37.
[437] In diesen Fällen muss allerdings die Vorteilhaftigkeit eines solchen Systems für die beherrschte Gesellschaft sichergestellt sein. Ein kurzer Überblick zu Problemen und Risiken findet sich bei *Emmerich/Habersack*, Konzernrecht, § 25 II 2, insb. S. 380; *Koppensteiner* in KölnKomm. AktG, § 311 Rz. 80 ff. jeweils mwN.

aa) Veranlassung

Die Anwendbarkeit von § 311 AktG setzt zunächst eine Veranlassung der beherrschten Gesellschaft[438] durch das herrschende Unternehmen[439] voraus.[440] Der Begriff der Veranlassung ist grundsätzlich weit zu verstehen.[441] Als Veranlassung ist daher jedes Handeln von Seiten des herrschenden Unternehmens anzusehen, welches von der abhängigen Gesellschaft als Ausdruck des Wunsches zu verstehen ist, bei ihr eine entsprechende Reaktion auszulösen.[442]

bb) Vornahme einer nachteiligen Maßnahme, verbunden mit einem Sorgfaltsverstoß

Die Anwendbarkeit von § 311 AktG setzt weiterhin voraus, dass die beherrschte Gesellschaft aufgrund der Veranlassung ein für sie nachteiliges Rechtsgeschäft vornimmt oder Maßnahmen zu ihrem Nachteil trifft oder unterlässt, vgl. § 311 Abs. 1 AktG. Der Begriff der Maßnahme ist als Oberbegriff zu verstehen und umfasst auch Rechtsgeschäfte.[443] Unter einer Maßnahme versteht man deshalb jeden Akt der Geschäftsführung, der sich jetzt oder künftig auf die Vermögens- oder Ertragslage der Gesellschaft auswirken kann.[444] Die Maßnahme müsste also zu einem Nachteil führen. Ob neben dem Merkmal des Nachteils zudem ein Sorgfaltsverstoß vorauszusetzen ist,[445] kann dahingestellt bleiben, weil bei Weitergabe von nach § 93 Abs. 1 Satz 3 AktG geschützten

---

[438] Der Adressatenkreis ist mangels gesetzlicher Eingrenzung tendenziell weit zu verstehen, vgl. *Hüffer*, § 311 AktG Rz. 19; *Koppensteiner* in KölnKomm. AktG, § 311 Rz. 21; *Kropff* in MünchKomm. AktG, § 311 Rz. 77.

[439] Auf Seiten des herrschenden Unternehmens muss kein gesetzlicher Vertreter, Prokurist oder Handlungsbevollmächtigter tätig werden. Ein Handeln anderer Angestellter oder sogar Dritter reicht bereits aus, wenn dieses Handeln dem herrschenden Unternehmen zugerechnet werden kann. Vgl. *Hüffer*, § 311 AktG Rz. 17; *Koppensteiner* in KölnKomm. AktG, § 311 Rz. 17; *Kropff* in MünchKomm. AktG, § 311 Rz. 76; *Würdinger* in GroßKomm. AktG, § 311 Anm. 4.

[440] Zum Begriff der Veranlassung bereits oben S. 76 ff.

[441] *Hüffer*, § 311 AktG Rz. 16; *Kropff* in MünchKomm. AktG, § 311 Rz. 73.

[442] *Koppensteiner* in KölnKomm. AktG, § 311 Rz. 2 f.; *Kropff* in MünchKomm. AktG, § 311 Rz. 73; *Würdinger* in GroßKomm. AktG, § 311 Anm. 4.

[443] *Kropff* in MünchKomm. AktG, § 311 Rz. 136; Rechtsgeschäfte ausnehmend allerdings *Koppensteiner* in KölnKomm. AktG, § 311 Rz. 72.

[444] *Habersack* in Emmerich/Habersack, Aktien- und GmbH-Konzernrecht, § 311 Rz. 39 f.; *Koppensteiner* in KölnKomm. AktG, § 311 Rz. 50; *Kropff* in MünchKomm. AktG, § 311 Rz. 136.

[445] Dafür die heute ganz h.M. BGHZ 141, 79, 88 f.; OLG Stuttgart, DB 2000, 709, 711; *Hüffer*, § 311 AktG, Rz. 27; *Koppensteiner* in KölnKomm. AktG, § 311 Rz. 36; *ders.*, ZGR 1973, 1, 10; *Krieger* in Münchener Handbuch AG, § 69 Rz. 68; *Kropff* in MünchKomm. AktG, § 311 Rz. 140; *Lutter*, FS-Peltzer, 241, 246. Dagegen *Godin/Wilhelmi*, § 311 AktG Anm. 3; *Kellmann*, BB 1969, 1509, 1512 ff., 1515; *Müller*, ZGR 1977, 1, 14.

Informationen, ohne dass diese Weitergabe im überwiegenden Unternehmensinteresse geschieht oder aber eine Publizitätspflicht vorliegt, jedenfalls ein solcher gegeben ist.

Ein Nachteil liegt immer dann vor, wenn der Wert des Gesellschaftsvermögens, wie er sich bei Einbeziehung aller Chancen und Risiken in die Bewertung ergibt, durch die vorgenommene Maßnahme vermindert ist.[446] Im Regelfall wird ein Sorgfaltsverstoß die Vermögens- oder Ertragslage der Gesellschaft beeinträchtigen oder jedenfalls gefährden und mithin den Wert des Gesellschaftsvermögens mindern.[447] Hieran bestehen bei der Weitergabe vertraulicher bzw. geheimer Informationen keine Zweifel, da sich der Nutzen solcher Informationen und insbesondere die Vorteile, welche mit der privilegierten Kenntnis zusammenhängen, mit der Offenbarung für denjenigen, der die Information offenbart, verringern.[110] Die sorgfaltswidrige Weitergabe vertraulicher bzw. geheimer Informationen ist folglich jedenfalls geeignet, Auswirkungen auf die Vermögens- und Ertragslage der Gesellschaft zu haben. Sie ist somit eine nachteilige Maßnahme im Sinne von § 311 AktG.[449]

Generell ist jedoch fraglich, ob ein Sorgfaltsverstoß aufgrund einer Verletzung der Verschwiegenheitspflicht über die Regelungen der §§ 311 ff. AktG abgewickelt und unter diesen Voraussetzungen als zulässig angesehen werden kann. Wie bereits oben dargestellt, nimmt die Verschwiegenheitspflicht eine Sonderstellung ein und ist als vorrangige Sorgfaltspflicht einzuordnen.[450] Dennoch erkennt § 311 AktG an, dass aufgrund der faktischen Konzernierung oftmals Situationen vorliegen, in denen das beherrschte Unternehmen zu nachteiligen Maßnahmen veranlasst werden soll. Zwar besteht keine Befolgungspflicht des beherrschten Unternehmens, doch wird durch die Schaffung von § 311 AktG deutlich, dass der Gesetzgeber die schwierige Lage des Vorstands der beherrschten Gesellschaft gesehen hat und ihm deshalb die Möglichkeit geben wollte, auch sorgfaltswidrige Maßnahmen vorzunehmen. Um keine unbegrenzt nachteilige und sorgfaltswidrige Einflussnahmemöglichkeit zu gestatten, ist die Zulässigkeit solcher Einflussnahmen und mithin die Zulässigkeit der Befolgung von Veranlassungen aber nur dann gegeben, wenn alle Voraussetzungen der Norm erfüllt werden. Unabdingbar ist es somit auch, dass der durch die sorgfaltswidrige Maßnahme entstandene Nachteil aus-

---

[446] *Kropff* in MünchKomm. AktG, § 311 Rz. 138.

[447] BGHZ 141, 79, 84; *Habersack* in Emmerich/Habersack, Aktien- und GmbH-Konzernrecht, § 311 Rz. 39 f.; *Koppensteiner* in KölnKomm. AktG, § 311 Rz. 50; *Kropff* in MünchKomm. AktG, § 311 Rz. 138; *Lutter*, FS-Peltzer, S. 241, 244.

[448] Auch hier sei *Lutter*, Information und Vertraulichkeit, 2. Auflage, S. VII zitiert: „Wissen ist Macht. Macht aber, die geteilt wird, ist nicht mehr die gleiche Macht. Und daher mindert Information, die weitergegeben wird, die Position des Informanten.".

[449] *Potthoff/Trescher/Theisen*, Aufsichtsratsmitglied, Rz. 768.

[450] Siehe oben S. 4.

gleichsfähig ist und das herrschende Unternehmen zum Ausgleich bereit ist. Die generell bestehende Möglichkeit einer Verdrängung der Verschwiegenheitspflicht nach § 93 Abs. 1 Satz 3 AktG durch §§ 311 ff. AktG ist nach ganz herrschender Meinung gegeben.[451] Die Existenz der Sonderstrafvorschrift des § 404 AktG steht diesem Ergebnis nicht entgegen, da ihr Tatbestand ausschließlich bei unbefugter Informationsweitergabe erfüllt ist.

cc) Quantifizierbarer und ausgleichsfähiger Nachteil

Die Vornahme einer nachteiligen Maßnahme darf nach § 311 AktG nur dann stattfinden, wenn der Nachteil ausgleichsfähig ist, die herrschende Gesellschaft bereit ist, den Nachteil tatsächlich auszugleichen und der Nachteil vom herrschenden Unternehmen bis zum Ende des laufenden Geschäftsjahres voll ausgeglichen wird.[452] Damit eine Weitergabe von Geheimnissen oder Informationen mit vertraulichem Charakter, welche aufgrund einer Veranlassung des herrschenden Unternehmens stattgefunden hat und nicht im Unternehmensinteresse liegt, erfolgen darf, muss also das herrschende Unternehmen den hierdurch entstehenden Nachteil ausgleichen, damit zumindest die Vermögensinteressen der abhängigen Gesellschaft gewahrt bleiben.[453]

(1) Quantifizierbarkeit

Die Ausgleichsfähigkeit eines Nachteils setzt voraus, dass der Nachteil quantifizierbar ist, weil man nur dann weiß, ob der Nachteil auch vollständig ausgeglichen werden kann.[454] Bei der Bemessung ist grundsätzlich auf den Zeitpunkt der Vornahme der Maßnahme abzustellen.[455]

---

[451] Siehe *Elsner*, Kontrolle der Tochtergesellschaften, S. 91 ff., 108 ff., 135 der die Ansicht vertritt, dass sich aus §§ 311 ff. AktG ergebende Tochterkontrollbedürfnis wirke normativ und sei so stark, dass es § 93 Abs. 1 Satz 3 AktG verdränge. *Lutter*, Information und Vertraulichkeit, Rz. 480 sagt ausdrücklich, dass auch der Geheimnis- und Vertraulichkeitsbruch des Vorstands der abhängigen Gesellschaft gegenüber dem herrschenden Unternehmen unter den Voraussetzungen und mit der Rechtsfolge aus §§ 311 ff. AktG erlaubt ist. *Potthoff/Trescher/Theisen*, Aufsichtsratsmitglied, Rz. 768.
[452] Hierzu *Krieger*, in Lutter (Hrsg.) Holding-Handbuch, § 6 Rz. 23 f., insb. S. 240, Fn 4 mwN.
[453] Vgl. *Habersack* in Emmerich/Habersack, Aktien- und GmbH-Konzernrecht, § 311 Rz. 4. *Kropff* in MünchKomm. AktG, § 311 AktG, Rz. 304; *Lutter*, ZIP 1997, 613, 617; *Singhoff*, ZGR 2001, 146, 159 ff.; *Götz* ZGR 1998, 524, 536; *Löbbe*, Unternehmenskontrolle im Konzern, 2003, S. 112 ff.
[454] *Lutter*, FS-Peltzer, S. 241, 244.
[455] *Habersack* in Emmerich/Habersack, Aktien- und GmbH-Konzernrecht, § 311 Rz. 44; *Hüffer*, § 311 AktG Rz. 28; *Koppensteiner* in KölnKomm. AktG, § 311 Rz. 52; *Krieger*, Münchener Handbuch AG, § 69 Rz. 69; *Kropff* in MünchKomm. AktG, § 311 Rz. 141 f.

Die Quantifizierbarkeit eines Nachteils ist oftmals mit Problemen verbunden, da sie einen Vergleich zweier hypothetischer Zustände voraussetzt.[456] Die Quantifizierbarkeit eines Nachteils bei Informationsweitergaben ist jedoch besonders problematisch.[457] Anders als beispielsweise bei einer Maßnahme, die etwa Vergünstigungen an den beherrschten Aktionär bei Preisen und Krediten oder ähnlich konkret fassbare Folgen zum Inhalt hat, kann der Wert und mithin der mit der Weitergabe einer Information verbundene Nachteil nur schwer beziffert werden.[458] Mit Informationen, insbesondere mit der alleinigen Kenntnis dieser Informationen bzw. dem Ausschluss anderer von diesen Informationen, sind regelmäßig Erwartungen verbunden, einen oftmals noch unbestimmten Nutzen zu ziehen. Zwar erschiene es auf den ersten Blick möglich, aufgrund von Szenarien eine Wertentwicklung der Information zu bestimmen, welchem Szenario aber im Ergebnis gefolgt werden würde, wäre von weiteren Szenarien abhängig und würde zu einem nur ungenauen, wenn nicht sogar willkürlichen Ergebnis führen.[459] Insbesondere ist zu berücksichtigen, dass betriebswirtschaftliche Szenarien häufig auf der historischen Entwicklung eines Sachverhalts gebildet werden.[460] Geht es aber um geheime oder vertrauliche Informationen, beispielsweise um eine neue Geschäftsidee oder

---

[456] *Koppensteiner* in KölnKomm. AktG, § 311 Rz. 76.

[457] *Lutter*, ZIP 1997, 618 beschreibt dies treffend mit der Umschreibung „Gestrüpp der Quantifizierbarkeit von Nachteilen".

[458] Ausnahmsweise ist der Wert einer Information und auch der mit ihrer Weitergabe verbundene Nachteil dann relativ unkompliziert bezifferbar, wenn die Information selbst einen Marktwert hat, etwa wenn sie selbst Handelsgegenstand ist.

[459] Zu den Problemen im Zusammenhang mit der Entwicklung von Szenarien *Jung*, Allgemeine Betriebswirtschaftslehre, S. 168 ff., 180 ff.; *Wöhe*, Einführung in die allgemeine Betriebswirtschaftslehre, S. 96 ff., 112 ff. Die Auswahl des geeigneten Verfahrens zur Entwicklung eines Szenarios hängt von vielen unterschiedlichen Parametern ab. Die Weitergabe von Informationen wird in der Regel nicht lediglich ein eindeutig bestimmbares Ergebnis bzw. eine eindeutig bestimmbare wirtschaftliche Konsequenz haben. Kann die Weitergabe zu mehreren Ergebnissen führen und ist es möglich, zu bestimmen, mit welcher Wahrscheinlichkeit sie eintreten werden, so liegt eine Entscheidung unter Risiko vor. Ein genaues Ergebnis und mithin einen genau bezifferbaren Nachteil erhält man in dieser Situation nicht, sondern lediglich ein Ergebnis, welches den größten mathematischen Erwartungswert aufweist und dessen Eintritt somit am wahrscheinlichsten ist. – Kann dem Eintreten einer Situation nichtmals eine Eintreffwahrscheinlichkeit zugeordnet werden, so handelt es sich um eine Entscheidung bei Unsicherheit. Mit welchem Ergebnis und mithin mit welchem Nachteil zu rechnen ist, kann mit verschiedenen Formeln ermittelt werden, welche allerdings wiederum von ungenauen Parametern abhängen, beispielsweise davon ob man pessimistisch oder optimistisch kalkuliert. – Je nach Auswahl des Verfahrens erhält man jedenfalls stark von einander abweichende Ergebnisse. Die auf Wahrscheinlichkeiten beruhende Auswahl eines Verfahrens und das ebenfalls auf unbestimmten Faktoren beruhende Ergebnis dieser Verfahren mag zur betriebswirtschaftlichen Unternehmens-planung nützlich und hinreichend sein, zur Bemessung eines Nachteils i.S.v. § 311 AktG kann eine solche Methode jedoch nicht als zufrieden stellend angesehen werden.

[460] Siehe nur *Wöhe*, Einführung in die allgemeine Betriebswirtschaftslehre, S. 106, 108.

Forschungsergebnisse, so kann nicht sicher prognostiziert werden, welcher Ertrag mit dieser Information in der Zukunft verbunden gewesen wäre. Ein solches Vorgehen wäre aus allen diesen Gründen so ungenau, dass es für die Quantifizierbarkeit, wie sie für einen Ausgleich nach § 311 AktG erforderlich ist, nicht hinreichend ist.[461]

Dieses Ergebnis kann auch nicht durch die in der Literatur entwickelte Lösung umgangen werden, wonach bei einem nicht im Zeitpunkt der Vornahme der Maßnahme quantifizierbaren Nachteil eine Verpflichtung des herrschenden Unternehmens zum späteren Nachteilsausgleich bestehen soll.[462] Auch dieser Weg würde eine Quantifizierbarkeit des Nachteils, wenn auch zu einem späteren Zeitpunkt, voraussetzen.[463] Dem Wesen der Information ist jedoch dauerhaft eine Vielgestaltigkeit und zugleich Unbestimmtheit des Werts immanent.[464] Es kann nicht nachvollzogen werden, welche Nutzung der Information bzw. Verhinderung der Nutzung von Information stattgefunden hätte, wenn eine Weitergabe nicht erfolgt wäre und die Information ausschließlich beim ursprünglichen Informationsträger belassen worden wäre.

Ein mit der sorgfaltswidrigen Weitergabe von Informationen verbundener Nachteil ist nicht im Zeitpunkt der Vornahme der Maßnahme und auch nicht später hinreichend bestimmbar und folglich nicht ausgleichsfähig. Eine dennoch vorgenommene Maßnahme ist rechtswidrig.

(2) Ausgleich eines nicht quantifizierbaren Nachteils durch einen nicht quantifizierbaren Vorteil
Teilweise wird jedoch die Auffassung vertreten, die Vornahme einer veranlassten Maßnahme sei auch bei fehlender Quantifizierbarkeit zulässig, wenn der nicht quantifizierbare Nachteil mit einem nicht quantifizierbaren Vorteil auszugleichen werde.[465]

Dieser Ansatz verwundert auf den ersten Blick und enthält auf den zweiten Blick einen Konstruktionsfehler.[466] Betrachtet man nämlich die von *Krieger*[467]

---

[461] So auch *Lutter*, FS-Peltzer, S. 241, 252 in Bezug auf die Ertragsentwicklung von Beteiligungen.

[462] So vertreten von *Hommelhoff*, Konzernleitungspflicht, 126 ff.; *Koppensteiner* in Köln-Komm. AktG, § 311 Rz. 54; *Krieger* in Münchener Handbuch AG, § 69 Rz. 76, jeweils mwN.

[463] So auch *Krieger* in Münchener Handbuch AG, § 69 Rz. 76.

[464] Auch *Krieger* in Münchener Handbuch AG, § 69 Rz. 76 bezieht diesen Lösungsweg nur auf Fallgruppen, in denen eine spätere Quantifizierbarkeit möglich erscheint, bspw. langfristige Verträge, Bürgschaften etc.

[465] *Habersack* in Emmerich/Habersack, Aktien- und GmbH-Konzernrecht, § 311 Rz. 42; *Krieger* in Münchener Handbuch AG, § 69 Rz. 76.

[466] In diesem Sinne auch *Habersack* in Emmerich/Habersack, Aktien- und GmbH-Konzernrecht, § 311 Rz. 64, der allerdings zu dem Schluss kommt, dass es „bei Licht be-

beispielhaft aufgeführten Anwendungsfälle, so stellt man fest, dass auch dort ein Quantitätsvergleich vorgenommen wird, welcher jedoch – was allerdings nicht beachtet wird – wiederum die Quantifizierbarkeit von Vor- und Nachteil voraussetzen würde.[468] So wird das Beispiel der „Ablehnung eines Auftrags zugunsten der Übernahme eines anderen, *nicht weniger ertragversprechenden* Geschäfts" oder der „Eingehung eines Verlustrisikos gegen Gewährung einer *entsprechenden* Gewinnchance" genannt. Die Berechnung von Gewinnchancen etc. kann allerdings wieder nur auf der Grundlage von Szenarien geschehen und dies kann, wie bereits oben gezeigt wurde, für einen Nachteilsausgleich nicht hinreichend sein. Bereits definitionsgemäß kann ein solcher Ausgleich mithin nicht stattfinden.[469]

Die Konstruktion des Ausgleichs eines nicht quantifizierbaren Nachteils durch einen ebenfalls nicht quantifizierbaren Vorteils kann nicht zufrieden stellen.[470] Dieser Lösungsweg ist daher abzulehnen.

(3) Zwischenergebnis
Wird eine vertrauliche oder geheime Information im faktischen Konzern vom beherrschten Unternehmen an das herrschende Unternehmen weitergegeben, so ist der damit verbundene Nachteil nicht quantifizierbar. Mithin gilt auch hier der Grundsatz, dass der Vorstand ein solches für seine Gesellschaft nachteiliges Geschäft von vornherein ablehnen muss, wenn ihm nach pflichtmäßiger Prüfung ein Ausgleich des Nachteils zweifelhaft erscheint.[471] Eine dennoch vorgenommene Maßnahme ist von vornherein rechtswidrig.[472]

d) Summa
Zur Beantwortung der Frage, ob die Weitergabe von vertraulichen oder geheimen Informationen i.S.v. § 93 Abs. 1 Satz 3 AktG zulässig ist, müssen sowohl § 93 Abs. 1 Satz 3 AktG als auch § 311 AktG herangezogen werden.

---

trachtet" in den genannten Fällen bereits an einem Nachteil fehle. Siehe auch *Koppensteiner* in KölnKomm. AktG, § 311 Rz. 110.

[467] *Krieger*, Münchener Handbuch AG, § 69 Rz. 76.

[468] So auch *Koppensteiner* in KölnKomm. AktG, § 311 Rz. 89.

[469] So auch *Hüffer*, § 311 AktG Rz. 42; *Lutter*, FS-Peltzer, S. 241, 254 f.

[470] *Müller*, ZGR 1977, 1, 15 lehnt ein solches Modell ebenfalls pauschal ab.

[471] So die h.M., vgl. *Hoffmann-Becking*, ZHR 150 (1986), 570, 579; *Koppensteiner* in KölnKomm. AktG, § 311 Rz. 141; *Kropff* in MünchKomm. AktG, § 311 Rz. 334; *Lutter*, FS-Peltzer, S. 241, 251; *ders.*, FS-Steindorff, S. 125, 148; *Geßler*, FS-Westermann, S. 145, 156.

[472] *Lutter*, FS-Peltzer, S. 241, 251. Zu den Rechtsfolgen siehe *Koppensteiner* in KölnKomm. AktG, § 311 Rz. 99 ff.

Besteht eine Publizitätspflicht oder liegt die Weitergabe im Unternehmensinteresse und tritt das Interesse an der Einhaltung der Verschwiegenheitspflicht hinter diesem Interesse zurück, so ist eine Offenbarung vertraulicher und geheimer Informationen schon nach § 93 Abs. 1 AktG bzw. § 93 Abs.
1 Satz 3 AktG zulässig.

Sofern die Weitergabe von Informationen nicht im Unternehmensinteresse
liegt, ist jedenfalls von der Nachteiligkeit einer Weitergabe auszugehen und
die Zulässigkeit der Weitergabe davon abhängig zu machen, ob der Nachteil
ausgleichsfähig ist und die herrschende Gesellschaft auch ausgleichswillig ist.
Der Nachteil einer Weitergabe vertraulicher oder geheimer Informationen ist
allerdings in aller Regel nicht quantifizierbar, so dass eine Weitergabe solcher
Informationen praktisch nicht nach den Vorschriften der §§ 311 ff. AktG vorgenommen werden darf und mithin rechtswidrig ist.

E. Ergebnis – Erster Abschnitt
Die Verschwiegenheitspflicht von § 93 Abs. 1 Satz 3 AktG ist in Konzernverhältnissen von großer Relevanz. Sie spielt sowohl bei der Behandlung möglicher Informationsansprüche herrschender Gesellschaften im Konzern als auch
bei der Befassung mit dem Recht zur Informationsweitergabe durch beherrschte Konzerngesellschaften eine bedeutende Rolle.

Im Rahmen eines Informationsanspruchs von herrschender gegen beherrschte Gesellschaft wird die Verschwiegenheitspflicht bei Eingliederung und Vertragskonzern überwunden. Aufgrund der umfassenden Pflichtenstellung der
Konzernobergesellschaften nach § 309 AktG bzw. §§ 323 i.V.m. 309 AktG
muss das herrschende Unternehmen auch einen Anspruch auf umfassende
Informationserteilung haben. Im faktischen Konzern hingegen besteht eine
solche intensive Pflichtenstellung der herrschenden Gesellschaft nicht. Hier
existieren allerdings Publizitätspflichten der Obergesellschaft, welche ebenfalls
Informationen über auch faktisch abhängige Gesellschaften umfassen müssen. In diesen Fällen muss die Verschwiegenheitspflicht durchbrochen werden
können, um der herrschenden Gesellschaft eine Erfüllung ihrer gesetzlichen
Pflichten zu ermöglichen.

Geht es um die Frage, ob eine beherrschte Gesellschaft vertrauliche und geheime Informationen an die herrschende Gesellschaft weitergeben darf, ob ihr
also ein Informationsweitergaberecht zukommt, so kann dies im Fall von Eingliederung und Vertragskonzern pauschal bejaht werden. Die herrschende
Gesellschaft hat bei diesen Konzernierungsformen ein umfassendes Informationsrecht, welchem die abhängige Gesellschaft auch nachkommen können
muss. Dieses Recht existiert auch außerhalb der konkreten Geltendmachung
eines Informationsanspruchs durch die herrschende Gesellschaft. Im fakti-

schen Konzern hingegen stellt sich die Lage komplizierter dar. Dort hat die beherrschte Gesellschaft jedenfalls das Recht, Informationen dann weiterzugeben, wenn das herrschende Unternehmen einen Informationsanspruch geltend macht. In allen anderen Fällen ist danach zu unterscheiden, ob eine Weitergabe im überwiegenden Unternehmensinteresse liegt; dann geht die allgemeine Sorgfaltspflicht der Verschwiegenheitspflicht vor. Ansonsten kann die Weitergabe nur dann zulässig sein, wenn sie vom herrschenden Unternehmen veranlasst wurde und die damit verbundenen Nachteile ausgleichsfähig und das herrschende Unternehmen zum Ausgleich bereit ist. Die Ausgleichsfähigkeit wird im Regelfall mangels Quantifizierbarkeit des Nachteils jedoch nicht gegeben sein.

Zweiter Abschnitt:
Grenzen durch das Nachauskunftsrecht des § 131 Abs. 4 AktG
Rechtliche Schleuse für einen ungehinderten Informationsfluss könnte weiterhin das durch § 131 Abs. 4 AktG gewährte erweiterte Auskunftsrecht des Aktionärs sein.

A. Inhalt der Regelung des § 131 Abs. 4 AktG

Nach § 131 Abs. 4 AktG ist jedem Aktionär auf Verlangen in der Hauptversammlung eine solche Auskunft zu geben, die einem anderen Aktionär wegen seiner Eigenschaft als Aktionär außerhalb der Hauptversammlung gegeben worden ist. Anders als das Auskunftsrecht nach § 131 Abs. 1 AktG ist das Auskunftsrecht nach § 131 Abs. 4 AktG nicht auf Inhalte, die zur sachgemäßen Beurteilung des Gegenstands der Tages-ordnung erforderlich sind, beschränkt. Eine Erweiterung dieses Auskunfts-rechts im Vergleich zu § 131 Abs. 1 AktG liegt darüber hinaus darin, dass die Auskunftsverweigerungrechte nach § 131 Abs. 3 Satz 1 Nr. 1 bis 4 AktG nicht gelten, vgl. § 131 Abs. 4 Satz 2 AktG. Sinn und Zweck der mit der Aktienrechtsreform von 1965 eingeführten Regelung ist die Gleichbehandlung der Aktionäre.[473]

Eine Anwendung des erweiterten Auskunftsrechts nach § 131 Abs. 4 AktG hat zur Folge, dass der Umfang der vom Vorstand einer abhängigen Gesellschaft in der Hauptversammlung den Aktionären zu erteilenden Auskünfte möglicherweise erheblich zunimmt, wodurch die Hauptversammlung in einem vom Gesetzgeber normalerweise nicht vorgesehenen Ausmaß über interne Unternehmensdaten Informationen erhalten kann. Wegen der Öffentlichkeit der Hauptversammlung kann sich hieraus die Gefahr einer Publizität, die möglicherweise schädliche Wirkung für das Unternehmen hat, ergeben.[474]

Die Bedeutung der Vorschrift in der Hauptversammlungspraxis ist gering.[475] Veröffentlichte Gerichtsentscheidungen, die sich mit dem erweiterten Auskunftsrecht nach § 131 Abs. 4 AktG befassen, sind nur wenige zu finden und haben gemeinsam, dass sie für den sich auf das Auskunftsrecht stützenden Kläger erfolglos waren.[476]

---

[473] Vgl. *Kropff*, BegrRegE, S. 187; *Burgard*, Offenlegungspflichten, S. 86; *Hüffer*, § 131 AktG, Rz. 36; *Koppensteiner* in KölnKomm. AktG, § 312 Rz. 8; Kubis in MünchKomm. AktG, § 131 RZ. 125; *Meilicke/Heidel*, DStR 1992, 113, 114; *Zöllner* in KölnerKomm. AktG, § 131 Rz. 60.

[474] *Hoffmann-Becking*, FS-Rowedder, S. 155, 163; *Löbbe*; Unternehmenskontrolle, S. 106.

[475] Vgl. *Decher*, ZHR 158 (1994), S. 473, 474; *ders.* in GroßKomm. AktG, § 131 Rz. 335; *Hoffmann-Becking*, FS-Rowedder, S. 155; *Hüffer*, § 131 AktG, Rz. 36; *Zöllner* in KölnKomm. AktG, § 131 Rz. 60.

[476] Vgl. BGHZ 86, 1, 7; OLG Dresden, AG 1999, 274, 275; LG Frankfurt a.M., AG 1968, 24, 25; LG Braunschweig, BB 1991, 856, 857; LG Düsseldorf, AG 1992, 461, 462.

Die Gründe für die geringe Bedeutung von § 131 Abs. 4 AktG in der Hauptversammlungspraxis sind vielgestaltig. Wesentlicher Aspekt ist, dass der Aktionär die Tatbestandsvoraussetzungen der Norm konkret darlegen muss. So muss er nachweisen, dass ein bestimmter Informationsvorgang außerhalb der Hauptversammlung an einen bestimmten Aktionär stattgefunden hat und er muss diese konkrete Auskunft begehren.[477] Der Nachweis eines Informationsvorgangs stellt eine hohe Hürde dar, weil ein Aktionär in aller Regel nicht weiß und auch nicht wissen kann, ob und welche Auskünfte der Vorstand anderen Aktionären außerhalb der Hauptversammlung gegeben hat.[478] Informationen hierüber werden zumeist zufällig oder aufgrund von Indiskretionen erhalten worden sein.[479] Die Frage, ob und, falls ja, welche Auskunft einem anderen Aktionär außerhalb der Hauptversammlung erteilt worden ist, ist nicht von § 131 Abs. 4 AktG umfasst.[480] Die Zulässigkeit der Frage richtet sich somit nach § 131 Abs. 1 Satz 1 AktG und würde voraussetzen, dass diese Frage zur sachgemäßen Beurteilung des Gegenstands der Tagesordnung erforderlich ist. Dies wird nach allgemeiner Ansicht so gut wie nie der Fall sein.[481]

Einer bedeutenderen Stellung des Nachauskunftsrechts in der Praxis steht weiterhin entgegen, dass nach der wohl herrschenden Auffassung § 131 Abs. 4 AktG nicht solche Auskünfte erfasst, die außerhalb der Hauptversammlung an ein herrschendes Unternehmen im Rahmen der Konzernleitung gegeben werden.[482] Die Geltung von § 131 Abs. 4 AktG in Konzernverhältnissen ist im Folgenden Gegenstand näherer Untersuchung.

B. Geltung von § 131 Abs. 4 AktG im Konzern

§ 131 Abs. 4 AktG gibt dem Aktionär das Recht, in der Hauptversammlung solche Informationen zu erfragen, welche außerhalb der Hauptversammlung an einen anderen Aktionär „wegen seiner Eigenschaft als Aktionär" gegeben worden sind. Das Merkmal „wegen seiner Eigenschaft als Aktionär" wird bei

---

[477] BGHZ 86, 1, 7; LG Frankfurt a.M., AG 1968, 24. Sich für eine Einschränkung aussprechend *Hoffmann-Becking*, FS-Rowedder, S. 155, 162. Kritisch *Burgard*, Offenlegung, S. 87; *U. H. Schneider*, FS-Lutter, S. 1193, 1202.

[478] *Decher*, ZHR 158 (1994), S. 473, 474; *Strohn*, Verfassung der AG, S. 171.

[479] *Decher*, ZHR 158 (1994), S. 473, 474.

[480] LG Düsseldorf, AG 1992, 461, 462; *Decher*, ZHR 158 (1994), 473, 474; *Hoffmann-Becking*, FS-Rowedder, S. 155, 161.

[481] *Hoffmann-Becking*, FS-Rowedder, S. 155, 161; *Zöllner* in MünchKomm. AktG, § 131 Rz. 74.

[482] Siehe nur LG Düsseldorf, AG 1992, 461, 462; *Decher*, ZHR 158 (1994), S. 473, 474; *Duden*, FS-v. Caemmerer, S. 499, 505; *Hoffmann-Becking*, FS-Rowedder, S. 155, 167; *Hommelhoff/Timm*, AG 1976, 330, 332; *Hüffer*, § 131 AktG Rz. 38; *Kropff*, DB 1967, 2204, 2205; *Lutter/Krieger*, Rechte und Pflichten, S. 96, Rz. 232 ff.; *Zöllner* in KölnKomm. AktG, § 131 Rz. 69.

diversen Fallgruppen in Frage gestellt bzw. problematisiert, etwa dann, wenn der Informationsempfänger eine Doppelfunktion hat und neben seiner Stellung als Aktionär der Gesellschaft auch eine andere rechtliche oder tatsächliche Beziehung zur Gesellschaft unterhält.[483] Im Blickfeld dieser Diskussion steht insbesondere die Einordnung von Auskunftserteilungen in Konzernverhältnissen.

I. Eingliederung

Bei bestehender Eingliederung nach §§ 319 ff. AktG spielt § 131 Abs. 4 AktG keine Rolle. Wie oben bereits dargestellt, ist ein Merkmal der Eingliederung, dass die Obergesellschaft zu 100% an der eingegliederten Gesellschaft beteiligt ist, vgl. § 320a AktG.[484] Außenstehende Aktionäre, die ein Nachauskunftsrecht nach § 131 Abs. 4 AktG geltend machen könnten, existieren somit nicht.

II. Vertragskonzern

Im Vertragskonzern ist die Situation eine andere. Zwar kann das herrschende Unternehmen alle Anteile an der beherrschten Gesellschaft selbst halten, doch werden vielfach außenstehende Minderheitsaktionäre existieren. Anders als bei der Eingliederung ist das erweiterte Auskunftsrecht in vertraglichen Konzernverhältnissen daher nicht strukturell auszuschließen.

Wegen des für die Geltendmachung des Nachauskunftsrechts nach § 131 Abs. 4 AktG wesentlichen Merkmals der Weitergabe von Auskünften an einen Aktionär „wegen seiner Eigenschaft als Aktionär" ist bei Informationsweitergaben im Vertragskonzern zu prüfen und wird häufig problematisiert, weshalb eine Weitergabe stattgefunden hat. Für eine Weitergabe von Auskünften im Konzern kann es unterschiedliche Anlässe geben.

Ein relevanter Bereich der Weitergabe von Informationen der beherrschten Gesellschaft an die Muttergesellschaft liegt im Bereich der Auskunftserteilung zur Erfüllung bestehender Mitteilungspflichten, wie sie etwa im Rahmen der Konzernrechnungslegung bestehen, vgl. § 294 Abs. 3 HGB.[485] Weiterhin wird die Weitergabe von Informationen oftmals als notwendig angesehen, um Konzernleitung sinnvoll ausüben zu können.[486] Auch zur Einrichtung eines so ge-

---

[483] Hierzu Decher in GroßKomm. AktG, § 131 Rz. 343; Hoffmann-*Becking*, FS-Rowedder, S. 155, 166; *Hüffer*, § 131 AktG, Rz. 37; *Kubis* in MünchKomm. AktG, § 131 Rz. 130 f.; *Zöllner* in KölnKomm. AktG, § 131 Rz. 64.
[484] Siehe oben S. 17 f.
[485] Siehe hierzu oben S. 80 ff.
[486] Siehe hierzu nur *Decher*, ZHR 158 (1994), 473, 475 f.; *Koppensteiner* in KölnKomm. AktG, § 18 Rz. 19 mwN.

nannten Konzerncontrolling-Systems wird von der Notwendigkeit des Erhalts umfassender Informationen über Konzerngesellschaften ausge-gangen.[487]

Ob § 131 Abs. 4 AktG im Vertragskonzern Anwendung findet, wird im Schrifttum nahezu einheitlich bewertet. Es ist allgemein anerkannt, dass die vertraglich begründete Beherrschung eine bevorzugte Information verlangt.[488]

Nach herrschender Auffassung soll sich solch ein umfassender Informationsanspruch aus der einheitlichen Leitung bzw. dem Weisungsrecht ergeben.[489] Wie bereits oben dargestellt, kann sich ein solcher Informationsanspruch nach richtiger Auffassung aber weder allgemein aus dem Vorliegen einheitlicher Leitung noch aus dem Weisungsrecht nach § 308 AktG ergeben. Zwar sind umfassende Informationen notwendig, um den Konzern wirtschaftlich sinnvoll einheitlich leiten zu können, doch kann der Maßstab des wirtschaftlichen Sinns nicht ausreichen, um die Durchbrechung einer Verbotsvorschrift zu begründen.[490] Der Informationsanspruch ist vielmehr auf § 309 AktG zu stützen, welcher das herrschende Unternehmen verpflichtet, sein Weisungsrecht nach § 308 AktG mit der Sorgfalt eines ordentlichen und gewissenhaften Geschäftsleiters auszuüben.[491] Das herrschende Unternehmen benötigt folglich von Gesetzes wegen nicht lediglich *sinnvollerweise*, sondern sogar *notwendigerweise* umfassende Informationen über die beherrschte Gesellschaft.

Unabhängig davon, ob man die Begründung des umfassenden Informationsanspruchs über das Vorliegen einheitlicher Leitung oder aber über die Ausformung der Ausübung des Weisungsrechts durch § 309 AktG herleitet, gilt, dass eine in Verbindung mit dem Weisungsrecht erfolgte Auskunftserteilung an das herrschende Unternehmen nicht in seiner Eigenschaft als Aktionär, sondern aufgrund des Beherrschungsvertrags stattfindet.[492] Das erweiterte Auskunftsrecht des § 131 Abs. 4 AktG findet daher nach allgemeiner Auffassung für Weitergaben in diesem Verhältnis keine Anwendung. Für die Rechte und Interessen der Mitaktionäre sorgt das Gesetz auf andere Weise, insbesondere durch §§ 304 ff. AktG.[493]

---

[487] *Decher*, ZHR 158 (1994), 437, 478; *Fleischer*, DB 2005, 759, 763; *Scheffler*, Konzernmanagement, S. 181 ff.; *Semler* in Lutter (Hrsg.), Holding-Handbuch, § 5 Rz. 93 ff, S. 213 ff., zur Festlegung der Informationsrelevanz siehe insb. Rz. 81 ff.
[488] *Duden*, FS-v. Caemmerer, S. 499, 504.
[489] *Decher* in GroßKomm. AktG, § 131 Rz. 347; *Hoffmann-Becking*, FS-Rowedder, S. 155, 167; *Kubis* in MünchKomm. AktG, § 131 Rz. 141
[490] Siehe hierzu ausführlich oben S. 31 ff., 43 f.
[491] Siehe oben S. 48 ff.
[492] Vgl. LG München I, AG 1999, 138; *Decher* in GroßKomm. AktG, § 131 Rz. 347; *Elsner*, Kontrolle der Tochtergesellschaften, S. 125; *Emmerich* in Emmerich/Habersack, Aktien- und GmbH-Konzernrecht, § 308 Rz. 39.
[493] *Duden*, FS-v. Caemmerer, S. 499, 504.

1. Fallgruppe: Konzernrechnungslegung

Geht es um die Konzernrechnungslegung, so hat das Mutterunternehmen im Vertragskonzern einen Anspruch gegen die Tochtergesellschaft auf Informationserhalt, vgl. § 294 Abs. 3 HGB. Erfolgt also aus diesem Grund eine Informationsweitergabe, so findet diese nicht wegen der der Stellung der Muttergesellschaft als Aktionär statt, sondern wegen der Verpflichtung der Konzernmutter zur Rechnungslegung und des Anspruchs aus § 294 Abs. 3 HGB.[494] Bereits wegen dieser gesetzlichen Anspruchsgrundlage findet § 131 Abs. 4 AktG keine Anwendung. Eine entsprechende Klarstellung findet sich auch im Gesetz, vgl. § 131 Abs. 4 Satz 3 AktG.

Neben diesem Grund existiert noch ein weiteres Argument, weshalb das erweiterte Auskunftsrecht nach § 131 Abs. 4 AktG unanwendbar ist. Da schon aufgrund des sich aus der sorgfältigen Ausübung des Weisungsrechts ergebenden umfassenden Informationsanspruchs des herrschenden Unternehmens jedenfalls auch solche Informationen weitergegeben werden dürfen, die zur Erfüllung konzernrechnungslegungsrechtlicher Vorschriften notwendig sind, kann eine Weitergabe solcher Informationen auch zu Konzernrechnungslegungszwecken nicht von § 131 Abs. 4 AktG erfasst sein. Ein entsprechendes Ergebnis gilt für sonstige Publizitätspflichten im Konzern.

2. Fallgruppe: Konzern-Controlling

Konzern-Controlling ist nicht mit dem Begriff der Konzernkontrolle zu übersetzen, sondern ist als Lenken und Steuern des Konzerns zu verstehen. Im Rahmen der Unternehmensführung bedeutet dies zukunfts- und zielorientierte Steuerung und Überwachung der betrieblichen und unternehmerischen Aktivitäten aufgrund oder mithilfe betriebswirtschaftlicher Daten und Analysen.[495] Konzerncontrolling ist somit als Teil der einheitlichen Leitung und insbesondere der Ausübung des Weisungsrechts und des damit verbundenen Informationsrechts zu verstehen.[496] Wurde im Vertragskonzern ein Konzerncontrolling-System eingeführt, so können folglich auch hierzu ungehindert auf zulässige Art und Weise Informationen vom beherrschten an das herrschende Unternehmen fließen, ohne dass andere Aktionäre einen Anspruch nach § 131 Abs. 4 AktG auf Erhalt dieser Informationen in der Hauptversammlung erfolgreich geltend machen können.

---

[494] *Hoffmann-Becking*, FS-Rowedder, S. 155, 168 f.; *Kropff* in MünchKomm. AktG, § 311 Rz. 306.

[495] *Scheffler*, Konzernmanagement, S. 181.

[496] *U. H. Schneider*, FS-Wiedemann, S. 1255, 1268.

3. Fallgruppe: Personelle Verflechtungen

Regelmäßig bestehen personelle Verflechtungen im Konzern in der Form, dass ein Vorstandsmitglied der herrschenden Gesellschaft zugleich als Mitglied des Aufsichtsrats der beherrschten Gesellschaft fungiert. Eine solche Verflechtung bedingt, dass Informationen der beherrschten Gesellschaft, auf dessen Erhalt der Aufsichtsrat gegen den Vorstand der beherrschten Gesellschaft gemäß §§ 90, 111 Abs. 2 Satz 1, 125 Abs. 3, 170 AktG einen Anspruch hat, in der Person des Doppelorganmitglieds immer auch dem Organ der herrschenden Gesellschaft bekannt sind. In Bezug auf § 131 Abs. 4 AktG ergeben sich im Vertragskonzern jedoch regelmäßig dann keine Probleme aus diesen Verflechtungen, wenn die Informationsweitergabe im Rahmen der üblichen Berichterstattung des Vorstands an den Aufsichtsrat erfolgt.[497] Zum einen wird davon ausgegangen, dass das Doppelorganmitglied beim Erhalt von Informationen im Rahmen der Berichterstattung des Vorstands diese als Organmitglied der beherrschten Gesellschaft und nicht als Aktionär dieser Gesellschaft erhält.[498] Zum anderen ist die Weitergabe von Informationen an Organmitglieder des herrschenden Unternehmens im Vertragskonzern wiederum auch generell zulässig und in Bezug auf § 131 Abs. 4 AktG nicht anspruchsbegründend, da davon auszugehen ist, dass diese nicht wegen dessen Eigenschaft als Aktionär, sondern immer auch wegen des vertraglich begründeten Konzernverhältnisses erfolgt.[499]

4. Summa

Jedwede Informationsweitergabe von beherrschtem an herrschendes Unternehmen im Vertragskonzern ist vom erweiterten Auskunftsrecht nach § 131 Abs. 4 AktG ausgenommen, da diese nicht wegen dessen Eigenschaft als Aktionär erfolgt, sondern jedenfalls auch auf dem vertraglich begründeten Konzernverhältnis gründet.

---

[497] So bereits die Regierungsbegründung, vgl. *Kropff*, BegrRegE. S. 187; Siehe auch BGHZ 86, 1, 7; *Decher* in GroßKomm. AktG, § 131 Rz. 343; Hoffmann-*Becking*, FS-Rowedder, S. 155, 166; *Hüffer*, § 131 AktG, Rz. 37; *Kubis* in MünchKomm. AktG, § 131 Rz. 131; *Zöllner* in KölnKomm. AktG, § 131 Rz. 64.

[498] *Decher* in GroßKomm. AktG, § 131 Rz. 343; Hoffmann-*Becking*, FS-Rowedder, S. 155, 166; *Hüffer*, § 131 AktG, Rz. 37; *Koppensteiner* in KölnKomm. AktG, § 312 Rz. 7; *Kubis* in MünchKomm. AktG, § 131 Rz. 131; *Zöllner* in KölnKomm. AktG, § 131 Rz. 64.

[499] Siehe hierzu oben S. 109 und LG München I, AG 1999, 138; *Decher* in GroßKomm. AktG, § 131 Rz. 347; *Hüffer*, § 131 AktG Rz. 38; *Kubis* in MünchKomm. AktG, § 131 Rz. 141; *U. H. Schneider*, FS-Lutter, S. 1193, 1201; *Zöllner*, § 131 Rz. 66.

III. Faktischer Konzern

In Bezug auf den faktischen Konzern findet sich zur Frage der Anwendbarkeit von § 131 Abs. 4 AktG auf Auskünfte, die vom beherrschten an das herrschende Unternehmen weitergegeben wurden, eine ausgeprägte Diskussion. Die Rechtslage ist nicht so eindeutig wie im Vertragskonzern, doch können im Wesentlichen zwei unterschiedliche Ansichten differenziert werden. Diese werden im Folgenden zunächst dargestellt und anschließend einer kritischen Bewertung unterzogen. Schließlich wird ein eigener Ansatz entwickelt.

1. Herrschende Meinung

Nach herrschender Auffassung ist das erweiterte Auskunftsrecht nach 131 Abs. 4 AktG auch nicht auf Informationsweitergaben vom beherrschtem an das herrschende Unternehmen im faktischen Konzern anwendbar.[500] Die Vertreter der herrschenden Auffassung berufen sich hierbei auf den Sinn und Zweck der Vorschrift und vertreten die Ansicht, dass auch in faktischen Konzernverhältnissen für eine Gleichbehandlung zwischen dem herrschenden Unternehmen und den außenstehenden Aktionären gemäß § 131 Abs. 4 AktG kein Anlass besteht. Aufgrund der §§ 15 ff., 311 ff. AktG bestehe im faktischen Konzern eine besondere Rechte- und Pflichtenstellung des herrschenden Aktionärs im Verhältnis zur abhängigen AG.[501] Wegen der hieraus resultierenden Ungleichbehandlung der das faktisch herrschende Unternehmen bildenden Aktionäre im Verhältnis zu den anderen Aktionären sei auch für Auskünfte an ein herrschendes Unternehmen im faktischen Konzern kein Grund für eine Gleichbehandlung über § 131 Abs. 4 AktG ersichtlich.[502] Auskünfte würden dem herrschenden Unternehmen wegen seiner Sonderstellung im Rahmen der speziellen Sonderbeziehung der §§ 15 ff., 311 ff. AktG und der Ausübung einheitlicher Leitung gegeben und nicht wegen seiner Eigenschaft als Aktionär.[503]

---

[500] LG Düsseldorf, AG 1992, 461, 462; *Decher* in GroßKomm. AktG, § 311 Rz. 348; *ders.*, ZHR 158 (1994), 473, 483; *Duden* FS-v. Caemmerer, S. 499, 505; *Götz*, ZGR 1998, 524, 527; *Hoffmann-Becking*, FS-Rowedder, S. 155, 167; *Hüffer*, § 131 AktG Rz. 38; *Kropff*, DB 1967, 2204, 2205; *ders.* in MünchKomm. AktG, § 311 Rz. 306; *Kubis* in MünchKomm. AktG, § 131Rz. 142; *Menke*, NZG 2004, 697, 700; *Semler* in Münchener Handbuch AG, § 37 Rz. 19.
[501] *Decher* in GroßKomm. AktG, § 311 Rz. 348; *Kropff*, DB 1967, 2204, 2205.
[502] *Decher* in GroßKomm. AktG, § 311 Rz. 348.
[503] *Duden* FS-v. Caemmerer, S. 499, 505; *Fabritius*, FS-Huber, S. 705, 711; *Kropff*, DB 1967, 2204, 2205; *Menke*, NZG 2004, 697, 700.

2. Gegenauffassung

Nach anderer Ansicht soll im faktischen Konzern die Pflicht zur vollen Offenlegung bestehen bleiben und § 131 Abs. 4 AktG mithin Anwendung finden.[504] § 131 Abs. 4 AktG sei Ausfluss des Gleichbehandlungsgebots der Aktionäre, welches auch im faktischen Konzern gelte. Anders als im Vertragskonzern sei im faktischen Konzern einzige Grundlage der Weitergabe von Informationen der beherrschten Gesellschaft an das herrschende Unternehmen die Aktionärseigenschaft.[505] Diese werde nicht wie im Vertragskonzern durch das durch Beherrschungsvertrag begründete Beherrschungsverhältnis überlagert.

3. Stellungnahme
a) Grundsatz

Der von der Mindermeinung vertretene weite Anwendungsbereich von § 131 Abs. 4 AktG wird zunächst durch den Wortlaut der Norm gestützt. Mangels Beherrschungsvertrags ist die Grundlage für alle sich aus dem Verhältnis ergebenden Rechte beteiligungsvermittelt, also in der Stellung der herrschenden Gesellschaft als Aktionär zu finden.[506]

Für die herrschende Ansicht der Befürwortung einer Unterscheidung von faktisch herrschendem Unternehmen und anderen Aktionären in Bezug auf § 131 Abs. 4 AktG spricht allerdings, dass die Stellung der herrschenden Gesellschaft im faktischen Konzern von der eines einfachen Aktionärs abweicht. Dies zeigen, wie die Vertreter der herrschenden Auffassung ebenfalls betonen, die für den faktischen Konzern bestehenden konzernrechtlichen Sondervorschriften. Die §§ 17, 311 ff. AktG machen deutlich, dass das Verhältnis verbundener Unternehmen auch ohne Beherrschungsvertrag einen besonderen Charakter haben kann und deshalb spezieller gesetzlicher Regelungen bedarf.

Diese Abweichung bis hin zur durch einheitliche Leitung entstehenden Konzernierung hat auch der Gesetzgeber mit Einführung der §§ 311 ff. AktG anerkannt[507] oder aber zumindest hingenommen.[508] Jedenfalls aber begründen §§ 311 ff. AktG eine Sonderstellung der herrschenden Gesellschaft, wodurch

---

[504] *Eckardt* in Geßler/Hefermehl/Eckardt/Kropff AktG, § 131 Rz. 148; *Koppensteiner* in Köln-Komm. AktG, § 312 Rz. 7; *Kort*, ZGR 1987, 46, 59 f.; *U. H. Schneider*, FS-Lutter, 1193, 1201.

[505] *Koppensteiner* in KölnKomm. AktG, § 312 Rz. 7; *Kort*, ZGR 1987, 46, 59 f.; *U. H. Schneider*, FS-Lutter, 1193, 1201.

[506] *Koppensteiner* in KölnKomm. AktG, § 312 Rz. 7; *Kort*, ZGR 1987, 46, 59 f.; *U. H. Schneider*, FS-Lutter, 1193, 1201.

[507] *Decher*, ZHR 158 (1994), 473, 483 ff.; *Fabritius*, FS-Huber, S. 705, 711; *Hüffer*, § 131 AktG Rz. 38; *Kropff*, DB 1967, 2204, 2205; *Löbbe*, Unternehmenskontrolle, S. 113.

[508] *Kort*, ZGR 1987, 46, 59 f.

sich ihr Verhältnis zur beherrschten Gesellschaft durch Gesetz – also nicht nur faktisch, sondern auch rechtlich[509] – von dem Verhältnis anderer Aktionäre unterscheidet. Handelt ein herrschendes Unternehmen im faktischen Konzern, dann macht es also nicht lediglich verstärkte Rechte eines anderen Aktionärs geltend. So darf beispielsweise ein faktisch herrschendes Unternehmen im Rahmen von § 311 AktG nachteilige Einflüsse auf die beherrschte Gesellschaft ausüben, sofern es die dadurch entstehenden Nachteile ausgleicht, ohne dass es wie andere Aktionäre für solche schädigenden Einflüsse auf die Gesellschaft nach § 117 AktG haften müsste.[510] Auch hierin zeigt sich, dass der unterschied von faktisch herrschender Gesellschaft und einfachem Aktionär nicht lediglich quantitativer, sondern qualitativer Art ist.

§ 131 Abs. 4 AktG als Ausfluss des Gleichheitsgrundsatzes gebietet es den Gesellschaftsorganen, Aktionäre unter gleichen Bedingungen gleich zu behandeln und zwischen ihnen nicht willkürlich ohne sachliche Rechtfertigung zu differenzieren.[511] Wenn Informationen im Rahmen von § 311 AktG an die herrschende Gesellschaft gegeben werden, so geschieht dies aus einem Konzernrechtsverhältnis und nicht wegen der Stellung der Gesellschaft als Aktionär. Gleiche Bedingungen zwischen außenstehenden Aktionären und der herrschenden Gesellschaft liegen somit nicht vor. Hierin ist folglich ein sachlicher Grund für eine Ungleichbehandlung in Bezug auf Auskunftserteilungen zu sehen. Eine Ungleichbehandlung ist somit gerechtfertigt, woraus folgt, dass § 131 Abs. 4 AktG grundsätzlich auf konzern-rechtlich veranlasste Offenbarungen von Informationen keine Anwendung findet.[512]

b) Bedeutung von § 131 Abs. 4 Satz 3 AktG
Gegen dieses Ergebnis könnte allerdings § 131 Abs. 4 Satz 3 AktG sprechen.[513] Nach dieser im Rahmen der Umsetzung der Bankbilanzrichtlinie in

---

[509] Dies verkennt *Eckardt* in Geßler/Hefermehl/Eckardt/Kropff AktG, § 131 Rz. 148, wenn er sagt, dass es darauf ankomme, dass die besondere Eigenschaft des herrschenden Unternehmens nicht nur tatsächlich, sondern auch rechtlich eine solche ist und dieses Merkmal durch §§ 311 ff. AktG in Bezug auf Informationsweitergaben nicht als erfüllt ansieht; insbesondere, weil § 311 AktG auch Veranlassungen einbezieht, die sich auf Informationsweitergaben beziehen.
[510] Nach ganz herrschender Meinung tritt § 117 AktG hinter § 311 AktG zurück, vgl. *Habersack* in Emmerich/Habersack, Aktien- und GmbH-Konzernrecht, § 311 Rz. 88; *Hüffer*, § 311 Rz. 50, § 117 Rz. 14; *Koppensteiner* in KölnKomm. AktG, § 311 Rz. 164; *Kropff* in Münch-Komm. AktG, § 117 Rz. 80; *Würdinger* in Großkomm. AktG, § 311 Rz. 5, § 317 Rz. 19.
[511] BGHZ 33, 175, 186; *Hüffer*, § 53a AktG, Rz. 4; *Löbbe*, Unternehmenskontrolle, S. 126 f.; *Lutter/Zöllner* in KölnerKomm. AktG, § 53a Rz. 6.
[512] So auch *Lutter*, ZIP 1997, 613, 618.
[513] So etwa *U. H. Schneider*, FS-Lutter, S. 1193, 1202.

das Gesetz eingefügten Vorschrift[514] gelten die Sätze 1 und 2 des § 131 Abs. 4 AktG unter anderem dann nicht, wenn ein Tochterunternehmen (§ 290 Abs. 1, 2 HGB) die Auskunft einem Mutterunternehmen (§ 290 Abs. 1, 2 HGB) zum Zwecke der Einbeziehung der Gesellschaft in den Konzernabschluss des Mutterunternehmens erteilt und die Auskunft für diesen Zweck benötigt wird.

Man könnte nun aus dem Umkehrschluss folgern, dass das Konzernverhältnis im Allgemeinen den Auskunftsanspruch nach § 131 Abs. 4 AktG nicht verdrängt.[515] Dieser Schluss wird durch die Gesetzesbegründung unterstützt, wonach die Einfügung von § 131 Abs. 4 Satz 3 AktG deshalb als erforderlich angesehen wurde, weil ansonsten Auskünfte im Bereich der Rechnungslegung jedem anderen Aktionär selbst dann zu geben wären, wenn dieser die Auskünfte für Zwecke der Konzernrechnungslegung nicht benötigt.[516]

Gegen einen solchen Schluss spricht jedoch, dass Auskünfte, die im Rahmen der Rechnungslegung der Muttergesellschaft erteilt werden, nach allgemeiner Auffassung nicht wegen ihrer Eigenschaft als Aktionär erteilt werden, sondern wegen ihrer Eigenschaft als zur Konzernrechnungslegung verpflichtete Muttergesellschaft, die nach § 294 Abs. 3 HGB sogar einen Anspruch auf Erhalt dieser Informationen hat. Die in der Gesetzesbegründung aufgeführte Notwendigkeit der Einführung des § 131 Abs. 4 Satz 3 AktG bestand also nicht. Die Einführung der Vorschrift ist daher als mindestens überflüssig anzusehen.[517] Jedenfalls aber enthält § 131 Abs. 4 Satz 3 AktG keinen neuen Regelungsgehalt, sondern lediglich eine Klarstellung der bestehenden Rechtslage für Fälle der Erteilung von Auskünften des Tochterunternehmens für Zwecke der Konzernrechnungslegung des Mutterunternehmens.[518]

Da sich aus der Einführung der Regelung des § 131 Abs. 4 Satz 3 AktG kein neuer Regelungsgehalt in Bezug auf faktisch konzernierte Gesellschaften ergibt[519], ist allein auf die objektive und systemgerechte Auslegung der Norm abzustellen. Folglich behält das oben erhaltene Ergebnis nach wie vor Gültig-

---

[514] Gesetz zur Umsetzung der EG-Bankbilanzrichtlinie vom 30. November 1990, BGBl. I S. 2570.

[515] *U. H. Schneider*, FS-Lutter, S. 1193, 1202.

[516] Vgl. BR-Drucks. 616/89, S. 26.

[517] *Hoffmann-Becking*, FS-Rowedder, S. 155, 168 f.; *Kropff* in MünchKomm. AktG, § 311 Rz. 306.

[518] *Decher*, ZHR 158 (1994), 473, 485; *Hoffmann-Becking*, FS-Rowedder, S. 155, 169; *Hüffer*, § 131 AktG Rz. 39.

[519] Zum eigenständigen Regelungsgehalt für Auskünfte, die von einem assoziierten Unternehmen an das maßgeblich beteiligte Unternehmen zum Zwecke der Equity-Konsolidierung nach § 311 erteilt werden, siehe *Hoffmann-Becking*, FS-Rowedder, S. 155, 170.

keit. § 131 Abs. 4 AktG findet mithin grundsätzlich auf konzernrechtlich veranlasste Informationsweitergaben keine Anwendung.[520]

c) Konkreter Umfang und Fallgruppen

Zu untersuchen und abzugrenzen ist nunmehr, welche Auskünfte an das herrschende Unternehmen wegen dessen Eigenschaft als Aktionär und welche wegen des speziellen Konzernverhältnisses weitergegeben werden, also konzernrechtlich veranlasste Informationsweitergaben darstellen.

Es wurde bereits oben gezeigt, dass die Möglichkeit zulässiger Auskunftserteilung im Rahmen von § 311 AktG beschränkt ist. Ist ein Geschäftsakt nach § 311 AktG im konkreten Fall unzulässig, so kann diese Norm auch nicht als Rechtfertigung einer Privilegierung des herrschenden Unternehmens im Rahmen des § 131 Abs. 4 AktG in Bezug auf diesen Geschäftsakt herangezogen werden.[521] Eine pauschale Berufung auf die einheitliche Leitung als Zulässigkeitsgrund für eine Informationsweitergabe, wie dies im Vertragskonzern wegen dem der einheitlichen Leitung zugrunde liegenden umfassenden und mit der Sorgfalt eines ordentlichen und gewissenhaften Geschäftsleiters auszuübenden Weisungsrecht möglich ist und wie dies die Vertreter der herrschenden Meinung auch für den faktischen Konzern tun,[522] kann daher nicht überzeugen.

Die Vertreter der herrschenden Meinung gehen im Zusammenhang mit § 131 Abs. 4 AktG oftmals nicht konkret auf die Verschwiegenheitspflicht nach § 93 Abs. 1 Satz 3 AktG ein, sondern erwähnen meist lediglich, dass § 93 Abs. 1 Satz 3 AktG für eine Weitergabe von Informationen, die für eine sachgemäße Konzernleitung im faktischen Konzern unerlässlich sind, nicht gelte.[523] Die Weitergabe von vertraulichen und geheimen Informationen nach § 93 Abs. 1 Satz 3 AktG kann jedoch nicht pauschal aufgrund vorliegender einheitlicher Leitung als zulässig bewertet werden.[524] Für die Beurteilung, ob eine Informationsweitergabe als konzernrechtlich veranlasst angesehen werden kann und mithin ob auf diese Weitergabe das Nachauskunftsrecht gemäß § 131 Abs. 4

---

[520] So auch *Decher*, ZHR 158 (1994), 473, 480; *Götz*, ZGR 1998, 524, 527; *Hoffmann-Becking*, FS-Rowedder, S. 155, 167; *Hüffer*, § 131 AktG Rz. 39; *Kropff* in MünchKomm. AktG, § 311 Rz. 306; *Semler*, Leitung und Überwachung, Rz. 310 ff.; *Zöllner* in KölnKomm. AktG, § 131 Rz. 69;

[521] In diesem Sinne auch *Strohn*, Verfassung der AG, S. 160.

[522] Siehe nur *Barz*, GroßKomm. AktG, 3. Aufl., § 131 AktG Rz. 27; *Decher*, ZHR 158 (1994), 473, 486; *Fabritius*, FS-Huber, S. 705, 711 f.; *Hommelhoff/Timm*, AG 1976, 330, 332; *Seifert*, AG 1967, 1, 3; *Werner*, AG 1967, 122 f.; *Zöllner* in KölnKomm. AktG, 1. Aufl., § 131 Rz. 69.

[523] Siehe beispielsweise *Hoffmann-Becking*, FS-Rowedder, S. 155, 167 mit vielen weiteren Nachweisen, die sich allerdings allesamt auf § 131 AktG beziehen.

[524] Siehe hierzu bereits oben S. 25 ff., 33.

AktG anwendbar ist, kommt es vielmehr darauf an, in welchem Umfang eine Informationsweitergabe der beherrschten Gesellschaft tatsächlich rechtlich zulässig ist.

Mangels Quantifizierbarkeit und mithin Ausgleichsfähigkeit des Nachteils bei Weitergabe vertraulicher oder geheimer Informationen ist die Weitergabe von Informationen im Sinne von § 93 Abs. 1 Satz 3 AktG regelmäßig nicht im Rahmen von § 311 AktG als zulässig anzusehen.[525] Die von der herrschenden Auffassung vertretene Position, dass § 311 AktG einheitliche Leitung ermögliche und deshalb einen umfassenden Informationsfluss erforderlich mache, lässt sich – wie oben gezeigt – regelmäßig gerade nicht durch den Regelungsgehalt der Vorschrift rechtfertigen. Ein solch pauschaler Ansatz, um die Zulässigkeit jedweder Informationsweitergabe zu begründen und zugleich anderen Aktionären das Nachauskunftsrecht des § 131 Abs. 4 AktG zu verwehren, ist somit nach der hier vertretenen Ansicht nicht haltbar. Die Abwicklung einer Weitergabe vertraulicher und geheimer Informationen ist folglich nicht über § 311 AktG möglich und mithin auch nicht auf dieser Grundlage konzernrechtlich veranlasst. Ein Ausschluss von § 131 Abs. 4 AktG kann hierauf deshalb regelmäßig nicht gestützt werden.

Es ist allerdings denkbar, dass die Weitergabe anderer Informationen, also solcher Informationen, die nicht in den Schutzbereich von § 93 Abs. 1 Satz 3 AktG fallen, im Rahmen von § 311 AktG möglich ist. Findet eine solche Weitergabe statt, so haben andere Aktionäre darauf keinen erweiterten Auskunftsanspruch nach § 131 Abs. 4 AktG.

Es wurde bereits oben gezeigt, dass § 311 AktG bei der Weitergabe von Informationen in faktischen Konzernverhältnissen gar nicht erst zur Anwendung kommen muss. Findet die Weitergabe im Interesse der Gesellschaft statt, so dürfen sogar vertrauliche und geheime Informationen im Sinne von § 93 Abs. 1 Satz 3 AktG weitergegeben werden, ohne dass in der Weitergabe eine Verletzung der Verschwiegenheitspflicht liegen würde. Ist dies der Fall, so muss auch bezüglich dieser Informationen untersucht werden, ob andere Aktionäre einen Anspruch auf Erhalt dieser Informationen aus § 131 Abs. 4 AktG haben. Richtigerweise ist hier darauf abzustellen, ob der Anlass für die Weitergabe einen konzernspezifischen Zusammenhang aufweist. Dies ist immer dann der Fall, wenn ein beliebiger Dritter oder aber ein anderer Aktionär die Position des herrschenden Unternehmens nicht gleich geeignet hätte einnehmen können. Bei den oben aufgeführten Beispielen der Weitergabe von Informationen zur Realisierung und Nutzung von Synergien oder aber zum Aufbau eines Cash-Pools läge ein solcher konzernspezifischer Zusammenhang beispielsweise vor. Ist ein solcher Fall gegeben, der auf den Besonderheiten der kon-

---

[525] Siehe hierzu bereits oben S. 119 ff.

zernrechtlichen Beziehung beruht, so ist auch dann die Weitergabe nicht wegen der Eigenschaft als Aktionär erfolgt, so dass § 131 Abs. 4 AktG in diesen Fällen keine Anwendung findet.

Das Nachauskunftsrecht gemäß § 131 Abs. 4 AktG ist somit immer dann anwendbar, wenn (vertrauliche oder geheime) Informationen vom beherrschten an das herrschende Unternehmen aufgrund der Gesellschafterstellung weitergegeben werden, ohne dass diese Weitergabe im oben aufgeführten Sinne konzernrechtlich veranlasst ist.

aa) Fallgruppe: Konzernrechnungslegung

Für die Konzernrechnungslegung gilt auch im faktischen Konzern, dass Informationen, die zu diesem Zweck weitergegeben werden, nicht vom Auskunftsrecht nach § 131 Abs. 4 erfasst werden. § 131 Abs. 4 Satz 3 AktG stellt dies ausdrücklich klar. Entsprechendes muss auch für Informations-weitergaben zur Erfüllung sonstiger Publizitätspflichten gelten.

Im faktischen Konzern ist allerdings zu berücksichtigen, dass nur solche Informationen von § 131 Abs. 4 AktG ausgenommen sind, die tatsächlich weitergegeben werden mussten. Wie bereits oben aufgeführt wurde, kann im Rahmen des Konzernlageberichts nach § 289 HGB das Auskunftsrecht beschränkt sein.[526] Informationen, die nur weitergegeben werden „sollen", bedürfen einer Abwägung von Rechnungslegungsinteresse und Geheimhaltungsinteresse, was im Einzelfall entschieden werden muss. Erteilte Informationen, die über die Pflichtinformationen hinausgehen, sind nicht vom Nachauskunftsrecht nach § 131 Abs. 4 AktG ausgenommen.

bb) Fallgruppe: Konzern-Controlling

Wie bereits oben ausgeführt, ist Konzern-Controlling als Teil der Ausübung einheitlicher Leitung zu verstehen.[527] Die einheitliche Leitung im faktischen Konzern wird durch faktische und rechtliche Einflussnahmemöglichkeiten ausgeübt. Controlling kann nicht weitergehen als einheitliche Leitung und unterliegt folglich denselben Grenzen wie diese. Ohne dass ein Nachauskunftsrecht anderer Aktionäre nach § 131 Abs. 4 AktG entsteht, können für das Konzern-Controlling mithin insbesondere Informationen genutzt werden, die das herrschende Unternehmen im Rahmen der Rechnungslegung bzw. bei börsennotierten Unternehmen zudem im Rahmen der Zwischenberichte[528] erhält. Weiterhin kann das herrschende Unternehmen solche Informationen nutzen, die

---

[526] Siehe oben S. 88 f.
[527] Siehe oben S. 129 f.
[528] Hierzu oben S. 80 ff.

es im Rahmen von § 311 AktG erhalten hat und erhalten durfte. Vertrauliche und geheime Informationen werden hierzu in aller Regel nicht gehören. Erhält das faktisch herrschende Unternehmen zu konzernspezifischen Zwecken Informationen, welche im überwiegenden Unternehmensinteresse liegen, so kann es auch diese zum Zwecke des Konzern-Controllings nutzen, ohne dass ein erweitertes Auskunftsrecht nach § 131 Abs. 4 AktG begründet wird. Weitergehende Informationsansprüche zum Zwecke des Konzern-Controllings ergeben sich allerdings nicht. Werden dennoch zu diesem Zweck weitergehende Informationen offenbart, haben andere Aktionäre nach § 131 Abs. 4 AktG einen Anspruch auf Erhalt dieser Informationen.

cc) Fallgruppe: Personelle Verflechtungen

Existieren personelle Verflechtungen im faktischen Konzern, so erhält ein Organmitglied der faktisch herrschenden Gesellschaft in seiner Funktion als Organmitglied der abhängigen Gesellschaft umfassendere Informationen, als er in seiner Funktion als Organ der Obergesellschaft zulässigerweise erhalten dürfte.[529] Dies ist meines Erachtens nicht unproblematisch.[530]

Dennoch wird das Vorliegen personeller Verflechtungen im Allgemeinen als ohne weiteres zulässig angesehen[531] bzw. sogar als im Gesetz angelegt bezeichnet.[532] Erhält ein Aufsichtsratsmitglied oder Vorstandsmitglied, das zudem Organ der Obergesellschaft ist, Informationen, so erhält es diese nicht wegen seiner Eigenschaft als Aktionär im Sinne von § 131 Abs. 4 AktG, sondern als Organmitglied.[533] Eine derartige Sichtweise, die unterstellt, dass ein Repräsentant des herrschenden Unternehmens in seiner Funktion als Aufsichtsrat des abhängigen Unternehmens uneingeschränkt auf deren Interessenverfolgung verpflichtet ist und diesen Pflichtenkreis von seinem Hauptamt bei der Obergesellschaft im Stande ist zu trennen, entspricht seit jeher der Überzeugung von Rechtsprechung und überwiegendem Schrifttum.[534]

Geht man also von der grundsätzlichen Zulässigkeit personeller Verflechtungen aus und unterstellt dem Doppelorganmitglied die Fähigkeit, zwischen bei-

---

[529] Die umfassenden Auskunftsansprüche des Aufsichtsrats ergeben sich aus §§ 90, 111 Abs. 2 Satz 1, 125 Abs. 3, 170 AktG.

[530] Hierzu bereits oben S. 72 ff.

[531] So findet sich bei *Elsner*, Kontrolle der Tochtergesellschaften, S. 125, sogar die Aussage: „Die grundsätzliche Zulässigkeit personeller Verflechtungen zwischen dem herrschenden Unternehmen und der abhängigen Gesellschaft steht aber nicht mehr zur Debatte."

[532] *Hommelhoff*, ZGR 1996, S. 162.

[533] Für den Aufsichtsrat lautet so schon die Begründung des Gesetzgebers, vgl. *Kropff*, BegrRegE, S. 187.

[534] RGZ 105, 392, 393; BGHZ 36, 295, 306; *Decher*, Personelle Verflechtungen, S. 159; *ders.*, ZHR 158 (1994), 473, 479.

den Organfunktionen strikt differenzieren zu können, so muss man ein erweitertes Auskunftsrecht außenstehender Aktionäre nach § 131 Abs. 4 AktG für den Fall verneinen, dass dem Doppelorganmitglied in seiner Eigenschaft als Organ der abhängigen Gesellschaft Informationen offenbart werden.[535]

Leitet das Doppelorganmitglied die Informationen allerdings an andere Organmitglieder seiner Obergesellschaft weiter, so richtet sich dies wiederum nach den oben allgemein aufgestellten Voraussetzungen. § 131 Abs. 4 AktG kann in diesen Fällen folglich nicht pauschal ausgeschlossen werden.

4. Zwischenergebnis

§ 131 Abs. 4 AktG ist Ausfluss des aktienrechtlichen Gleichbehandlungsgrundsatzes und soll Informationsmonopole verhindern. Werden Informationen an das herrschende Unternehmen im faktischen Konzern weitergegeben, so besteht dann ein Nachauskunftsrecht anderer Aktionäre nach § 131 Abs. 4 AktG, wenn die Weitergabe nicht konzernrechtlich veranlasst war. Eine konzernrechtliche Veranlassung liegt nur dann vor, wenn die Informationen im Rahmen der Konzernrechnungslegung bzw. im Rahmen anderer Publizitätspflichten erteilt wurden, eine Weitergabe nach § 311 AktG vorgenommen werden durfte – was jedoch bezüglich vertraulicher und geheimer Informationen regelmäßig nicht der Fall sein wird – oder wenn die Weitergabe von Informationen im überwiegenden Unternehmensinteresse lag und einen konzernspezifischen Anlass hatte. Im Falle überwiegenden Unternehmensinteresses tritt die Schweigepflicht nach § 93 Abs. 1 Satz 3 AktG hinter dem Unternehmensinteresse zurück, so dass unter diesen Voraussetzungen auch bei Weitergabe vertraulicher und geheimer Informationen § 131 Abs. 4 AktG nicht anwendbar ist.

Dieses Ergebnis erschwert den Informationsfluss von der Tochtergesellschaft zur Muttergesellschaft, was allerdings im Hinblick auf die Schutzbedürftigkeit außenstehender Aktionäre hinzunehmen ist. Stellt dieses Ergebnis eine für das herrschende Unternehmen als zu groß empfundene Beschränkung dar, so bleibt die Alternative des Abschlusses eines Beherrschungsvertrags.

IV. Summa

§ 131 Abs. 4 AktG findet bei der Eingliederung keine Anwendung und stellt im Vertragskonzern keine den Informationsfluss begrenzende Schleuse dar. In

---

[535] Nach *Koppensteiner* in KölnKomm. AktG, § 312 Rz. 7 ist dieses Ergebnis ganz unstreitig. Siehe auch *Decher*, Personelle Verflechtungen, S. 159; *ders.*, ZHR 158 (1994), 473, 479; differenzierend für den Fall, dass einzelnen Aufsichtsratsmitgliedern Informationen offenbart werden *Kubis* in MünchKomm. AktG, § 131 Rz. 131.

faktischen Konzernverhältnissen ist danach zu fragen, ob die Auskunftserteilung konzernrechtlich veranlasst war. Dies ist entweder dann der Fall, wenn eine Abwicklung der Informationsweitergabe im Rahmen von Publizitätspflichten stattgefunden hat, über §§ 311 ff. AktG abgewickelt wurde oder aber im überwiegenden Unternehmensinteresse lag und einen konzernspezifischen Bezug hatte. Liegt eine konzernrechtliche Veranlassung vor, so ist § 131 Abs. 4 AktG nicht anwendbar.

Dritter Abschnitt:
Grenzen durch das Verbot von Insidergeschäften
Handelt es sich bei der beherrschten Gesellschaft um eine börsennotierte Aktiengesellschaft, so wird der Informationsfluss dieser Gesellschaft an die herrschende Gesellschaft nicht lediglich durch gesellschaftsrechtliche Regelungen bestimmt, sondern muss auch kapitalmarktrechtlichen Anforderungen genügen.[536] Insbesondere könnte sich hierbei das in § 14 Abs. 1 WpHG geregelte Verbot von Insidergeschäften als weiteres Hindernis eines ungehinderten Informationsflusses darstellen. Nach § 14 Abs. 1 Nr. 2 WpHG ist es einem Insider verboten, einem anderen eine Insiderinformation unbefugt mitzuteilen oder zugänglich zu machen. Eine Abgrenzung zwischen zulässiger und unzulässiger Weitergabe von Informationen ist somit auch unter dem Blickwinkel kapitalmarktrechtlicher Regelungen vorzunehmen. Die Klärung der Bedeutung der kapitalmarktrechtlichen Insidervorschriften im Konzern und Schaffung von Rechtssicherheit ist insbesondere deshalb von großer Relevanz, weil diesbezüglich nachhaltige Verunsicherung in der Praxis vorherrscht[537] und ein Verstoß gegen das Verbot von Insidergeschäften eine Strafbarkeit gemäß § 38 Abs. 1 Nr. 2 i.V.m. § 39 Abs. 2 Nr. 3 WpHG zur Folge hat.[538]

A. Umfang des Insiderverbots
Die kapitalmarktrechtlichen Insidervorschriften der §§ 12 ff. WpHG stehen neben der gesellschaftsrechtlichen Verschwiegenheitspflicht nach § 93 Abs. 1 Satz 3 AktG und legen den Organmitgliedern weitere Geheimhaltungspflichten auf. Die Vorschriften des WpHG sind 1994 in Kraft getreten und seitdem mehrfach erweitert und verschärft worden.[539] Die insiderrechtlichen Rege-lungen haben zuletzt insbesondere im Jahre 2004 im Zuge der Neuerungen durch das Anlegerschutzverbesserungsgesetz wesentliche Änderungen erfahren.[540]

Im Gegensatz zur aktienrechtlichen Verschwiegenheitspflicht, welche dem Unternehmensinteresse zu dienen bestimmt ist,[541] soll das Insiderverbot vorrangig das Vertrauen der Anleger dadurch schützen, dass Kenntnis von Insiderinformationen nicht zur Grundlage des Wertpapierhandels gemacht wird

---

[536] Ausführlich zur Überlagerung von gesellschafts- und kapitalmarktrechtlichen Anforderungen *Lutter*, Information und Vertraulichkeit, Rz. 633 ff.; *ders.*, FS-Zöllner, S. 363 ff.
[537] Vgl. *Hopt*, ZHR 159 (1995), 135, 138; *S. H. Schneider*, FS-Wiedemann, S. 1255, 1256.
[538] Zur Strafbarkeit *Roschmann/Frey*, AG 1996, 447, 452 ff.
[539] Zur Entstehung des Insiderrechts ausführlich *Assmann*, ZGR 1994, 494 ff.; *Siebold*, Das neue Insiderrecht, 1994.
[540] Gesetz zur Verbesserung des Anlegerschutzes (Anlegerschutzverbesserungsgesetz; AnSVG) vom 28. Oktober 2004, BGBl. I S. 2630.
[541] Siehe nur ausführlich *Hefermehl/Spindler* in MünchKomm. AktG, § 93 Rz. 43 f.

(Individualschutz) und hierdurch zudem das Funktionieren des Kapitalmarkts sichern (Funktionenschutz).[542]

Noch bevor die Pflicht zur Ad-hoc-Publizität entsteht, besteht eine Begrenzung der zulässigen Weitergabe von Insiderinformationen.[543] Um das mit der Weitergabe von Insiderinformationen verbundene Risiko des Insiderhandels zu beschränken, richtet sich die Zulässigkeit der Weitergabe danach, ob diese befugt oder unbefugt stattfindet.[544]

I. Personeller Anwendungsbereich

Vor den Änderungen des WpHG durch das AnSVG unterschied das Gesetz zwischen Primär- und Sekundärinsidern.[545] Adressat des Weitergabeverbots nach § 14 Abs. 1 Nr. 2 WpHG a.f. waren ausschließlich Primärinsider. Der Begriff der Primärinsider wurde in § 13 Abs. 1 WpHG a.f. legaldefiniert und umfasste nur solche Personen, die sowohl Kenntnis von der Insidertatsache hatten, als auch bestimmte personenbezogene Merkmale erfüllten, wie beispielsweise Geschäftsführer, Aufsichtsorgan oder persönlich haftender Gesellschafter des Emittenten zu sein, vgl. § 13 Abs. 1 Nr. 1 WpHG a.f. Neben dem Weitergabeverbot waren Primärinsider zudem Adressat eines Ausnutzungsverbots gemäß § 14 Abs. 1 Nr. 1 WpHG a.f. und eines Empfehlungsverbots nach § 14 Abs. 1 Nr. 3 WpHG a.f. Sekundärinsider, also sonstige Dritte, die Kenntnis von einer Insidertatsache hatten, unterlagen gemäß § 14 Abs. 2 WpHG a.f. nur einem § 14 Abs. 1 Nr. 1 a.f. entsprechenden Ausnutzungsverbot.

Nach Einführung der Änderungen durch das AnSVG wird nunmehr bei den Insiderhandelsverboten nicht mehr zwischen Primär- und Sekundärinsidern unterschieden. Das Gesetz knüpft nun an den Begriff der Insiderinformation an. Die in § 14 Abs. 1 Nr. 1 - 3 WpHG enthaltenen Insiderhandelsverbote treffen nun jeden, der über eine Insiderinformation verfügt.[546] Die Unterscheidung

---

[542] *Assmann* in Assmann/U. H. Schneider, WpHG, Vor § 12 Rz. 49, § 14 Rz. 6 f.; *Hopt* in Schimansky/Bunte/Lwowski, § 107 Rz. 4 f.; *ders.*, ZHR 159 (1995), 135, 158 f.; *Lutter*, Information und Vertraulichkeit, Rz. 633; *Rittmeister*, NZG 2004, 1032, 1035; *S. H. Schneider*, Informationspflichten, S. 69; *U. H. Schneider*, FS-Wiedemann, S. 1255, 1257; *Singhoff*, ZGR 2001, 146, 153.

[543] Zur Ad-hoc-Publizität in anderem Zusammenhang bereits oben, S. 96 ff. Die Pflicht zur Ad-hoc-Publizität nach § 15 WpHG beinhaltet die Pflicht zur Offenlegung kursrelevanter Informationen in der Bereichsöffentlichkeit. Diese Pflicht kann allerdings solange aufgeschoben werden, solange es der Schutz der berechtigten Interessen des Emittenten erfordert, keine Irreführung der Öffentlichkeit zu befürchten ist und der Emittent die Vertraulichkeit der Insiderinformationen gewährleisten kann, vgl. § 15 Abs. 3 WpHG.

[544] Hierzu unten mehr, S. 148 ff.

[545] Ausführlich zur Begrifflichkeit *Assmann*, ZGR 1994, 494, 503 ff.

[546] Vgl. *Assmann* in Assmann/U. H. Schneider, WpHG, § 14 Rz. 2, 64.

zwischen verschiedenen Insidergruppen ist somit auf der Tatbestandseite aufgegeben worden, findet auf der Rechtsfolgenseite allerdings noch Berücksichtigung.[547]

Sowohl nach alter als auch nach neuer Rechtslage waren vom Insiderhandelsverbot gemäß § 14 Abs. 1 Nr. 2 WpHG, also dem Verbot der Weitergabe von Insidertatsachen bzw. jetzt Insiderinformationen, jedenfalls Organmitglieder abhängiger börsennotierter Konzerngesellschaften betroffen, so dass die Weitergabe von Informationen im Konzern von beherrschter an herrschende Gesellschaft jedenfalls personell vom kapitalmarktrechtlichen Insiderhandelsverbot umfasst war und ist.[548]

II. Sachlicher Anwendungsbereich

Nach alter Rechtslage umfasste das Verbot von Insidergeschäften sachlich so genannte Insidertatsachen. Auch hinsichtlich des sachlichen Anwendungsbereichs hat das AnSVG zu einer Änderung geführt. Nunmehr bezieht sich das Verbot von Insidergeschäften auf Insiderinformationen.

Insidertatsachen waren legaldefiniert als Tatsachen, die nicht öffentlich bekannt waren und die sich auf einen oder mehrere Emittenten von Insiderpapieren oder auf Insiderpapiere bezogen und die geeignet waren, im Falle ihres öffentlichen Bekanntwerdens den Kurs der Insiderpapiere erheblich zu beeinflussen, vgl. § 13 Abs. 1 Satz 2 WpHG a.F. Tatsachen im Sinne von § 13 Abs. 1 WpHG a.F. waren alle der äußeren Wahrnehmung und damit dem Beweise zugänglichen gegenwärtigen oder vergangenen Geschehnisse oder Zustände der Außenwelt oder des menschlichen Innenlebens.[549] Der jetzt verwendete Begriff der Insiderinformationen ist ebenfalls in § 13 Abs. 1 WpHG legaldefiniert. Eine Insiderinformation ist danach eine konkrete Information über nicht öffentlich bekannte Umstände, die sich auf einen oder mehrere Emittenten von Insiderpapieren oder auf die Insiderpapiere selbst beziehen und die geeignet sind, im Falle ihres öffentlichen Bekanntwerdens den Börsen- oder Marktpreis der Insiderpapiere erheblich zu beeinflussen.

---

[547] Vgl. die Straf- und Bußgeldvorschriften, §§ 38, 39 WpHG. Hierzu auch *Cahn*, Der Konzern 2005, 5, 11 ff.

[548] So bereits zur alten Rechtslage *Assmann*; AG 1994, 237, 238; *Singhoff*, ZGR 2001, 146, 148 f.

[549] *Assmann* in Assmann/U. H. Schneider, 3. Aufl., WpHG, § 13 Rz. 33a; *Burgard*, ZHR 162 (1998), 51, 63; *Schwark* in Schwark, Kapitalmarktrecht, § 13 WpHG Rz. 29.

1. Konkrete Information

Eine Information ist dann konkret, wenn sie sich auf Umstände bezieht, die bereits existieren oder bei denen man mit hinreichender Wahrscheinlichkeit davon ausgehen kann, dass sie in Zukunft existieren werden, oder ein Ereignis, das bereits eingetreten ist oder mit hinreichender Wahrscheinlichkeit in Zukunft eintreten wird, und diese Information darüber hinaus spezifisch genug ist, dass sie einen Schluss auf mögliche Auswirkungen dieser Reihe von Umständen oder dieses Ereignisses auf die Kurse von Finanzinstrumenten oder damit verbundenen derivaten Finanzinstrumenten zulässt.[550]

Aufgrund des Merkmals der konkreten Information geht der Begriff der Insiderinformation weiter als der Begriff der Insidertatsache und umfasst beispielsweise auch überprüfbare Werturteile, Einschätzungen, Absichten, Gerüchte und Prognosen sofern sie Kursrelevanz besitzen.[551] In der Unternehmenspraxis hat diese Ausweitung erhebliche Auswirkungen, da hierdurch beispielsweise auch Werte und Prognosen wie interne Unternehmensplanungen – soweit sie ebenfalls die weiteren Merkmale erfüllen – als Insiderinformationen gelten und entsprechend sensibel und nach den Vorschriften des Insiderrechts behandelt werden müssen.[552]

2. Nicht öffentlich bekannte Information

Eine Insiderinformation darf zudem nicht öffentlich bekannt sein. Öffentliche Bekanntheit ist gegeben, wenn eine unbestimmte Zahl von Personen von der Information Kenntnis nehmen können.[553] Mit Unterrichtung der Öffentlichkeit, wozu jeder Akt der Veröffentlichung ausreicht, verliert die Insiderinformation ihre Eigenschaft als Insiderinformation.[554] Nicht erforderlich ist jedoch, dass die nicht öffentlich bekannte Information den Charakter eines Geheimnisses oder einer vertraulichen Angabe hat.[555]

---

[550] So die Umschreibung des Begriffs der „präzisen Information" in Art. 1 Nr. 1 der Richtlinie 2003/124/EG vom 22.12.2003 (Abl. EU Nr. L 339 v. 24.12.2003, S. 70), welche ebenfalls auf den Begriff der „konkreten Information" anwendbar ist, vgl. *Assmann* in Assmann/U. H. Schneider, WpHG, § 13 Rz. 7.

[551] *Assmann* in Assmann/U. H. Schneider, WpHG, § 13 Rz. 23; *Bürgers*, BKR 2004, 424 f.; *Cahn*, Der Konzern 2005, 5, 6 f.; *Diekmann/Sustmann*, NZG 2004, 929, 930; *Fabritius*, FS-Huber, S. 705, 715; *Lutter*, Information und Vertraulichkeit, Rz. 636; *Rodewald/Tüxen*, BB 2004, 2249.

[552] Hierzu ausführlich und insbesondere auch auf die Qualifizierung von längerfristigen Planungen eingehend *Fabritius*, FS-Huber, S. 705, 715.

[553] *Caspari*, ZGR 1994, 530, 539; *S. H. Schneider*, NZG 2005, 702, 703.

[554] *Assmann* in Assmann/U. H. Schneider, WpHG, § 13 Rz. 31; *Schwark* in Schwark, Kapitalmarktrecht, § 13 WpHG Rz. 36.

[555] *Assmann* in Assmann/U. H. Schneider, WpHG, § 13 Rz. 32.

Insiderinformationen gemäß § 13 Abs. 1 WpHG können sich also von Geheimnissen der Gesellschaft oder vertraulichen Angaben i.S.v. § 93 Abs. 1 Satz 3 AktG unterscheiden und stellen nicht notwendigerweise solche dar.[556] Geheimnisse der Gesellschaft sind Umstände mit Bezug zur Gesellschaft, die nicht allgemein bekannt sind und nach deren Willen nicht weiter verbreitet werden sollen.[557] Geheimnisse haben mit Insiderinformationen folglich das Merkmal der fehlenden öffentlichen Bekanntheit gemeinsam. Allerdings müssen Geheimnisse und vertrauliche Angaben einen Zusammenhang zum Geschäftsbetrieb haben, während Insiderinformationen auch Vorgänge außerhalb der Gesellschaft betreffen können.[558] Anders als Insiderinformationen müssen Geheimnisse jedoch beispielsweise kein Kurspotential haben, obwohl dieses Merkmal oftmals erfüllt sein wird. Zumeist werden daher Geheimnisse und vertrauliche Angaben auch Insiderinformationen sein, während Insiderinformationen nicht immer auch ein Geheimnis bzw. eine vertrauliche Angabe darstellen.[559]

3. Emittenten- oder Insiderpapierbezug der Information

Weiterhin müssen die Informationen Emittenten- oder Insiderpapierbezug aufweisen. Als emittentenbezogen gilt eine Information dann, wenn sie interne Vorgänge der Unternehmen oder Beziehungen der Unternehmen zu ihrer Umwelt betrifft, ohne sich auf Umstände zu beziehen, die nur eine bestimmte Klasse oder Art von Insiderpapieren berühren, welche vom Unternehmen emittiert wurden.[560] Emittentenbezug liegt etwa bei Informationen vor, die die Vermögens- und Finanzlage, die Ertragslage, den Geschäftsverlauf, Investitionen, personelle und organisatorische Verhältnisse, Veränderungen in der Aktionärsstruktur oder ähnliche allgemeine für die Stellung eines Unternehmens auf dem Markt relevanten Vorgänge betreffen.[561] Insiderpapierbezogen sind Informationen, die ein höheres Maß an Spezifität zu einem oder mehreren Wertpapieren haben.[562] Als insiderpapierbezogene Informationen kommen

---

[556] Hopt in GroßKomm. AktG, § 93 Rz. 191; Lutter, Information und Vertraulichkeit, Rz. 641 ff.; ders./Krieger, Rechte und Pflichten, Rz. 289 ff. Umfangreiche Ausführungen zur Abgrenzung Federlin, Informationsflüsse, S. 107 ff.
[557] BGHZ 64, 325, 329; Hopt in GroßKomm. AktG, § 93 Rz. 191; Hefermehl/Spindler in MünchKomm. AktG, § 93 Rz. 45 f.; Hüffer, § 93 AktG Rz. 7; Mertens in KölnKomm. AktG, § 116 Rz. 43
[558] Hopt in GroßKomm. AktG, § 93 Rz. 191; Lutter, Information und Vertraulichkeit, Rz. 643.
[559] Assmann in Assmann/U. H. Schneider, WpHG, § 13 Rz. 32; Lutter, Information und Vertraulichkeit, Rz. 646.
[560] Assmann in Assmann/U. H. Schneider, WpHG, § 13 Rz. 48; Schwark in Schwark, Kapitalmarktrecht, § 13 WpHG Rz. 41.
[561] Assmann in Assmann/U. H. Schneider, WpHG, § 13 Rz. 48; Caspari, ZGR 1994, 530, 539; Schwark in Schwark, Kapitalmarktrecht, § 13 WpHG Rz. 41.
[562] Assmann in Assmann/U. H. Schneider, WpHG, § 13 Rz. 49.

beispielsweise die Orderlage an der Börse, Kurspflegemaßnahmen oder Änderung des Dividendensatzes in Betracht.[563]

Die Quelle einer Insidertatsache kann sowohl innerhalb als auch außerhalb des Unternehmensbereichs des Emittenten liegen.[564] Mithin können auch Vorgänge eines nicht börsennotierten konzernverbundenen Unternehmens, die Einfluss auf die wirtschaftliche Lage einer börsennotierten Konzerngesellschaft haben, Insidertatsachen sein.[565]

4. Kursrelevanz, § 13 Abs. 1 Satz 2 WpHG

Die Insiderinformation muss ebenfalls zur erheblichen Kursbeeinflussung geeignet sein.[566] Dies ist gemäß § 13 Abs. 1 Satz 2 WpHG dann der Fall, wenn ein verständiger Anleger die Information bei seiner Anlageentscheidung berücksichtigen würde.[567] Sinn und Zweck dieses Merkmals ist es, so genannte Bagatellfälle aus dem Insiderhandelsverbot auszuschließen.[568] Eine Abgrenzung kursrelevanter Informationen von Bagatellfällen kann teilweise allerdings nur schwer vorgenommen werden. Insbesondere ist zu beachten, dass auch vermeintliche Bagatellinformationen in ihrer Zusammenballung besonders breite oder tiefe Informationen vermitteln können, welche erst in ihrer Gesamtheit ein umfassendes Bild über die Gesellschaft ergeben, das möglicherweise im Ergebnis doch geeignet sein kann, im Falle ihres Bekanntwerdens erhebliche Kursausschläge auszulösen.[569]

III. Unbefugte Informationsweitergabe

Um den Tatbestand des § 14 Abs. 1 Nr. 2 WpHG zu erfüllen, müssen Insiderinformationen unbefugt mitgeteilt oder zugänglich gemacht werden. Unter dem Begriff der Mitteilung versteht man die unmittelbare Weitergabe der Information.[570] Zugänglichmachen erfasst darüber hinaus die Fälle, in denen nur die

---

[563] *Schwark* in Schwark, Kapitalmarktrecht, § 13 WpHG Rz. 41.

[564] *Assmann*, AG 1994, 237, 242; *Schwark* in Schwark, Kapitalmarktrecht, § 13 WpHG Rz. 41; *Singhoff*, ZGR 2001, 146, 151 f.

[565] *Singhoff*, ZGR 2001, 146, 152.

[566] Ausführlich zur Problematik dieses Merkmals *Lutter*, Information und Vertraulichkeit, Rz. 640.

[567] Statt aller *Assmann* in Assmann/U. H. Schneider, WpHG, § 13 Rz. 56.

[568] *Assmann* in Assmann/U. H. Schneider, WpHG, § 13 Rz. 51.

[569] Hierzu *Menke*, NZG 2004, 697, 700.

[570] *Assmann* in Assmann/U. H. Schneider, WpHG, § 14 Rz. 65; *ders.*, AG 1994, 237, 247; BaFin, Emittentenleitfaden, S. 31.

Voraussetzungen für eine Kenntniserlangung durch einen Dritten geschaffen werden.[571]

Das Merkmal „unbefugt" soll die Tathandlungen „Weitergabe" bzw. „Zugänglichmachen" näher kennzeichnen und ist nicht lediglich als Indiz für das Vorliegen von Rechtswidrigkeit im strafrechtlichen Sinne anzusehen.[572] Eine prägnante Definition für unbefugte Weitergaben existiert nicht, so dass der Begriff „unbefugt" als unbestimmter Rechtsbegriff zu seiner Kon-kretisierung der Auslegung bedarf. Hierzu ist zunächst auf den Sinn und Zweck des Insiderrechts und insbesondere des Weitergabeverbots nach § 14 Abs. 1 Nr. 2 WpHG abzustellen.[573] Das Verbot von Insidergeschäften dient der guten Ordnung im Kapitalmarkt (Funktionenschutz) und dem Schutz des individuellen Kapitalanlegers (Individualschutz).[574] Das Weitergabeverbot soll das Risiko von Insidergeschäften dadurch verringern, dass der Kreis derjenigen, die Kenntnis von Insiderinformationen haben, soweit wie möglich begrenzt wird.[575]

Neben dem sich im Zweck der Regelung ausdrückenden Charakter des abstrakten Gefährdungstatbestands ist § 14 Abs. 1 Nr. 2 WpHG weiterhin als Vorfeldtatbestand anzusehen, der einen nachfolgenden Verstoß gegen § 14 Abs. 1 Nr. 1 WpHG, § 14 Abs. 1 Nr. 3 WpHG und § 14 Abs. 2 WpHG verhindern soll.[576] Auch dieser Aspekt ist bei einer Abwägung, ob eine Informationsweitergabe als befugt oder unbefugt zu qualifizieren ist, zu berücksichtigen. Aus diesem systematischen Kontext heraus muss somit ebenfalls danach gefragt werden, zu welchem Zweck eine Informationsweitergabe stattfindet und ob die Weitergabe eine Gelegenheit bzw. eine konkrete Gefahr der Ausnutzung der Insiderinformation schafft.[577]

Weiterhin ist zu berücksichtigen, dass weder ein Vorrang des Kapitalmarkts und des Kapitalmarktrechts besteht, noch ein Vorrang des Gesell-

---

[571] *Assmann* in Assmann/U. H. Schneider, WpHG, § 14 Rz. 66; *ders.*, AG 1994, 237, 247; BaFin, Emittentenleitfaden, S. 31.
[572] *Assmann* in Assmann/U. H. Schneider, WpHG, § 14 Rz. 72; *Caspari*, ZGR 1994, 530, 545; *Götz*, DB 1995, 1949; *U. H. Schneider/Singhoff*, FS-Kraft, S. 585, 588; *Schwark* in Schwark, Kapitalmarktrecht, § 14 WpHG Rz. 30.
[573] *Assmann* in Assmann/U. H. Schneider, WpHG, § 14 Rz. 73.
[574] *Assmann* in Assmann/U. H. Schneider, WpHG, Vor § 12 Rz. 49, § 14 Rz. 6 f.; *Hopt* in Schimansky/Bunte/Lwowski, § 107 Rz. 4 f.; *Lutter*, Information und Vertraulichkeit, Rz. 633; *S. H. Schneider*, Informationspflichten, S. 69; *U. H. Schneider*, FS-Wiedemann, S. 1255, 1257; *ders./Singhoff*, FS-Kraft, S. 585, 589; *Singhoff*, ZGR 2001, 146, 153; *Ziemons*, AG 1999, 492, 497.
[575] EuGH, Urteil v. 22.11.2005 – C-384/02, NZG 2006, 60 ff.; *Caspari*, ZGR 1994, 530, 545; *U. H. Schneider/Singhoff*, FS-Kraft, S. 585, 589.
[576] *Assmann* in Assmann/ U. H. Schneider, WpHG, § 14 Rz. 63; *U. H. Schneider/Singhoff*, FS-Kraft, S. 585, 589; *Schwark* in Schwark, Kapitalmarktrecht, § 14 WpHG Rz. 1.
[577] *U. H. Schneider/Singhoff*, FS-Kraft, S. 585, 589 f.; *Singhoff*, ZGR 2001, 146, 153.

schaftsrechts.[578] Die Beurteilung einer Informationsweitergabe als befugt oder unbefugt erfordert mithin eine Gesamtbetrachtung, die sowohl den Anlegerschutz und die Funktionsfähigkeit des Kapitalmarkts berücksichtigt, als auch die Funktionsfähigkeit der einzelnen börsennotierten Gesellschaften.[579] Diese Wertung findet man bereits in Art. 3 lit. a der EG-Insiderrichtlinie[580] und in der Gesetzesbegründung[581], wo ausgeführt wird, dass die Weitergabe einer Insiderinformation nicht unbefugt ist, soweit sie in einem normalen Rahmen in Erfüllung der Aufgaben der Gesellschaft geschieht bzw. wenn die „Tatsache im normalen Rahmen der Berufs- und Geschäftsausübungstätigkeit weitergegeben wird". Auch in der Literatur und Rechtsprechung findet man entsprechende Wertungen, nach denen eine Informationsweitergabe dann nicht unbefugt ist, wenn sie aus betrieblichen oder rechtlichen Gründen erforderlich ist.[582]

IV. Abgrenzung von befugter und unbefugter Weitergabe von Informationen in Konzernverhältnissen

Der Konzern ist keine rechtliche Informationseinheit.[583] Insidertatsachen dürfen daher nicht allein deshalb weitergegeben werden, weil eine Konzernlage besteht.[584] Um die Zulässigkeit von Informationsflüssen im Konzern bewerten zu können, muss vielmehr eine differenzierte Betrachtung unter Berücksichtigung der Vielheit der rechtlich selbständigen Unternehmen vorgenommen werden.[585] Zur Bewertung der Weitergabe von Insider-informationen im Konzern als befugt oder unbefugt, muss man die oben aufgeführten Wertungsmaßstäbe heranziehen. Diese sind mit den im jeweiligen Konzernverhältnis relevanten betrieblichen und gesellschafts-rechtlichen Umständen abzuwägen.

---

[578] U. H. Schneider/Singhoff, FS-Kraft, S. 585, 589; Singhoff, ZGR 2001, 146, 153.

[579] Assmann in Assmann/U. H. Schneider, WpHG, § 14 Rz. 73; U. H. Schneider/Singhoff, FS-Kraft, S. 585, 589; Singhoff, ZGR 2001, 146, 161 f.

[580] RL 89/592/EWG vom 13.11.1989, ABl. EG Nr. L 334/30 vom 18 November 1989.

[581] Vgl. Begr. RegE 2. FFG, BT-Ds 12/6679, S. 47.

[582] EuGH, Urteil v. 22.11.2005 – Rs C-384/02 (Københavns Byret/ Dänemark), NZG 2006, 60 ff.; Assmann in Assmann/U. H. Schneider, WpHG, § 14 Rz. 74, 89 ff.; ders., AG 1994, 237, 247; Schäfer in Schäfer/Hamann, Kapitalmarktgesetze, § 14 WpHG Rz. 24 ff.; Menke, NZG 2004, 697, 701; Schwark in Schwark, Kapitalmarktrecht, § 14 WpHG Rz. 32; Die BaFin, Emittentenleitfaden, S. 31, äußert lediglich ähnlich, dass eine Weitergabe von Insiderinformationen auf jeden Fall dann unbefugt ist, wenn sie nicht im üblichen Rahmen bei Ausübung der Arbeit oder des Berufs oder in Erfüllung von Aufgaben des Insiders für den Emittenten geschieht.

[583] In anderem Zusammenhang betonen dies auch Kilian/Scheja, BB 2002, Beilage 3, S. 19, 21; Ruppmann, Der konzerninterner Austausch personenbezogener Daten, S. 89 f.

[584] Assmann in Lutter/Scheffler/U. H. Schneider (Hrsg.), Handbuch Konzernfinanzierung, Rz. 12.18; U. H. Schneider, FS-Wiedemann, S. 1255, 1265; Singhoff, ZGR 2001, 146, 161.

[585] U. H. Schneider, FS-Wiedemann, S. 1255, 1264.

1. Auskunftsrecht der Obergesellschaft als Aktionär in der Hauptversammlung gemäß § 131 Abs. 1 Satz 1 AktG

Zur Beantwortung der Frage, ob eine Weitergabe von Insiderinformationen des beherrschten Unternehmens an das herrschende Unternehmen im Konzern als befugte oder unbefugte Weitergabe einzuordnen ist, wird, da der Konzern immer Mitgliedschaftskonzern ist,[586] teilweise jedoch zunächst auf das Auskunftsrecht des Aktionärs in der Hauptversammlung nach § 131 Abs. 1 Satz 1 AktG verwiesen. So wird die Auffassung vertreten, dass Auskunftsrecht nach § 131 Abs. 1 Satz 1 AktG sei vorrangig vor dem Verbot der Weitergabe von Insiderinformationen nach § 14 Abs. 1 Nr. 2 WpHG.[587] Zum einen wird diese Auffassung damit begründet, dass sowohl das Insiderrecht als auch das Auskunftsrecht nach § 131 Abs. 1 Satz 1 AktG den Aktionären diene, das Auskunftsrecht für die Wahrung der Aktionärsrechte jedoch eine noch größere Bedeutung habe, da es eines der zentralen Aktionärsrechte darstelle und wesentlich für die Vorbereitung der Ausübung des Stimmrechts sei.[588] Zum anderen findet sich die Begründung, dass die gesetzliche Wertung den Informationsweitergabepflichten regelmäßig Vorrang gegenüber den Informationsweitergabeverboten gewähre.[589]

Der erste Begründungsansatz lässt jedoch außer Acht, dass Sinn und Zweck des Insiderrechts nicht ausschließlich der Individualschutz ist, sondern außerdem der so genannte Funktionenschutz. Durch die Kundgabe von Insiderinformationen in der Hauptversammlung würde oftmals zwar automatisch eine Vielzahl von Personen Kenntnis erlangen, nicht aber die so genannte Bereichsöffentlichkeit[590] hergestellt. Kundgaben von Insider-informationen haben gemäß § 15 WpHG zum Schutze der Ordnung des Kapitalmarkts aber an die Bereichsöffentlichkeit und nur in der für Ad-hoc-Mitteilungen gesetzlich vorgeschrieben Form zu erfolgen.[591] Einfache Auskunfterteilung im Rahmen einer Hauptversammlung sind hierzu nicht hinreichend.[592] Durch eine Veröffentlichung in der Hauptversammlung würden abwesende Aktionäre und andere Marktteilnehmer nur mit zeitlicher Verzögerung informiert, so dass die anwesenden Aktionäre gegenüber anderen Marktteilnehmern, welche zur Bereichs-

---

[586] Zum Begriff des Mitgliedschaftskonzerns *Singhoff*, ZGR 2001, 146; *Zöllner*, ZHR 162 (1998), 235, 238.

[587] *Benner-Heinacher*, DB 1995, 765, 766; *S. H. Schneider*, Informationspflichten, S. 62 f.

[588] *Benner-Heinacher*, DB 1995, 765, 766.

[589] *S. H. Schneider*, Informationspflichten, S. 63.

[590] Zum Begriff Begr. RegE 2. FFG, BT-Ds. 12/6679, S. 46. Siehe auch *Kümpel*, WM 1994, 2137, 2138.

[591] Das Verfahren der Ad-hoc-Mitteilung und die Anforderungen an deren Inhalt richten sich im Wesentlichen nach §§ 4 – 9 WpAIV (Wertpapierhandelsanzeige- und Insiderverzeichnisverordnung v. 13.12.2004, BGBl. I S. 3376), welche auf Grund von § 15 Abs. 7 Satz 1 WpHG erlassen wurden.

[592] *Kümpel*, WM 1994, 2137, 2138.

öffentlichkeit zählen, einen Vorteil erlangen würden. Dies steht im Widerspruch zu Sinn und Zweck des § 15 WpHG[593] und des gesamten Insiderrechts, das gerade vermeiden will, dass jemand wegen eines Informationsprivilegs Sondervorteile bei Börsen-aktivitäten erhält.[594] Der erste Begründungsansatz kann somit nicht über-zeugen.

Dem zweiten Begründungsansatz ist ebenfalls nicht zuzustimmen, weil Informationsweitergabepflichten gerade nicht regelmäßig Vorrang gegenüber den Informationsweitergabeverboten gewährt wird. Dies zeigte sich bereits oben in Bezug auf die Verschwiegenheitspflicht nach § 93 Abs. 1 Satz 3 AktG, welche regelmäßig Vorrang vor dem Auskunftsrecht des Aktionärs in der Hautversammlung gemäß § 131 Abs. 1 Satz 1 AktG hat.[595] Ein allgemeiner Grundsatz des Vorrangs von Weitergabepflichten vor Verschwiegen-heitspflichten existiert folglich nicht.

Weiterhin wird eine Ansicht vertreten, nach der der Anspruch aus § 131 Abs. 1 Satz 1 AktG Insiderinformationen einschließt, diese Informationen allerdings vor einer Veröffentlichung im Rahmen der Hauptversammlung zunächst ad-hoc publiziert werden sollen.[596] Diesem Ansatz kann ebenfalls nicht gefolgt werden. Eine solche Pflicht zur Ad-hoc-Publizität würde weit über § 15 WpHG hinausgehen und den Bereich der Informationen, die einer Bereichsöffentlichkeit bekannt gemacht werden sollen, stark ausweiten und aufgrund der vergrößerten Möglichkeit zur Kenntnisnahme durch Dritte ebenfalls die Gefahr erhöhen, dass solche Informationen zu Ungunsten von Gesellschaft und Aktionär genutzt werden.

Wegen seiner speziellen Natur ist das Insiderrecht – mit der herrschenden Meinung[597] – vielmehr als vorrangig anzusehen. § 14 Abs. 1 Satz 1 Nr. 2 WpHG tritt mithin nicht hinter dem Auskunftsrecht des Aktionärs nach § 131 Abs. 1 Satz 1 AktG zurück. Insiderinformationen werden folglich nicht von diesem Auskunftsrecht erfasst, sondern dürfen bzw. müssen nach § 131 Abs. 3 Nr. 5 AktG verweigert werden. Die Zulässigkeit bzw. Befugnis der Weitergabe von Insiderinformationen im Konzern lässt sich daher nicht mit § 131 Abs. 1 Satz 1 AktG begründen.

---

[593] Vgl. *Grüner*, NZG 2000, 770, 777.

[594] Vgl. *Lutter*, Information und Vertraulichkeit, Rz. 633.

[595] Siehe oben S. 18 ff.

[596] So *Götz*, DB 1995, 1949, 1951 f.; *Hopt*, ZHR 159 (1995), 135, 157; *U. H. Schneider/Singhoff*, FS-Kraft, S. 596 ff.

[597] *Assmann* in Assmann/U. H. Schneider, WpHG, § 14 Rz. 85 f.; *ders.*, AG 1997, 50, 57; *Joussen*, DB 1994, 2485 ff.; *Kümpel*, WM 1994, 2137, 2138; *Schwark* in Schwark, Kapitalmarktrecht, § 14 WpHG Rz. 36; *Ziemons*, AG 1999, 492, 498.

2. Spezifisch konzernrechtliche Aspekte zur Beurteilung der Befugnis der Weitergabe von Insiderinformationen

Zur Beurteilung, ob eine Weitergabe von Insiderinformationen vom beherrschten an das herrschende Unternehmen als befugt oder unbefugt anzusehen ist, muss demnach auf spezifisch konzernrechtliche Aspekte abgestellt werden. Relevante konzernrechtliche Aspekte, die zur Abwägung herangezogen werden müssen, sind insbesondere die Konzernleitung, die Konzernkontrolle und Publizitätspflichten im Konzern.

a) Konzernrechtliche Publizitätspflichten

Es bestehen diverse Publizitätspflichten der Muttergesellschaft im Konzern, die sowohl für die Eingliederung und den Vertragskonzern als auch für faktische Konzernverhältnisse gelten.[598] Zu denken sei insbesondere an Regelungen im Zusammenhang mit der Konzernrechnungslegung und hierbei vor allem an den Auskunftsanspruch der herrschenden Gesellschaft nach § 294 Abs. 3 HGB. Es wurde bereits oben herausgearbeitet, dass es widersprüchlich wäre, einen solchen konkreten Auskunftsanspruch zu normieren, ihn aber zugleich an Verschwiegenheitspflichten bzw. Informationsweitergabeverboten scheitern zu lassen.[599] Das für die Verschwiegenheitspflicht nach § 93 Abs. 1 Satz 3 AktG erhaltene Ergebnis in Bezug auf den Informationsfluss zu Zwecken der Konzernrechnungslegung muss auch auf die Weitergabe von Insiderinformationen übertragbar sein. Anhaltspunkte für eine entgegenstehende Wertung sind nicht ersichtlich.

Weiterhin ist insbesondere die unter gewissen Umständen bestehende Pflicht der Muttergesellschaft zur Ad-hoc-Publizität nach § 15 WpHG in Bezug auf Insiderinformationen aus der Tochtergesellschaft[600] ein Beispiel dafür, dass Insiderinformationen von dem beherrschten Unternehmen an das herrschende Unternehmen weitergegeben werden dürfen bzw. müssen. Wie bereits oben gezeigt wurde, kann dies für faktische Konzernverhältnisse aber nur begrenzt gelten.

Auch bezüglich Insiderinformationen muss der Grundsatz gelten, dass im Falle des Bestehens einer besonderen Rechtspflicht des herrschenden Unternehmens, die nur auf der Grundlage von Informationen erfüllt werden kann, das herrschende Unternehmen in diesem Umfang auch einen Anspruch gegen die beherrschte Gesellschaft auf Informationserteilung haben muss.[601] In diesem

---

[598] Siehe oben S. 80 ff.
[599] Siehe oben S. 88 f.
[600] Hierzu oben S. 96 ff.
[601] So auch *U.H. Schneider*, FS-Brandner, S. 565, 573 f.

Umfang tritt mithin jedenfalls das Verbot der Weitergabe von Insiderinformationen nach § 14 Abs. 1 Nr. 2 WpHG hinter den Publizitäts-pflichten zurück.

b) Konzernleitung und Konzernkontrolle

An eine weitergehende Informationsweitergabe könnte im Rahmen der Konzernleitung gedacht werden. Wie bereits oben dargestellt, ist die Intensität der Konzernleitung bzw. die Intensität der Einwirkungsmöglichkeiten durch die herrschende Gesellschaft nicht einheitlich, sondern davon abhängig, welche Art der Konzernierung vorliegt. Bei der Prüfung, ob die Konzernleitung den Grund für eine weitergehende Informationsweitergabe darstellen kann, muss daher nach Konzernarten unterschieden werden.

aa) Eingliederung und Vertragskonzern

Betrachtet man zunächst die Konzernleitungsintensität und Einwirkungsmöglichkeiten bei der Eingliederung[602] und im Vertragskonzern, so stellt man – wie bereits oben aufgeführt[603] – fest, dass zwischen den einzelnen Konzerngesellschaften eine besonders enge Beziehung besteht. Bezüglich der gesellschaftsrechtlichen Verschwiegenheitspflicht nach § 93 Abs. 1 Satz 3 AktG wurde bereits gezeigt, dass das Gesellschaftsrecht von der Zulässigkeit eines vollumfänglichen Informationsflusses der beherrschten Gesellschaft an die herrschende Gesellschaft ausgeht. Das herrschende Unternehmen hat durch das Weisungsrecht nach § 308 AktG bzw. §§ 323, 308 AktG starke gesellschaftsrechtliche Einwirkungsrechte, die es nur dann auf die vom Gesetz in § 309 AktG vorgesehene Art und Weise ausüben kann, wenn es über umfassende Informationen verfügt und diese entsprechend fordern kann und erhalten darf. Der von Gesetzgebung und Literatur niedergelegte Grundsatz, dass Weitergaben von Insiderinformationen nicht als unbefugt einzustufen sind, soweit sie in einem normalen Rahmen in Erfüllung der Aufgaben der Gesellschaft geschehen bzw. wenn sie im normalen Rahmen der Berufs- und Ge-

---

[602] Die Börsennotierung einer eingegliederten Gesellschaft ist theoretisch möglich, praktisch jedoch eher unwahrscheinlich und wird häufig sogar als Mittel zum so genannten „Going Private", also dem Rückzug von der Börse, verwendet. Beantragt die börsennotierte Gesellschaft nicht einen Widerruf ihrer Börsenzulassung nach § 38 Abs. 4 BörsG, so werden in Fällen der Eingliederung die Voraussetzungen für ein Zwangs-Delisting nach § 38 Abs. 3 BörsG vorliegen, da ein ordnungsgemäßer Börsenhandel auf Dauer mangels hinreichenden Free Floats, welcher eine ordnungsgemäße Kursbildung ermöglicht, nicht mehr gewährleistet ist. Bei § 38 Abs. 3 BörsG handelt es sich allerdings um eine Ermessensvorschrift. – Die Zulassung einer eingegliederten Gesellschaft scheitert allerdings an § 9 BörsZulV, wonach grundsätzlich mindestens 25% des Nennbetrags der zugelassenen Aktien breit gestreut sein müssen, also dem Free Float zuzurechnen sein müssen.

[603] Siehe oben S. 25 ff.

schäftsausübungstätigkeit weitergegeben werden,[604] muss auch auf Informationsweitergaben zwischen den einzelnen Gesellschaften bei der Eingliederung und im Vertragskonzern übertragen werden.[605] Die Aufgabe der Konzernleitung bzw. Ausübung des Weisungsrechts ist folglich als kapitalmarktrechtlich anerkannter Grund für eine Informationsweitergabe anzusehen. Ein anderes Ergebnis würde originär unternehmerisch bedingte Sachentscheidungen unterbinden und dies ist nicht Sinn und Zweck von § 14 Abs. 1 Nr. 2 WpHG.[606] Sofern der Vorstand der Gesellschaft unter Abwägung seiner Pflichten aus § 93 Abs. 1 AktG zu dem Ergebnis kommt, dass die Weitergabe von Unternehmensinformationen für die Zwecke einer einheitlichen Konzernleitung bzw. sorgfältigen Ausübung des Weisungsrechts aktienrechtlich zulässig ist – und dies wird regelmäßig bei der Eingliederung und dem Vertragskonzern der Fall sein –, handelt er somit zugleich befugt im Sinne von § 14 Abs. 1 Nr. 2 WpHG.[607]

Da das so genannte Weitergabeverbot nach § 14 Abs. 1 Nr. 2 WpHG lediglich ein Vorfeldtatbestand des eigentlichen Insiderhandelsverbots nach § 14 Abs. 1 Nr. 1, 3 WpHG ist, führt ein solches Ergebnis auch nicht zur Schutzlosstellung außenstehender Aktionäre bzw. anderer Marktteilnehmer. Eine Nutzung der erhaltenen Insiderinformationen für einen der in § 14 Abs. 1 Nr. 1, 3 WpHG aufgeführten Zwecke durch das herrschende Unternehmen ist weiterhin unzulässig und strafbewehrt.

bb) Faktischer Konzern

Bezüglich der Zulässigkeit der Weitergabe von Insiderinformationen im Konzern wird zumeist nicht zwischen faktischem Konzern und anderen Konzernar-

---

[604] So die *BaFin*, Emittentenleitfaden, S. 31; *Assmann* in Assmann/U. H. Schneider, WpHG, § 14 Rz. 74, 89 ff.; *Schäfer* in Schäfer/Hamann, Kapitalmarktgesetze, § 14 WpHG Rz. 24 ff.; *Menke*, NZG 2004, 697, 701; *Schwark* in Schwark, Kapitalmarktrecht, § 14 WpHG Rz. 32.

[605] *Assmann* in Assmann/U. H. Schneider, WpHG, § 14 Rz. 94; *ders.*, Lutter/Scheffler/U. H. Schneider, Handbuch Konzernfinanzierung, Rz. 12.25, 12.27 ff.; *Elsner*, Kontrolle der Tochtergesellschaften, S. 131 f. mit Verweis auf das rechtlich anerkannte Tochterkontrollbedürfnis; *Menke*, NZG 2004, 697, 701. *Schwark* in Schwark, Kapitalmarktrecht, § 14 WpHG Rz. 38; *Singhoff*, ZGR 2001, 146 ff., 162; *Ziemons*, AG 1999, 492, 499.

[606] Vgl. *Assmann* in Assmann/U. H. Schneider, WpHG, § 14 Rz. 94; *Menke*, NZG 2004, 697, 701; *Singhoff*, ZGR 2001, 146, 153.

[607] Eine Weitergabe von Insiderinformationen, die nicht zu Zwecken der Konzernleitung erfolgt bzw. so ausgelegt werden kann, wird allerdings nur in den seltensten Fällen vorliegen; bspw. wenn die herrschende Gesellschaft erkennbar Informationen nur zum Zwecke der Aufstockung oder Verringerung ihrer Beteiligung oder aber zur Vornahme lukrativer Kapitalanlagen erhalten möchte, vgl. hierzu *Assmann* in Assmann/U. H. Schneider, WpHG, § 14 Rz. 95; *Singhoff*, ZGR 2001, 146, 163, 171 f.

ten unterschieden.[608] Es wird lediglich allgemein von der Zulässigkeit der Konzerngründung auf die Zulässigkeit der Konzernleitung und mithin auf die Erforderlichkeit und damit auch Zulässigkeit der Weitergabe von Insiderinformationen geschlossen.[609]

Im faktischen Konzern sind die Einwirkungsmöglichkeiten des herrschenden Unternehmens begrenzt. Wie bereits oben gezeigt wurde,[610] hat das herrschende Unternehmen die faktische Möglichkeit, das beherrschte Unternehmen zu bestimmten Maßnahmen zu veranlassen. Diesen Veranlassungen muss die beherrschte Gesellschaft allerdings nicht Folge leisten, vgl. § 311 AktG. Vertrauliche und geheime Informationen darf sie allerdings dann weitergeben, wenn entsprechende Publizitätspflichten bestehen, dies nach den Maßgaben des § 311 AktG möglich ist[611] oder aber eine Weitergabe im überwiegenden Unternehmensinteresse liegt.[612] Nur in diesen Fällen ist eine Weitergabe auch in dem Maße betrieblich veranlasst, dass sie im normalen Rahmen der Berufs- und Geschäftsausübungstätigkeit liegt. Der für die Weitergabe vertraulicher und geheimer Informationen im Sinne von § 93 Abs. 1 Satz 3 AktG herausgearbeitete Maßstab ist somit ebenfalls für die Bestimmung der zulässigen Weitergabe von Insiderinformationen relevant. Es fällt nicht in den Funktionsbereich des Insiderrechts, durch einen Eingriff in den verbundsinternen Informationsfluss konzernrechtliche Aufgaben zu übernehmen.[613] Würde man nun aufgrund des kapitalmarktrechtlichen Weitergabeverbots zu einer Unzulässigkeit der Weitergabe von Insiderinformationen aufgrund des Vorliegens einer Konzernsituation kommen, so würde dies der gesellschaftsrechtlichen Informationsordnung zuwiderlaufen. Vielmehr gilt daher auch für die

---

[608] *Assmann* in Assmann/U. H. Schneider, WpHG, § 14 Rz. 94; *Elsner*, Kontrolle der Tochtergesellschaften, S. 131 f., der dieses Ergebnis wiederum auf das durch §§ 291 ff., 311 ff., 319 ff. AktG rechtlich anerkannte Tochterkontrollbedürfnis bezieht; *Menke*, NZG 2004, 697, 701; *U. H. Schneider*, FS-Wiedemann, S. 1255, 1263 ff.

[609] *U. H. Schneider*, FS-Wiedemann, S. 1255, 1263. Auch das *BAWe* (Bundesaufsichtsamt für den Wertpapierhandel – ab dem 1.5.2002 allerdings von der Bundesanstalt für Finanzdienstleistungsaufsicht [BaFin] abgelöst), Insiderhandelsverbote und Ad-hoc-Publizität nach dem Wertpapierhandelsgesetz, S. 21 tendierte hierzu und führte aus, dass die Weitergabe von Insiderinformationen aus betrieblichen Gründen auch im faktischen Konzern als zulässig anzusehen sein dürfte. Bemerkenswerter Weise hat das Nachfolgewerk der *BaFin*, Emittentenleitfaden v. 15. Juli 2005, einen solch pauschalen Hinweis auf die Zulässigkeit der Weitergabe in faktischen Konzernverhältnissen nicht übernommen. Dies kann durchaus als Indiz dafür angesehen werden, dass die Rechtslage keineswegs klar ist und sich die in der Vorauflage geäußerte Tendenz so nicht realisiert hat.

[610] Vgl. S. 59, Fn. 231.

[611] Aufgrund zumeist fehlender Quantifizierbarkeit des Nachteils bei der Weitergabe vertraulicher bzw. geheimer Informationen wird eine Abwicklung über § 311 AktG regelmäßig ausscheiden.

[612] Siehe hierzu oben S. 112 ff.

[613] *Elsner*, Kontrolle der Tochtergesellschaften, S. 132; *Singhoff*, ZGR 2001, 146, 153.

„befugte" Weitergabe von Insiderinformationen der in Bezug auf § 93 Abs. 1 Satz 3 AktG geltende Maßstab.

cc) Zwischenergebnis

§ 14 Abs. 1 Nr. 2 WpHG steht einer Weitergabe von Insiderinformationen im Konzern nicht entgegen, wenn Informationen im Rahmen der normalen Berufs- und Geschäftsausübungstätigkeit weitergegeben werden. Welchen Umfang der Rahmen normaler Berufs- und Geschäftsausübungstätigkeit hat, richtet sich nach der Art der Konzernierung. Die für § 93 Abs. 1 Satz 3 AktG entwickelten Maßstäbe sind jedenfalls Indiz für den Umfang des normalen Rahmens der Berufs- und Geschäftsausübungstätigkeit und somit als Maßstab für die Zulässigkeit einer Weitergabe von Insiderinformationen zu übertragen.

B. Summa

Auch im Konzern gilt grundsätzlich das Verbot der Weitergabe von Insiderinformationen nach § 14 Abs. 1 Nr. 2 WpHG. Der konzerninterne Informationsfluss kann somit ebenfalls aufgrund dieser Regelung beschränkt sein. Insiderinformationen dürfen aber jedenfalls immer dann weitergegeben werden, wenn dies zur Erfüllung gesetzlicher Publizitätspflichten des eigenen oder aber des herrschenden Unternehmens erforderlich ist. Bei Eingliederung und Vertragskonzern wird man aufgrund der zur sorgfältigen Ausübung des umfassenden Weisungsrechts benötigten Informationen auch in Bezug auf Insiderinformationen von der Zulässigkeit einer umfassenden Informations-weitergabe an das herrschende Unternehmen ausgehen müssen. In faktischen Konzernverhältnissen richtet sich der Maßstab der zulässigen Weitergabe von Insiderinformationen nach dem Umfang der zulässigen Weitergabe von vertraulichen bzw. geheimen Informationen. Insider-informationen dürfen daher in faktischen Konzernverhältnissen nur in begrenztem Umfang weitergegeben werden. Die Beschränkung des Informationsflusses im Konzern durch das Verbot der Weitergabe von Insiderinformationen geht folglich nicht über die Beschränkung durch § 93 Abs. 1 Satz 3 AktG hinaus.

Vierter Abschnitt:
Sonstige Regelungen, die den Informationsfluss im Konzern begrenzen könnten

Neben den für die Begrenzung des Informationsflusses im Konzern maßgeblichen gesellschaftsrechtlichen Regelungen der §§ 93 Abs. 1 Satz 3, 131 Abs. 4 AktG und der kapitalmarktrechtlichen Regelung des § 14 Abs. 1 Nr. 2 WpHG existieren weitere Vorschriften, durch die der Informationsfluss Beeinträchtigungen erfahren könnte. So ist etwa an das Datenschutzrecht oder das Bankgeheimnis zu denken. Welche Auswirkungen diese Regelungen auf den Informationsfluss im Konzern tatsächlich haben und insbesondere ob der Informationsfluss hierdurch in einem höheren Maße als durch die gesellschaftsrechtliche Verschwiegenheitspflicht nach § 93 Abs. 1 Satz 3 AktG und das kapitalmarktrechtliche Verbot von Insidergeschäften nach § 14 Abs. 1 Nr. 2 WpHG beschränkt werden kann, wird im Folgenden untersucht.

A. Datenschutzrecht

Bei Betrachtung des Informationsflusses im Konzern unter gesellschaftsrechtlichen und kapitalmarktrechtlichen Gesichtspunkten wurde bereits festgestellt, dass die Verschwiegenheitspflicht nach § 93 Abs. 1 Satz 3 AktG und das Verbot der Weitergabe von Insiderinformationen nach § 14 Abs. 1 Nr. 2 WpHG unter bestimmten Umständen in Konzernverhältnissen zurücktreten kann und kein Hindernis für den konzerninternen Informations-fluss darstellen muss. Geht es allerdings um die Weitergabe personen-bezogener Daten im Konzern, so ist zu untersuchen, ob der Informationsfluss dennoch durch das Datenschutzrecht und insbesondere das Bundesdaten-schutzgesetz[614] eine Einschränkung erfahren kann.

Das Bundesdatenschutzgesetz ist Ausprägung des sich aus Art. 1 und 2 GG ergebenden Rechts auf informationelle Selbstbestimmung.[615] Es bezweckt den Schutz des Einzelnen vor einer Verletzung seines Persönlichkeitsrechts durch den Umgang mit seinen personenbezogenen Daten, vgl. § 1 Abs. 1 BDSG. Die informationelle Selbstbestimmung ist kein ausschließlich den staatlichen Bereich betreffende und deshalb nur dort zu beachtende verfassungsrechtliche Vorgabe, sondern wirkt sich mittelbar auch auf nicht-öffentliche Stellen aus.[616] Das Bundesdatenschutzgesetz gilt daher gemäß § 1 Abs. 2 Nr. 3 BDSG auch für nicht-öffentliche Stellen, namentlich natürliche Personen, juristische Personen und privatrechtliche Personenverein-

---

[614] Bundesdatenschutzgesetz (BDSG) vom 28. August 2002, in der Fassung der Bekanntmachung vom 14. Januar 2003, BGBl. I S. 66.

[615] *Durner*, JuS 2006, 213, 214; *Simitis* in Simitis, BDSG, § 1 Rz. 23 ff.; *Wengert/Widmann/Wengert*, NJW 2000, 1289, 1290 f.

[616] *Simitis* in Simitis, BDSG, § 1 Rz. 45; *Wengert/Widmann/Wengert*, NJW 2000, 1289, 1291.

gungen.[617] Auch Konzerngesellschaften sind folglich potentieller Normadressat und können gemäß § 3 Abs. 7 BDSG immer dann als „verantwortliche Stelle" und mithin als vom Gesetz Verpflichteter eingeordnet werden, wenn sie personenbezogene Daten für sich selbst erheben, verarbeiten oder nutzen oder dies durch andere im Auftrag vornehmen lassen.

Eine Auseinandersetzung mit der Bedeutung des Bundesdatenschutzgesetzes für den Informationsfluss im Konzern ist insbesondere deshalb von Bedeutung, weil eine Verletzung des Gesetzes nach §§ 7, 8 BDSG zu Schadensersatzansprüchen führen kann, gemäß § 43 Abs. 2 Nr. 1 BDSG Grundlage für eine Geldbuße sein kann und darüber hinaus gemäß § 44 Abs. 1 i.V.m. § 43 Abs. 2 Nr. 1 BDSG strafrechtliche Relevanz aufweist.

I. Umfang
1. Informationsinhalt – Personenbezogene Daten
Inhaltlich bezieht sich das Informationsweitergabeverbot des Bundesdatenschutzgesetzes auf personenbezogene Daten. Dies sind nach § 3 Abs. 1 BDSG Einzelangaben über persönliche oder sachliche Verhältnisse einer bestimmten oder bestimmbaren natürlichen Person. Diese Person wird im Bundesdatenschutzgesetz auch als „Betroffener" bezeichnet. Für den Informationsfluss im Konzern können insbesondere Arbeitnehmerdaten, Kunden- und Lieferantendaten, Betriebsdaten, Marktbeobachtungsdaten und Organisationsdaten von Bedeutung sein.[618] Für die Bestimmtheit bzw. Bestimmbarkeit der personenbezogenen Daten ist es erforderlich, dass aus den Daten ein Bezug zu einer bestimmten Person hergestellt werden kann.[619] Ist ein solcher Bezug nicht herstellbar, liegen keine personenbezogenen Daten vor. Dies ist insbesondere dann der Fall, wenn personenbezogene Daten in der Form anonymisiert werden, dass sie nicht mehr oder nur mit einem unverhältnismäßig hohen Aufwand einer bestimmten natürlichen Person zugeordnet werden können.[620] So genannte aggregierte Daten, die zu Statistikzwecken erstellt werden, stellen aus diesem Grund keine personenbezogenen Daten dar.[621]

---

[617] Vgl. *Durner*, JuS 2006, 213, 215; *Tinnefeld/Ehmann*, Datenschutzrecht, S. 169 ff.

[618] Zu betroffenen Datenarten und Praxisbeispielen ausführlich *Ruppmann*, Der konzerninterne Austausch personenbezogener Daten, S. 18 ff., 37 ff.; *Teichmann/Kießling*, ZGR 2001, 33, 42; insbesondere auf Kreditinstitute Bezug nehmend *Mackenthun*, WM 2004, 1713. Ausführlich auf betroffene Datenarten bei so genannten Allfinanzkonzernen bzw. integrierten Finanzdienstleistern eingehend *Kilian/Scheja*, BB 2002, Beilage 3, S. 19 ff.

[619] *Damman* in Smitis (Hrsg.), BDSG, § 3 Rz. 20 ff.; *Durner*, JuS 2006, 213, 214.

[620] *Durner*, JuS 2006, 213, 214; differenzierend *Damman* in Smitis (Hrsg.), BDSG, § 3 Rz. 24.

[621] *S. H. Schneider*, Informationspflichten, S. 71.

2. Datenumgang – Datenerhebung, Datenverarbeitung und Datennutzung

Der Anwendungsbereich des Bundesdatenschutzgesetzes bezüglich des Datenumgangs setzt bei nicht-öffentlichen Stellen gemäß § 1 Abs. 2 Nr. 3 BDSG voraus, dass diese Stellen Daten unter Einsatz von Datenverarbeitungsanlagen oder aus nicht automatisierten Dateien verarbeiten, nutzen oder dafür erheben. Bereits die Verwendung eines manuellen Karteisystems ist hinreichend, erst recht aber der Einsatz von modernen EDV-Systemen.[622] Aufgrund des umfassenden und flächen-deckenden Einsatzes elektronischer Datenverarbeitung wird im Grunde die gesamte wirtschaftliche Nutzung und Erhebung persönlicher Daten vom Anwendungsbereich des Bundesdatenschutzgesetzes erfasst.[623]

Das Erheben, Verarbeiten und Nutzen personenbezogener Daten ist nach § 4 BDSG nur dann zulässig, wenn das Bundesdatenschutzgesetz oder eine andere Rechtsvorschrift dies erlaubt oder anordnet oder der Betroffene eingewilligt hat. Unter dem Begriff des Erhebens personenbezogener Daten versteht man gemäß § 3 Abs. 3 BDSG das Beschaffen von Daten über den Betroffenen. Erheben besteht damit in der Aktivität, durch die die erhebende Stelle Kenntnis von den betreffenden Daten erhält oder Verfügung über diese begründet.[624] Nutzen hingegen ist gemäß § 3 Abs. 5 BDSG jede Verwendung personenbezogener Daten, soweit es sich nicht um Verarbeitung handelt. Verarbeiten wiederum ist das Speichern, Verändern, Übermitteln, Sperren und Löschen personenbezogener Daten, vgl. § 3 Abs. 4 BDSG.

In Bezug auf die Weitergabe von Informationen im Konzern ist insbesondere die Tätigkeit des Verarbeitens von Daten relevant. In der Weitergabe könnte nämlich ein vom Begriff des Verarbeitens erfasstes „Übermitteln" zu sehen sein, also gemäß § 3 Abs. 4 Nr. 3 BDSG das Bekanntgeben gespeicherter Daten an einen Dritten in der Weise, dass die Daten an den Dritten weitergegeben werden (§ 3 Abs. 4 Nr. 3a BDSG) oder der Dritte zur Einsicht oder zum Abruf bereitgehaltene Daten einsieht oder abruft (§ 3 Abs. 4 Rn. 3b BDSG). Hierzu müsste das andere Konzernunternehmen allerdings Dritter im Sinne von § 3 Abs. 4 Nr. 3 BDSG sein.

a) Verbundenes Unternehmen als „Dritter"

Nach § 3 Abs. 8 Satz 2 BDSG ist Dritter jede Person oder Stelle außerhalb der verantwortlichen Stelle. Offenbart etwa eine abhängige Gesellschaft im Konzern der sie beherrschenden Gesellschaft Informationen, so kommt es zur Beurteilung, ob ein Verarbeiten im Sinne von § 3 Abs. 4 BDSG vorliegt, ent-

---

[622] *Durner*, JuS 2006, 213, 215.
[623] Vgl. *Durner*, JuS 2006, 213, 215.
[624] *Damman* in Smitis (Hrsg.), BDSG, § 3 Rz. 102.

scheidend darauf an, ob es sich bei den im Konzern verbundenen Gesellschaften um *eine* verantwortliche Stelle handelt oder ob die jeweils andere Gesellschaft als außerhalb der verantwortlichen Stelle stehend anzusehen ist.

Würde man allein eine wirtschaftliche Betrachtungsweise vornehmen, so spräche viel dafür, den Konzern als Einheit anzusehen.[625] Stellt man allerdings darauf ab, dass es sich bei den einzelnen Konzerngesellschaften um rechtlich selbständige Rechtssubjekte handelt, die heterogene Zwecke und Interessen verfolgen und bei denen ebenso personenbezogene Daten in einem unterschiedlichen Kontext stehen, so müssen Konzerngesellschaften zueinander als „Dritte" behandelt werden.[626] Dieser letztgenannten Sichtweise ist auch der Gesetzgeber gefolgt und hat bewusst darauf verzichtet, ein Konzernprivileg in das Bundesdatenschutzgesetz einzufügen.[627] Auch bei der EG-Datenschutzrichtlinie[628] unterbreitete das Europäische Parlament den Vorschlag[629] der Einführung eines Konzernprivilegs. Dieser wurde aber ebenfalls nicht in der Richtlinie umgesetzt.

Das Datenschutzrecht lässt Unternehmensverbindungen somit bewusst unberücksichtigt. Hierdurch soll die Gefahr einer intransparenten und damit unzulässigen Datenverarbeitung besser bekämpft werden.[630] Konzernunternehmen werden folglich unabhängig von der Art ihrer Konzernierung als Dritte im Sinne von § 3 Abs. 8 Satz 2 BDSG und nicht als Informationseinheit eingeordnet.[631] Sofern eine Konzernobergesellschaft geltend macht, die Informationen von der beherrschten Gesellschaft nicht in ihrer Funktion als herrschende Konzerngesellschaft, sondern als Gesellschafter erhalten zu wollen, so führt dies zu keinem anderen Ergebnis, da sowohl der einzelne Gesellschafter als auch die Hauptversammlung als externe Informationsempfänger und mithin Dritte im Sinne des BDSG anzusehen sind.[632]

---

[625] Zu entsprechenden Stellungnahmen von Wirtschaftsverbänden im Rahmen der Verabschiedung des ersten Bundesdatenschutzgesetzes im Jahre 1976 ausführlich *Ruppmann*, Konzerninterner Austausch, S. 16, 89 ff.

[626] *Kilian/Scheja*, BB 2002, Beilage 3, 19, 21; *Ruppmann*, Konzerninterner Austausch, S. 48 ff.

[627] Deutscher Bundestag, Protokoll der 104. Sitzung des Innenausschusses und der 83. Sitzung des Ausschusses für Wirtschaft, BT-Ds. 724/2450 v. 31.3.1976, Frage 4b. Siehe hierzu auch *Ruppmann*, Konzerninterner Austausch, S. 48 ff.

[628] Richtlinie 95/46/EG des Europäischen Parlaments und des Rates vom 24. Oktober 1995 zum Schutz natürlicher Personen bei der Verarbeitung personenbezogener Daten und zum freien Datenverkehr.

[629] Änderungsvorschlag Nr. 134 vom 11.3.1992, PE 160.503, S. 149, Sitzungsprotokoll EP.

[630] *Kilian/Scheja*, BB 2002, Beilage 3, 19, 21; *Simitis* in Simitis (Hrsg.), BDSG, § 1 Rz. 48 ff., 79 ff., § 2 Rz. 143; *Teichmann/Kiessling*, ZGR 2001, 33, 47.

[631] *Kilian/Scheja*, BB 2002, Beilage 3, 19, 21; *Simitis* in Simitis (Hrsg.), BDSG, § 2 Rz. 142; *Teichmann/Kiessling*, ZGR 2001, 33, 47.

[632] Hierzu ausführlich *S. H. Schneider*, Informationspflichten, S. 72 f., 193 f.

b) Datenverarbeitung im Auftrag durch die Konzernobergesellschaft

Bei der Weitergabe personenbezogener Daten ist der Informationsempfänger allerdings dann nicht Dritter im Sinne von § 3 Abs. 8 Satz 2 BDSG, wenn er gemäß § 11 BDSG im Auftrag einer speichernden Stelle Datenverarbeitung betreibt, vgl. § 3 Abs. 8 Satz 3 BDSG. Hierin könnte ein Weg zu sehen sein, um die Weitergabe von personenbezogenen Daten von der beherrschten an die herrschende Gesellschaft in Konzernverhältnissen nicht als Übermittlung an einen Dritten einordnen zu müssen. Dann läge lediglich eine Nutzung gemäß § 3 Abs. 5 BDSG in Form einer internen Weitergabe personenbezogener Daten vor, an welche geringere Zulässigkeits-voraussetzungen gestellt werden.[633]

Das Vorliegen einer Auftragsdatenverarbeitung erfordert, dass der Auftragsverarbeiter die Daten nur im Rahmen der Weisungen des Auftraggebers, der speichernden Stelle, erheben, verarbeiten oder nutzen darf, vgl. § 11 Abs. 3 Satz 1 BDSG. Der Auftragsverarbeiter nimmt also eine Stellung ein, die einer ausgelagerten Abteilung der verantwortlichen Stelle vergleichbar ist. Die verantwortliche Stelle bleibt weiterhin Herrin der Daten, behält die volle Verfügungsgewalt und bestimmt allein die Ziele und Modalitäten der Verarbeitung und Nutzung der Daten.[634]

Geht die Leistung des Auftragnehmers über eine weisungsgebundene Tätigkeit hinaus, indem ihm eigener Entscheidungsspielraum über die Datenerhebung, -verarbeitung und -nutzung eingeräumt wird, liegt keine Datenverarbeitung im Auftrag, sondern eine Funktionsübertragung vor.[635] Bei einer Funktionsübertragung ist § 3 Abs. 8 Satz 2 BDSG nicht anwendbar, so dass die Datenweitergabe folglich als eine Übermittlung an einen Dritten zu qualifizieren ist.[636]

Datenverarbeitung im Auftrag gestattet es dem Auftragnehmer mithin nicht, frei über die Art und Weise der Datenverarbeitung zu entscheiden. Auch ist eine Verarbeitung und Nutzung zu eigenen Zwecken nicht von der Datenverarbeitung im Auftrag umfasst. Datenverarbeitung im Auftrag nach § 11 BDSG stellt somit keinen geeigneten Weg dar, um den Informationsfluss von beherrschter an herrschende Gesellschaft generell nicht als eine Übermittlung an einen Dritten einordnen zu müssen.

---

[633] Vgl. *S. H. Schneider*, Informationspflichten, S. 72.
[634] *Kilian/Scheja*, BB 2002, Beilage 3, 19, 22.
[635] *Kilian/Scheja*, BB 2002, Beilage 3, 19, 22; *Simitis* in Simitis (Hrsg.), BDSG, § 2 Rz. 153 ff.
[636] *Kilian/Scheja*, BB 2002, Beilage 3, 19, 22.

c) Zwischenergebnis

Verbundene Unternehmen sind zueinander als Dritte im Sinne von § 3 Abs. 8 Satz 2 BDSG anzusehen. Eine Weitergabe bzw. anderweitige Offenbarung personenbezogener Daten ist als Datenverarbeitung in Form der Übermittlung von Daten i.S.v. § 4 BDSG anzusehen und nach dieser Vorschrift nur zulässig, soweit das Bundesdatenschutzgesetz oder eine andere Rechtsvorschrift dies erlaubt oder anordnet oder der Betroffene eingewilligt hat.

II. Verbot mit Erlaubnisvorbehalt – Bedeutung für den konzerninternen Informationsfluss

Das datenschutzrechtliche Weitergabeverbot ist ein Verbot mit Erlaubnisvorbehalt, weil eine Weitergabe personenbezogener Daten nur unter den Voraussetzungen des § 4 Abs. 1 BDSG zulässig ist. Mangels Konzernprivilegs richtet sich die Übermittlung personenbezogener Daten im Konzern nach den allgemeinen Zulässigkeitsvoraussetzungen und ist demnach nur dann zulässig, wenn eine Rechtsvorschrift dies erlaubt oder anordnet oder eine Einwilligung des Betroffenen vorliegt.

1. Einwilligung durch den Betroffenen, § 4a BDSG

Die Verwendung personenbezogener Daten ist immer dann zulässig, wenn der Betroffene in diese einwilligt. Gemäß § 4a Abs. 1 BDSG bedarf die Einwilligung der Schriftform und ist nur wirksam, wenn sie auf der freien Entscheidung des Betroffenen beruht und der Betroffene auf den vorgesehenen Zweck der Verwendung hingewiesen wurde und sich die Einwilligung auf diesen konkreten Zweck bezieht.

Insbesondere aufgrund des Bestimmtheitserfordernisses wird eine generelle Einwilligung des Betroffenen zur Weitergabe seiner personenbezogenen Daten im Konzern jedoch nur schwer realisierbar sein. Pauschal gehaltene Erklärungen bzw. Blankoerklärungen sind gerade nicht hinreichend.[637] Eine praktische Erleichterung hinsichtlich der Anforderungen an die Einwilligung existiert allerdings für so genannte Allfinanzkonzerne bzw. integrierte Finanzdienstleister. Hier soll eine vorgefertigte aber konkretisierbare Mustereinwilligung, die so genannte Allfinanzklausel, bereits für die Zulässigkeit einer konzerninternen Übermittlung personenbezogener Daten hinreichend sein.[638]

---

[637] *Ruppmann*, Konzerninterner Austausch, S. 56; *Simitis* in Smitis (Hrsg.), BDSG, § 4a Rz. 77 ff.

[638] Dazu ausführlich *Duisberg*, RDV 2004, 104, 105; *Kilian/Scheja*, BB 2002, Beilage 3, S. 19, 20 f., jeweils mwN.

2. Ermächtigung durch Spezialbefugnisse

Eine die Datenverarbeitung rechtfertigende Wirkung geht von allen Rechtsvorschriften des Bundes aus, die in fach- und bereichsspezifischer Weise auf personenbezogene Daten einschließlich deren Veröffentlichung anzuwenden sind.[639] Im Aktienkonzern ist hier an Informationspflichten der Tochtergesellschaft zu denken, die oftmals bestehen, um dem herrschenden Unternehmen das Erfüllen einer besonderen Rechtspflicht zu ermöglichen, welche nur auf der Grundlage von Informationen erfüllt werden kann.[640] Von zentraler Bedeutung ist hierbei § 294 Abs. 3 HGB, der einen Informationsanspruch der Muttergesellschaft gegen die von ihr beherrschte Gesellschaft im Konzern zu konzernrechnungslegungsrechtlichen Zwecken begründet.[641] Kollidiert § 294 Abs. 3 HGB mit anderweitigen Geheimhaltungspflichten, so ist grundsätzlich eine Interessenabwägung bei grundsätzlicher Vorrangigkeit des Rechnungslegungsinteresses geboten.[642] Die Vorschriften zur Konzernrechnungslegung dienen dem Zweck des Individualschutzes und sind darüber hinaus dem Funktionenschutz von Wirtschaft und Allgemeinheit zu dienen bestimmt.[643] Das Datenschutzrecht hingegen bezweckt ausschließlich den Schutz des Einzelnen vor einer Verletzung seines Persönlichkeitsrechts durch den Umgang mit seinen personenbezogenen Daten, vgl. § 1 Abs. 1 BDSG. Wägt man diese Interessen miteinander ab, so ist zwar nicht bereits ausreichend, dass die Schutzrichtungen von § 294 Abs. 3 HGB quantitativ überwiegen, doch indiziert § 4 Abs. 1 BDSG, der gerade einen Erlaubnisvorbehalt für den Fall der Existenz abweichender Rechtsnormen des Bundes vorsieht, dass der mit dem BDSG verfolgte Schutzzweck nachrangig ist. Der Wertung, dass das Rechnungslegungsinteresse vorrangig ist, ist somit auch in Bezug auf das Datenschutzrecht zuzustimmen. Ein entsprechender Vorrang muss ebenfalls für die weiteren Publizitätspflichten der Tochtergesellschaft gegenüber ihrer Muttergesellschaft gelten, bei welchen oftmals § 294 Abs. 3 HGB entspre-chend angewendet wird.[644] Zu nennen seien hier insbesondere § 5 EuropBetriebsräteG[645], §§ 21 ff. WpHG[646], § 30 i.V.m. § 2 WpÜG[647] und § 40 BörsG[648]. Allerdings werden in all diesen Bereichen nur selten personen-bezogene Daten

---

[639] Gola/Schomerus, § 4 BDSG Rz. 7.
[640] Hierzu oben S. 80 ff.
[641] Siehe oben S. 80.
[642] Siehe ausführlich oben S. 88 f.
[643] *Merkt* in Baumbach/Hopt, HGB, Einl v § 238 Rz. 10.
[644] Ähnlich *S. H. Schneider*, Informationspflichten, S. 194; In diesem Sinne wohl auch *Durner*, JuS 2006, 213, 217, der sich allerdings beispielhaft auf ein mittlerweile aufgehobene Vorschrift bezieht (§ 165 AktG).
[645] Siehe oben S. 91 ff.
[646] Siehe oben S. 94 f.
[647] Siehe oben S. 99 f.
[648] Siehe oben S. 100 ff.

betroffen sein oder aber es wird zumeist die Möglichkeit bestehen, die betreffenden Daten zu anonymisieren.

Die §§ 308 AktG bzw. 323, 308 AktG und 311 AktG, welche Bezug zur Leitungsbefugnis der herrschenden Gesellschaft haben und nicht ausdrücklich Informationsweitergaben regeln, stellen keine fach- und bereichsspezifischen Rechtsnormen dar und weisen somit allenfalls im Rahmen der datenschutzrechtlichen Generalklauseln Relevanz auf.

3. Ermächtigung durch die datenschutzrechtlichen Generalklauseln

Neben der Einwilligung und den speziellen Ermächtigungsnormen enthält das Bundesdatenschutzgesetz in §§ 28, 29 BDSG generalklauselartige Erlaubnistatbestände. § 28 Abs. 1 BDSG findet auf das Erheben, Speichern, Verändern, Übermitteln oder Nutzen der Daten Anwendung, wenn dieses der Erfüllung eigener Geschäftszwecke dient. § 28 Abs. 2, 3 BDSG sind bei einer Übermittlung oder Nutzung für einen anderen Zweck anwendbar. § 29 Abs. 1 BDSG ist bei einer Erhebung, Speicherung oder Veränderung von personen-bezogenen Daten zum Zwecke der Übermittlung einschlägig und § 29 Abs. 2 BDSG bezieht sich schließlich auf eine Übermittlung im Rahmen der Zwecke des Abs. 1.

a) § 28 BDSG – Datenerhebung, -verarbeitung und -nutzung für eigene Zwecke

Nach dem Erlaubnistatbestand des § 28 Abs. 1 Satz 1 Nr. 1 BDSG ist die Erhebung, Speicherung, Veränderung, Übermittlung oder Nutzung personenbezogener Daten dann zulässig, wenn sie mit Rücksicht auf den Zweck eines zwischen der verantwortlichen Stelle und den Betroffenen bestehenden Vertragsverhältnisses benötigt werden.[649] Die Verarbeitung setzt folglich einen unmittelbaren sachlichen Zusammenhang zwischen der beabsichtigten Verwendung und dem konkreten Vertragszweck voraus.[650] Die Weitergabe personenbezogener Daten von beherrschter an herrschende Konzerngesellschaft aus allgemeinem Konzerninteresse oder sonstigen lediglich aus dem Konzernverhältnis resultierenden Anlässen, bspw. solche, die Bezug zu §§ 308 AktG bzw. 323, 308 AktG und 311 AktG haben, fällt somit jedenfalls nicht unter diese Zulässigkeitsvariante.[651] Insbesondere sind Unternehmensverträge wie Beherrschungsvertrag, Eingliederung und Betriebsführungsvertrag keine

---

[649] *Simitis* in Smitis (Hrsg.), BDSG, § 28 Rz. 79.

[650] *Simitis* in Smitis (Hrsg.), BDSG, § 28 Rz. 79.

[651] *Ruppmann*, Konzerninterner Austausch, S. 69 ff.; *Kilian/Scheja*, BB 2002, Beilage 3, S. 19, 25 f.

Verträge im Sinne von § 28 Abs. 1 Satz 1 Nr. 1 BDSG, da diese gerade nicht mit dem Betroffenen geschlossen werden.[652]

Das allgemeine Konzerninteresse könnte aber in Bezug auf den Erlaubnistatbestand des § 28 Abs. 1 Satz 1 Nr. 2 BDSG relevant sein. Hiernach ist die Verarbeitung personenbezogener Daten immer dann zulässig, wenn damit berechtigte Interessen der verantwortlichen Stelle gewahrt werden sollen. Unter dem berechtigten Interesse im Sinne der Norm versteht man ein nach vernünftiger Erwägung durch die Sachlage gerechtfertigtes, also ein tatsächliches Interesse, welches wirtschaftlicher oder ideeller Natur sein kann.[653] Es könnte nun daran gedacht werden, als „berechtigtes Interesse" der Konzerngesellschaft das Ermöglichen von einheitlicher Leitung und Kontrolle anzusehen.[654] Eine solche Sichtweise würde allerdings dazu führen, dass der Konzern entgegen des gesetzgeberischen Willens[655] faktisch doch als Informationseinheit behandelt würde. Ausschließlich durch die Konzernierung motivierte Interessen können daher nicht als berechtigte Interessen gemäß § 28 Abs. 1 Satz 1 Nr. 2 BDSG gewertet werden.[656] Erforderlich ist vielmehr ein spezielles berechtigtes Interesse einer konkreten Gesellschaft. Ein solches wird sich im Konzern regelmäßig leichter finden lassen, als bei völliger Unabhängigkeit der einzelnen Gesellschaften.[657] Zu denken sei etwa an das so genannte Cross-Selling im Allfinanzkonzern[658] oder aber die Nutzung von Synergien im Konzern.[659]

§ 28 Abs. 2, 3 BDSG lässt die Verarbeitung personenbezogener Daten auch für bestimmte andere Zwecke zu, führt bezüglich der konzerninternen Weitergabe personenbezogener Daten jedoch zu keinem anderen Ergebnis als § 28 Abs. 1 BDSG.

---

[652] *Ruppmann*, Konzerninterner Austausch, S. 69.

[653] *Gola/Schomerus*, § 28 BDSG Rz. 33; *Simitis* in Smitis (Hrsg.), BDSG, § 28 Rz. 138 ff.

[654] Vgl. *Duisberg*, RDV 2004, 104, 106. Zu beachten ist, dass personenbezogene Daten ohnehin wohl nur selten für derartige Maßnahmen erforderlich sein werden, vgl. *Ruppmann*, Konzerninterner Austausch, S. 70.

[655] Hierzu oben S. 162.

[656] *Duisberg*, RDV 2004, 104, 106; *Kilian/Scheja*, BB 2002, Beilage 3, S. 19, 26; *Ruppmann*, Konzerninterner Austausch, S. 72 f.

[657] *S. H. Schneider*, Informationspflichten, S. 195.

[658] Ob die Zusammenarbeit und Weitergabe von Informationen im Allfinanzkonzern tatsächlich bereits hinreichend ist, um ein berechtigtes Interesse zu begründen, ist umstritten. Dafür in begrenztem Umfang *Duisberg*, RDV 2004, 104, 106 f. Dagegen die wohl herrschende Meinung, siehe nur *Kilian/Scheja*, BB 2002, Beilage 3, S. 19, 26 mwN.

[659] So wohl *Bruchner* in Schimansky/Bunte/Lwowski, Bankrechts-Hdb., § 39 Rz. 14a, S. 747 für die Datenübertragung im Bankkonzern im Rahmen der mit dem Outsourcing verbundenen Funktionsübertragungen; dagegen allerdings *Steding/Meyer*, BB 2001, 1693, 1699 f.

b) § 29 BDSG – Geschäftsmäßige Datenerhebung und -speicherung zum Zweck der Übermittlung

§ 29 BDSG bezieht sich nur auf Sachverhalte, in denen das speichernde Unternehmen geschäftsmäßig Daten erhebt, speichert oder verändert, um diese zu übermitteln. Die Regelung des § 29 BDSG enthält folglich ebenfalls keinen für den Informationsfluss im Konzern einschlägigen generellen Erlaubnistatbestand. Geht es um die Beantwortung der Frage, ob datenschutzrechtliche Vorschriften generell den konzerninternen Informations-fluss hindern, so bezieht sich dies gerade auf alle Daten und nicht lediglich auf solche, die ausschließlich zum Zwecke der Übermittlung erhoben, gespeichert oder verändert werden. § 29 BDSG bezieht sich vielmehr auf Gesellschaften, deren Unternehmensgegenstand etwa Werbung, Adresshandel, Auskunftei sowie Markt- und Meinungsforschung ist, vgl. § 29 Abs. 1 Satz 1 BDSG.[660]

c) Konzerninterne Unternehmensverträge – „Homogene Datenschutzzelle"

Konzerninterne Unternehmensverträge über die Nutzung personenbezogener Daten fallen nicht unter § 28 Abs. 1 Satz 1 Nr. 1 BDSG und sind ebenfalls nicht unter die anderen Erlaubnistatbestände der §§ 28, 29 BDSG subsumierbar. Dennoch wird die Ansicht vertreten, dass solche Unter-nehmensverträge (so genannte „Company-to-Company-Agreements"[661]) auch ohne Beteiligung des Betroffenen zu einer anderen Abwägung des § 28 Abs. 1 Satz 1 Nr. 2 BDSG führen können, wenn diese Verträge darauf gerichtet sind, personenbezogene Daten zwar konzernintern verwenden zu können, ihnen über die Grenzen des Konzerns hinaus aber eine einheitliche Datensicherheitsstruktur zu schaffen, so genannte „homogene Daten-schutzzelle".[662] Dieser Ansicht ist jedoch nicht zu folgen. Die Systematik des Bundesdatenschutzgesetzes verlangt gerade entweder eine Beteiligung des Betroffenen (in Form einer Einwilligung nach § 4a BDSG) oder aber setzt das Vorliegen der Voraussetzungen eines gesetzlichen Erlaubnistatbestandes voraus (§ 4 BDSG). Eine vertraglich vereinbarte nach außen hin einheitliche Datensicherheitsstruktur, die dazu dient, zwischen den beteiligten Unternehmen personenbezogen Daten ohne gesetzlichen Erlaubnistatbestand und ohne Einwilligung auszutauschen, bedeutet für den Betroffenen durch die nicht mehr unmittelbar nachvollziehbare Ausweitung des Empfängerkreises einen Eingriff in sein Recht auf informatio-

---

[660] Vgl. hierzu auch *Kilian/Scheja*, BB 2002, Beilage 3, S. 19, 24.
[661] Zum Begriff siehe *Niedermeier/Schröcker*, RDV 2001, 90, 96 ff.
[662] *Niedermeier/Schröcker*, RDV 2001, 90 ff.

nelle Selbstbestimmung, welcher im Datenschutzrecht nicht als erlaubt vorgesehen ist, sondern den das Datenschutzrecht gerade vermeiden will.[663]

III. Summa

Konzernunternehmen sind zueinander als „Dritte" im Sinne des Bundesdatenschutzgesetzes und nicht – auch nicht bei entsprechender vertraglicher Vereinbarung zwischen den verbundenen Unternehmen – als „homogene Datenschutzzelle" einzuordnen. Die Übermittlung personen-bezogener Daten von der beherrschten Gesellschaft an das herrschende Unternehmen ist daher nur dann zulässig, wenn einer der datenschutz-rechtlichen Erlaubnistatbestände erfüllt ist. Die Weitergabe personen-bezogener Daten, auf die das herrschende Unternehmen einen Anspruch zur Erfüllung eigener Publizitätspflichten hat, ist als fach- und bereichsspezifischer Ausnahmetatbestand anzuerkennen. Unter die generalklauselartigen Erlaubnistatbestände der §§ 28, 29 BDSG lassen sich allerdings nicht ausschließlich durch die Konzernierung motivierte Interessen subsumieren, so dass sich hieraus keine allgemeine Zulässigkeit der konzerninternen Datenweitergabe ergibt. Für die Weitergabe solcher Daten ist somit regelmäßig die Einwilligung des Betroffenen oder aber das Vorliegen eines berechtigten Interesses einer konkreten Konzerngesellschaft erforderlich. Die datenschutzrechtlichen Geheimhaltungspflichten gehen somit über die gesellschafts- und kapitalmarktrechtlichen Geheimhaltungspflichten hinaus.

B. Bankgeheimnis

Handelt es sich bei den betroffenen Konzerngesellschaften um Kreditinstitute, so könnte weiterhin das Bankgeheimnis eine Beschränkung des konzerninternen Informationsflusses darstellen. Das so genannte Bankgeheimnis verpflichtet Kreditinstitute zur Verschwiegenheit über alle Tatsachen und Wertungen, von denen diese aufgrund ihrer Geschäftstätigkeit Kenntnis erlangt haben.[664] Es ist gesetzlich nicht ausdrücklich geregelt,[665] beispielsweise in § 30a AO allerdings vom Gesetzgeber in einem gewissen Umfang anerkannt, was sich

---

[663] *Kilian/Scheja*, BB 2002, Beilage 3, S. 19, 27, die die Schaffung einer „homogenen Datenschutzzelle" als unzulässigen Versuch ansehen, verbundene Unternehmen nicht als „Dritte" im Sinne des Datenschutzrechts zu klassifizieren.

[664] *Claussen*, Bankrecht, § 6 Rz. 1, S. 150; *Rehbein*, ZHR 149 (1985), 139, 140; *Schwintowski* in Schwintowski/Schäfer, Bankrecht, § 3 Rz. 1, S. 59; *Steindorff*, ZHR 149 (1985), 151.

[665] *Bruchner* in Schimansky/Bunte/Lwowski, § 39 Rz. 1 ff.; *Rehbein*, ZHR 149 (1985), 139, 140 f.; *Eckl*, DZWiR 2004, 221, 224.

darin zeigt, dass die Nachforschungsbefugnisse der Finanzämter bei Kreditinstituten eingeschränkt werden.[666]

Das Bankgeheimnis hat eine rechtliche Doppelnatur, welche sowohl verfassungs- als auch privatrechtlichen Charakter aufweist. Die verfassungsrechtlichen Grundlagen des Bankgeheimnisses im Hinblick auf den Kunden lassen sich auf das allgemeine Persönlichkeitsrecht nach Art. 2 Abs. 1 GG i.V.m. Art. 1 Abs. 1 GG zurückführen, in Bezug auf die Bank liegen die verfassungsrechtlichen Grundlagen des Bankgeheimnisses im Grundrecht der Berufsfreiheit gemäß Art. 12 GG.[667] Zivilrechtlich basiert das Bankgeheimnis auf der vertraglichen Beziehung der Bank mit dem Kunden.[668]

Das Bankgeheimnis ist Bestandteil eines jeden Bankvertrags und bedarf keiner ausdrücklichen Erwähnung im Vertrag.[669] Über die Einbeziehung der AGB-Banken wird dies zumeist aber dennoch der Fall sein, da Nr. 2 AGB-Banken eine entsprechende Geschäftsbedingung enthält.[670] Allerdings ist es einhellige Ansicht, dass Nr. 2 AGB-Banken rein deklaratorische Bedeutung hat.[671] Die Verschwiegenheitspflicht geht zeitlich über die konkrete Geschäftsbeziehung hinaus und liegt zum einen bereits in Fällen vor, in denen es lediglich zur Anknüpfung vorvertraglicher Beziehungen gekommen ist[672] und dauert zum anderen nach Beendigung des Vertragsverhältnisses fort.[673]

Eine Verletzung des Bankgeheimnisses kann von strafrechtlicher Relevanz sein, so dass auch vor diesem Hintergrund eine Auseinandersetzung mit seinen Auswirkungen in Konzernverhältnissen von Bedeutung ist. Bei öffentlich-rechtlichen Kreditinstituten wird eine Verletzung nach § 203 Abs. 2 StGB ge-

---

[666] Hierzu ausführlich *Wieland*, JZ 2000, 272 ff.

[667] *Bruchner* in Schimansky/Bunte/Lwowski, Bankrechts-Hdb., § 39 Rz. 5 f., S. 742 f.; *Claussen*, Bankrecht, § 6 Rz. 5, S. 151; *Eckl*, DZWiR 2004, 221, 224; *Lerche*, ZHR 149 (1985), 165 ff.; *Rehbein*, ZHR 149 (1985), 139, 143 ff.

[668] BGHZ 27, 241, 246; BGH WM 1967, 1142; WM 1968, 214, 216; *Bruchner* in Schimansky/Bunte/Lwowski, Bankrechts-Hdb., § 39 Rz. 7, S. 743; *Eckl*, DZWiR 2004, 221, 224; *Rehbein*, ZHR 149 (1985), 139, 141; *Schwintowski* in Schwintowski/Schäfer, Bankrecht, § 3 Rz. 10, S. 63.

[669] *Bruchner* in Schimansky/Bunte/Lwowski, Bankrechts-Hdb., § 39 Rz. 7, S. 743; *Eckl*, DZWiR 2004, 221, 224; *Schwintowski* in Schwintowski/Schäfer, Bankrecht, § 3 Rz. 10, S. 63; Steding/Meyer, BB 2001, 1693.

[670] *Bunte* in Schimansky/Bunte/Lwowski, Bankrechts-Hdb., § 7 Rz. 1, S. 135; *Schwintowski* in Schwintowski/Schäfer, Bankrecht, § 3 Rz. 10, S. 63.

[671] *Baumbach/Hopt*, HGB, AGB-Banken 2 Rz. 1; *Bunte* in Schimansky/Bunte/Lwowski, Bankrechts-Hdb., § 7 Rz. 1, S. 135; *Eckl*, DZWiR 2004, 221, 224. Dies ist auch bei Bankgeschäften mit Sparkassen von Bedeutung, da Nr. 3 AGB-Sparkassen, welcher der Nr. 2 AGB-Banken inhaltlich ähnlich ist, gerade keine Definition des Bankgeheimnisses enthält.

[672] *Bruchner* in Schimansky/Bunte/Lwowski, Bankrechts-Hdb., § 39 Rz. 7, S. 743; *Claussen*, Bankrecht, § 6 Rz. 6, S. 152.

[673] OLG Saarbrücken, OLGR Saarbrücken 1998, 87; *Bunte* in Schimansky/Bunte/Lwowski, Bankrechts-Hdb., § 7 Rz. 9, S. 138.

ahndet. Bei privaten Banken ergibt sich die strafrechtliche Relevanz zumindest aus §§ 43 f. BDSG.[674] Daneben kommen Schadensersatzansprüche aufgrund der Verletzung des Bankgeheimnisses in Betracht, etwa aus positiver Vertragsverletzung, § 280 Abs. 1 BGB, oder §§ 823 ff. BGB.[675]

I. Umfang des Bankgeheimnisses

Gegenstand des Bankgeheimnisses sind alle Tatsachen und Wertungen, von denen die Bank im Rahmen der Geschäftsbeziehungen Kenntnis erlangt und die der Kunde geheim zu halten wünscht.[676] Im Zweifel ist davon auszugehen, dass der Kunde die Geheimhaltung sämtlicher dem Kreditinstitut bekannt gewordenen Tatsachen bzw. Wertungen gegenüber jedermann wünscht.[677] Tatsachen sind äußere und innere Vorgänge, die der Nachprüfung durch Dritte offen stehen, zu denen auch innere Tatsachen – wie Beweggründe, Überlegungen und Willensrichtungen – gehören.[678] Wertungen beruhen zwar in der Regel auch auf Tatsachen, enthalten aber subjektive, nicht immer nachprüfbare Elemente, wie beispielsweise Eindrücke, Meinungsäußerungen oder Schlussfolgerungen, wie etwa Bonitätsurteile.[679]

Das Bankgeheimnis ist gegenüber jedem Dritten zu wahren, wobei der Begriff des Dritten weit verstanden wird. So sind etwa Ehegatten des Bankkunden Dritte in diesem Sinne. Selbst Angestellte oder Mitglieder von Aufsichtsorganen des eigenen Kreditinstituts werden als Dritte qualifiziert, sofern sie nicht zwangsläufig beim normalen Geschäftsablauf Kenntnis erhalten, so genanntes inneres Bankgeheimnis.[680]

Maßstab für den zulässigen bankinternen Umgang mit Kundeninformationen ist der Wille des Kunden selbst.[681] Zwar ist im Zweifel anzunehmen, dass der

---

[674] Die Beschränkung des § 203 StGB ist wenig einsichtig und seit langem Gegenstand der Kritik. Vgl. *Eckl*, DZWiR 2004, 221, 226.

[675] *Eckl*, DZWiR 2004, 221, 225; *Schwintowski* in Schwintowski/Schäfer, Bankrecht, § 3 Rz. 47, S. 77 f.

[676] RGZ 139, 103, 105; BGHZ 27, 246; *Bruchner* in Schimansky/Bunte/Lwowski, Bankrechts-Hdb., § 39 Rz. 8, S. 743; *Bunte* in Schimansky/Bunte/Lwowski, Bankrechts-Hdb., § 7 Rz. 7, S. 137.

[677] BGHZ 27, 246; *Bruchner* in Schimansky/Bunte/Lwowski, Bankrechts-Hdb., § 39 Rz. 1 S. 741; *Schraepler*, NJW 1972, 1836.

[678] BGH, NJW 1981, 1562; *Bunte* in Schimansky/Bunte/Lwowski, Bankrechts-Hdb., § 7 Rz. 7, S. 137 f.

[679] *Beckhusen* in Hdb. Bankrecht, § 5 II, Rz. 12 ff.; *Bunte* in Schimansky/Bunte/Lwowski, Bankrechts-Hdb., § 7 Rz. 7, S. 137 f.

[680] *Bruchner* in Schimansky/Bunte/Lwowski, Bankrechts-Hdb., § 39 Rz. 13, S. 745; *Bunte* in Schimansky/Bunte/Lwowski, Bankrechts-Hdb., § 7 Rz. 9, S. 138. Zum Aufsichtsrat *Mertens* in KölnKomm. AktG, § 111 Rz. 38.

[681] *Bruchner* in Schimansky/Bunte/Lwowski, Bankrechts-Hdb., § 39 Rz. 13, S. 745; *Schwintowski* in Schwintowski/Schäfer, § 3 Rz. 12.

Kunde eine Geheimhaltung gegenüber jedermann wünscht,[682] doch ist dieser gewöhnlich damit einverstanden, dass Organe und Hilfspersonen der Bank von geheimen Tatsachen Kenntnis erlangen, wenn dies im Rahmen eines ordnungsgemäßen Bankgeschäftsbetriebs und insbesondere im Zusammenhang mit der Ausführung seines Kundenauftrags erforderlich ist.[683] Zu den Personen, die Kenntnis erhalten dürfen, gehören daher jedenfalls der Kontoführer bzw. Sachbearbeiter, aber auch die Geschäftsleitung und Revision, da diese zur Entscheidung über eine Kreditgewährung bzw. deren Überprüfung umfassende Tatsachenkenntnis benötigen.[684] Allerdings ist im Hinblick auf die Vertraulichkeit des Bankgeschäfts davon auszugehen, dass der Bankkunde nicht mit der Weitergabe von Informationen über sich an Bankangestellte einverstanden ist, die nicht mit der Ausführung seines Bankauftrags befasst sind.[685]

II. Umfang des Bankgeheimnisses in Konzernverhältnissen

Fraglich ist, ob und gegebenenfalls in welchen Fällen das Bankgeheimnis einer konzerninternen Weitergabe von Kundeninformationen entgegensteht. Nach dem oben Gesagten, ist ein bloß auf dem Konzernverhältnis beruhender Grund für eine Weitergabe, beispielsweise die durch Informationsgewährung möglicherweise geschaffene Erleichterung der Ausübung des Weisungsrechts nach § 308 AktG bzw. der Vornahme einer Veranlassung im Rahmen von § 311 AktG, nicht hinreichend, um die Zulässigkeit der Informationsweitergabe im Hinblick auf das Bankgeheimnis zu begründen. Bei derartigen Anlässen fehlt es regelmäßig an einem zur Ausführung des Auftrags erforderlichen sachlichen Zusammenhang. Erst recht Informationsweitergaben an andere Gesellschaften im Unternehmensverbund lediglich zur Verfolgung von wirtschaftlichen oder sonstigen Interessen der jeweils anderen Gesellschaft steht das Bankgeheimnis entgegen.

Eine Weitergabe von Kundeninformationen im Konzern würde allerdings dann nicht durch das Bankgeheimnis beeinträchtigt, wenn sie für einen ordentlichen Geschäftsbetrieb oder zur Ausführung des konkreten Bankgeschäfts erforderlich wäre.[686] Dies wäre insbesondere dann denkbar, wenn einzelne Aufgaben

---

[682] Hierzu oben Fn 677.

[683] So bereits *Sichtermann/Feuerborn/Kirchherr/Terdenge*, Bankgeheimnis und Bankauskunft, S. 163, die darauf abstellen, dass der Kunde schließlich weiß, dass der Bankier seine Geschäfte nicht alleine ausführt und sich somit mit der Aufnahme der Geschäfte konkludent mit der Kenntnisnahme durch Hilfspersonen bereit erklärt.

[684] *Bunte* in Schimansky/Bunte/Lwowski, Bankrechts-Hdb., § 7 Rz. 9, S. 138.

[685] *Bruchner* in Schimansky/Bunte/Lwowski, Bankrechts-Hdb., § 39 Rz. 13, S. 745; *Sichtermann/Feuerborn/Kirchherr/Terdenge*, Bankgeheimnis und Bankauskunft, S. 163.

[686] A.A. allerdings *Steding/Meyer*, BB 2001, 1693, 1694 ff., die jedoch nicht auf den entscheidenden Aspekt eingehen, dass eine Weitergabe von Kundeninformationen auch in

auf andere Konzerngesellschaften ausgegliedert worden wären, so genanntes Outsourcing. Weil die organisatorische Gestaltung und arbeits-teilige Gliederung der Struktur eines Bankkonzerns Teil des unter-nehmerischen Selbstorganisationsrechts ist, ist eine solche Ausgliederung grundsätzlich möglich.[687] Nicht nur die Übertragung einzelner bank-geschäftlicher Abläufe und Aufgaben, sondern auch die Auslagerung ganzer bankgeschäftlicher Funktionseinheiten ist vom unternehmerischen Selbstorganisationsrecht erfasst. So kann eine Bank bestimmte bankgeschäftliche Tätigkeiten auslagern und damit eine Informations-gewährung an eine andere Konzerngesellschaft für die Ausführung des Kundenauftrags erforderlich machen. Zu denken sei etwa daran, dass in einer Bankengruppe bestimmte Prüfungen hinsichtlich des rechtlichen oder wirtschaftlichen Bestandes der Kreditsicherheiten nur durch zentrale Abteilungen erfolgen oder aber dass Telebanking-Produkte auf ein als eigene Konzerngesellschaft organisiertes Call-Center ausgelagert werden. Voraussetzung ist allerdings, dass die Wahrung der Vertraulichkeit gesichert ist.[688] Die Möglichkeit eines solchen Outsourcings ist auch gesetzlich anerkannt. Nach § 25a Abs. 2 KWG ist die Auslagerung von Bereichen auf ein anderes Unternehmen, die für die Durchführung der Bankgeschäfte oder Finanzdienstleistungen wesentlich sind, dann zulässig, wenn bestimmte aufsichtsrechtliche Anforderungen eingehalten, Einwirkungsmöglichkeiten gesichert und die ausgelagerten Teile in interne Kontrollverfahren einbezogen werden. § 25a Abs. 2 KWG geht mithin von der grundsätzlichen Zulässigkeit des Outsourcings aus.

Nimmt ein Kunde geschäftliche Beziehungen zu einem konzernverbundenen Kreditinstitut auf, so muss er damit rechnen, dass dieses Kreditinstitut Funktionseinheiten ausgelagert hat und zur Ausübung des Bankgeschäfts, insbesondere im Rahmen der Kreditvergabe hinsichtlich der ihm zu gewährenden Beträge, in bestimmten wirtschaftlichen oder rechtlich abgesicherten Bindungen steht, die über die Grenze des einzelnen Kreditinstituts hinausgehen können.[689] Es ist somit davon auszugehen, dass die konzerninterne Weitergabe der Kundeninformationen regelmäßig mit Eingehung einer Geschäftsbeziehung dem Willen des Kunden entspricht. Darüber hinaus wird es aus Sicht des Kunden keinen wesentlichen Unterschied machen, ob die betreffende Funktion innerhalb einer Abteilung des einzelnen Kreditinstituts oder aber durch ein rechtlich selbständiges Kreditinstitut vorgenommen wird. Durch das bestehen-

---

Konzernverhältnissen ohne ausdrückliche Einwilligung stattfinden kann, wenn diese dem Willen des Kunden entspricht (siehe hierzu oben unter B, I.). Somit ist auf die Gegenauffassung von *Steding/Meyer* nicht weiter einzugehen.

[687] *Bruchner* in Schimansky/Bunte/Lwowski, Bankrechts-Hdb., § 39 Rz. 14a, S. 746.

[688] *Bruchner* in Schimansky/Bunte/Lwowski, Bankrechts-Hdb., § 39 Rz. 14a, S. 746.

[689] Auch Maßnahmen der Risiko- und Eigenkapitalsteuerung sind hier von Bedeutung, vgl. *Bruchner* in Schimansky/Bunte/Lwowski, Bankrechts-Hdb., § 39 Rz. 31, S. 753.

de Erfordernis des Bezugs zum Kundenauftrag wird die Anzahl der Informationsempfänger nicht derart ausgeweitet, dass sie für den Kunden weniger kontrollierbar und sein Recht auf informationelle Selbstbestimmung faktisch ausgehebelt würde.

Eine Weitergabe von Kundeninformationen an andere Konzerngesellschaften im Rahmen der Ausführung des Bankauftrags stellt auch keinen Verstoß gegen das Bundesdatenschutzgesetz dar. Eine solche Weitergabe würde der Zweckbestimmung eines zwischen der verantwortlichen Stelle, also dem Kreditinstitut, und den Betroffenen bestehenden Vertragsverhältnisses dienen und somit den Erlaubnistatbestand des § 28 Abs. 1 Satz 1 Nr. 1 BDSG erfüllen.

III. Grenzen des Bankgeheimnisses

Eine Informationsweitergabe im Konzern, die über eine solche Informationsweitergabe, die der Ausführung des Bankauftrags des Kunden dient, hinausgeht, könnte dann zulässig sein, wenn das Bankgeheimnis entsprechende Grenzen aufweist.

Eine Grenze des Bankgeheimnisses kann zum einen in einer Einwilligung des Kunden und zum anderen in entsprechenden gesetzlichen Vorschriften liegen.[690] Als gesetzliche Vorschriften kommen etwa solche in Betracht, die der Bank Publizitätspflichten auferlegen und für Dritte, auch in Form anderer Gesellschaften im Konzern, entsprechende Auskunftsansprüche gewähren.[691] Wie im Datenschutzrecht muss auch in Bezug auf das Bankgeheimnis gelten, dass eine die Verarbeitung der Kundeninformationen rechtfertigende Wirkung von allen Rechtsvorschriften des Bundes ausgeht, die in fach- und bereichsspezifischer Weise auf solche Daten und deren Veröffentlichung anzuwenden sind.[692] Die Weitergabe kundenbezogener Daten wird in Bezug auf Publizitätspflichten im Konzern allerdings oftmals durch Verfahren der Anonymisierung vermeidbar sein.[693]

IV. Zwischenergebnis

Das so genannte Bankgeheimnis gilt grundsätzlich auch in Konzernverhältnissen. Informationen, die unter das Bankgeheimnis fallen, dürfen nur

---

[690] Zu den Grenzen des Bankgeheimnisses siehe *Beckhusen* in Hdb. Bankrecht, § 5 II, Rz. 27 ff.; *Casper* in Hdb. Bankrecht, § 3 Rz. 11; *Claussen*, Bankrecht, § 6 Rz. 10 ff.; *Schwintowski* in Schwintowski/Schäfer, Bankrecht, § 1 Rz. 144 ff.

[691] *Claussen*, Bankrecht, § 6 Rz. 10; *Schwintowski* in Schwintowski/Schäfer, Bankrecht, § 1 Rz. 144.

[692] Zum Datenschutzrecht Gola/Schomerus, § 4 BDSG Rz. 7.

[693] Dazu bereits oben S. 160.

dann konzernintern weitergegeben werden, wenn der Kunde einwilligt, eine entsprechende vorrangige Publizitätspflicht besteht oder die Weitergabe im Zusammenhang mit den Angelegenheiten des Bankauftrags und insbesondere der Erfüllung des Bankauftrags erforderlich ist. Ausschließlich durch die Konzernierung motivierte Interessen können eine Durchbrechung des Bankgeheimnisses nicht rechtfertigen. Das Bankgeheimnis enthält somit eine über § 93 Abs. 1 Satz 3 AktG hinausgehende Beschränkung des Informationsflusses.

C. Summa

Für den Informationsfluss im Konzern bestehen neben der wesentlichen Regelung der Verschwiegenheitspflicht nach § 93 Abs. 1 Satz 3 AktG weitere spezielle Geheimhaltungspflichten, die den Informationsfluss im Konzern begrenzen können. Die Befassung mit dem Datenschutzrecht und dem Bankgeheimnis haben gezeigt, dass hierdurch über § 93 Abs. 1 Satz 3 AktG hinausgehende Begrenzungen des Informationsflusses existieren.

Dritter Teil:
Zusammenfassung der Thesen

A. Problemdarstellung

Gegenstand der vorliegenden Arbeit ist der Informationsfluss im Konzern. Gehandelt wird insbesondere von möglichen Hürden eines ungehinderten Informationsflusses bei konzernierten Aktiengesellschaften. Hierbei findet zunächst eine eingehende Auseinandersetzung mit der aktienrechtlichen Verschwiegenheitspflicht nach § 93 Abs. 1 Satz 3 AktG statt. Anschließend wird auf mögliche Beschränkungen des konzerninternen Informationsflusses durch das Nachauskunftsrecht gemäß § 131 Abs. 4 AktG eingegangen. Weiterhin werden die Auswirkungen des kapitalmarktrechtlichen Verbots der Weitergabe von Insiderinformationen nach § 14 Abs. 1 WpHG und von speziellen Geheimhaltungspflichten, namentlich dem Datenschutzrecht und dem Bankgeheimnis, auf den Informationsfluss im Konzern untersucht.

B. Thesen

I. Grenzen durch die Verschwiegenheitspflicht gemäß § 93 Abs. 1 Satz 3 AktG

Wesentlich zu beachtende Norm bei der Beschäftigung mit dem Informationsfluss im Konzern ist § 93 Abs. 1 Satz 3 AktG. Diese Norm enthält die so genannte Verschwiegenheitspflicht. § 93 Abs. 1 Satz 3 AktG befindet sich systematisch im Abschnitt des Aktiengesetzes über den Vorstand, gilt über § 116 AktG mitsamt seiner Ausnahmen aber gleichermaßen für Mitglieder des Aufsichtsrats.

1. Informationsanspruch des herrschenden Unternehmens

Sowohl bei der Eingliederung als auch im Vertragskonzern hat das herrschende Unternehmen gegen das beherrschte Unternehmen einen umfassenden Informationsanspruch, welcher ebenfalls solche Informationen einbezieht, die eigentlich von der Verschwiegenheitspflicht nach § 93 Abs. 1 Satz 3 AktG erfasst sind. Dieser Informationsanspruch ergibt sich weder aus mitgliedschaftlichen Rechten, noch kann er pauschal auf das Vorliegen einheitlicher Leitung gestützt werden. Der Anspruch ergibt sich vielmehr aus der Notwendigkeit des Erhalts umfassender Information zur sorgfältigen Ausübung des Weisungsrechts nach §§ 308, 309 AktG.

Im faktischen Konzern hat das herrschende Unternehmen kein Weisungsrecht gegenüber seiner faktischen beherrschten Gesellschaft, so dass sich folglich nicht hieraus bzw. aus der Verpflichtung zur sorgfältigen Ausübung dieses

Rechts ein vollumfängliches Informationsrecht ergeben könnte. Zwar ist anerkannt, dass das herrschende Unternehmen oftmals umfassende Einflussnahmemöglichkeiten hat, doch zeigt § 311 AktG, dass eine Befolgungspflicht der
beherrschten Gesellschaft nicht besteht. Ein Informationsanspruch ergibt sich
in faktischen Konzernverhältnissen jedoch aus gesetzlichen Publizitätspflichten des herrschenden Unternehmens. Umfassen diese gesetzlichen Publizitätspflichten ebenfalls Informationen über abhängige Gesellschaften, so muss
das herrschende Unternehmen in diesem Umfang auch einen Anspruch auf
Erhalt solcher Informationen gegen die beherrschte Gesellschaft haben. Insbesondere die im Zusammenhang mit der Konzernrechnungslegung bestehende Vorschrift des § 294 Abs. 3 HGB spielt hier eine wesentliche Rolle.
Auch andere Publizitätspflichten sind jedoch vorhanden, etwa aufgrund des
EuropBetriebsräteG, des WpHG, des WpÜG oder des BörsG. Mangels eigener Anspruchsgrundlage findet in diesen Fällen § 294 Abs. 3 HGB entsprechende Anwendung.

2. Recht zur Informationsweitergabe durch die beherrschte Gesellschaft

Besteht ein Informationsanspruch, so muss die beherrschte Gesellschaft Informationen auch weitergeben dürfen. Bei Eingliederung und Vertragskonzern
darf die beherrschte Gesellschaft folglich jegliche Informationen dem herrschenden Unternehmen offenbaren. Im faktischen Konzern hat das herrschende Unternehmen nur einen begrenzten Informationsanspruch. Darüber
hinausgehende Informationen darf die beherrschte Gesellschaft daher nur
dann weitergeben, wenn dies im überwiegenden Unternehmensinteresse geschieht oder aber die Weitergabe im Rahmen von §§ 311 ff. AktG stattfindet.
Eine Abwicklung über §§ 311 ff. AktG setzt allerdings voraus, dass ein durch
die veranlasste Informationsweitergabe entstehender Nachteil ausgleichsfähig
ist und ausgeglichen wird. Dies wird bei der Weitergabe vertraulicher oder
geheimer Informationen mangels Quantifizierbarkeit regelmäßig nicht der Fall
sein.

II. Grenzen durch Nachauskunftsrecht nach § 131 Abs. 4 AktG

Das Nachauskunftsrecht gemäß § 131 Abs. 4 AktG gibt Aktionären einen Anspruch auf Erhalt solcher Informationen in der Hauptversammlung, die anderen Aktionären außerhalb der Hauptversammlung wegen ihrer Eigenschaft als
Aktionär erteilt wurden. Ist die Informationsweitergabe konzernrechtlich veranlasst, so findet die Weitergabe gerade nicht wegen der Eigenschaft der herrschenden Gesellschaft als Aktionär statt. § 131 Abs. 4 AktG ist dann folglich
nicht anwendbar.

Im Vertragskonzern ist jedwede Informationsweitergabe auch auf die durch Beherrschungsvertrag begründete Konzernierung zu beziehen. Eine Weitergabe findet daher nicht an das herrschende Unternehmen in seiner Eigenschaft als Aktionär statt. Das erweiterte Auskunftsrecht des § 131 Abs. 4 AktG findet somit für Weitergaben von beherrschter an herrschende Gesellschaft keine Anwendung.

Eine solch pauschale Aussage ist im faktischen Konzern nicht möglich. Konzernrechtlich veranlasst ist eine Weitergabe regelmäßig nur dann, wenn die Informationen im Rahmen der Erfüllung von Publizitätspflichten erteilt wurden, eine Weitergabe nach § 311 AktG vorgenommen werden durfte oder wenn die Weitergabe von Informationen im überwiegenden Unternehmensinteresse lag und einen konzernspezifischen Anlass hatte.

Der Maßstab des § 131 Abs. 4 AktG richtet sich wesentlich nach den bei § 93 Abs. 1 Satz 3 AktG aufgestellten Maßstäben, führt durch das Erfordernis des konzernspezifischen Anlasses einer solchen Informationsweitergabe, deren Zulässigkeit am überwiegenden Unternehmensinteresse bemessen wurde, allerdings zu weitergehenden Beschränkungen des konzerninternen Informationsflusses.

III. Grenzen durch das Verbot von Insidergeschäften, § 14 Abs. 1 WpHG

Handelt es sich um eine börsennotierte Aktiengesellschaft, so ist bei einer Informationsweitergabe weiterhin das Verbot von Insidergeschäften nach § 14 Abs. 1 WpHG zu beachten. Hiernach ist unter anderem die unbefugte Weitergabe von Insiderinformationen (§ 13 Abs. 1 WpHG) verboten. Für Informationsweitergaben zwischen verbundenen Unternehmen bedeutet dies, dass auch auf § 14 Abs. 1 WpHG zu achten ist. In den kapitalmarktrechtlichen Funktionsbereich fällt allerdings nicht, durch einen Eingriff in den konzerninternen Informationsfluss konzernrechtliche Aufgaben zu über-nehmen. Solche Informationsweitergaben, die im Rahmen der normalen Berufs- und Geschäftstätigkeit liegen, sind daher nicht vom Insiderverbot umfasst. Welche Informationen weitergegeben werden dürfen, richtet sich somit nach dem im Rahmen von § 93 Abs. 1 Satz 3 AktG aufgestellten gesellschaftsrechtlichen Maßstab.

IV. Sonstige Vorschriften, die den freien Informationsfluss im Konzern einschränken können

Neben der gesellschaftsrechtlichen Schweigepflicht, dem Nachauskunftsrecht der Aktionäre und dem Insiderverbot existieren weitere Vorschriften, die eine

Hürde für den Informationsfluss im Konzern darstellen können, hier kommen das Bundesdatenschutzgesetz oder das Bankgeheimnis in Betracht.

1. Bundesdatenschutzgesetz

Sofern es sich bei den betroffenen Daten um personenbezogene Daten handelt, ist zudem das Bundesdatenschutzgesetz zu berücksichtigen. Verbundene Unternehmen im Konzern sind stets „Dritte" im Sinne des Bundesdatenschutzgesetzes. Eine Übermittlung ist daher nur dann zulässig, wenn eine Einwilligung des Betroffenen vorliegt oder aber einer der Erlaubnistatbestände des Bundesdatenschutzgesetzes erfüllt ist. Die Weitergabe personenbezogener Daten zur Erfüllung gesetzlicher Publizitätspflichten ist als zulässiger Erlaubnistatbestand einzuordnen. Ausschließlich durch die Konzernierung motivierte Interessen lassen sich allerdings nicht unter einen der Erlaubnistatbestände subsumieren. Die durch das Bundesdatenschutzgesetz bestehenden Grenzen gehen somit weiter als die Grenzen des Gesellschafts- und Kapitalmarktrechts.

2. Bankgeheimnis

Ist das betroffene Konzernunternehmen ein Kreditinstitut, so ist weiterhin das Bankgeheimnis zu beachten. Dieses bezieht sich grundsätzlich auf alle Tatsachen und Wertungen, von denen die Bank aufgrund ihrer Geschäftätigkeit Kenntnis erlangt hat und von denen auszugehen ist, dass der Kunde eine vertrauliche Behandlung will. Es ist zu unterstellen, dass der Kunde weiß, dass eine Weitergabe von Kundendaten konzernintern zur Bearbeitung seines Bankauftrags nicht unüblich ist. Mit Eingehung des Bankvertrags signalisiert er somit diesbezüglich sein Einverständnis. Eine Weitergabe zu Zwecken, die nicht der Erfüllung des Auftrags verbunden sind, insbesondere ausschließlich durch die Konzernierung veranlasste Weitergaben sind unzulässig und erfordern die Einwilligung des Kunden. Eine Grenze des Bankgeheimnisses liegt ebenfalls in entsprechenden gesetzlichen Vorschriften; als solche kommen insbesondere gesetzliche Publizitätspflichten der Bankgesellschaft in Betracht, etwa nach § 294 Abs. 3 HGB bzw. § 294 Abs. 3 HGB analog. Durch das Bankgeheimnis wird der konzerninterne Informationsfluss folglich ebenfalls in einem über die gesellschaftsrechtlichen und kapitalmarktrechtlichen Regelungen hinausgehenden Maße eingeschränkt.

C. Summa

Der Konzern ist keine Informationseinheit. Informationsweitergaben zwischen konzernierten Unternehmen müssen daher bestimmte Schleusen durchlaufen, die einem ungehinderten Informationsfluss entgegenstehen. Neben § 93 Abs. 1 Satz 3 AktG, welche als Schlüsselnorm zur Bestimmung des zulässigen Informationsflusses qualifiziert werden kann, sind insbesondere das mitgliedschaftliche Nachauskunftsrecht nach § 131 Abs. 4 AktG und – bei börsennotierten Aktiengesellschaften – das kapitalmarktrechtliche Verbot der Insidergeschäfte nach § 14 Abs. 1 WpHG zu beachten. Die Beurteilung der Zulässigkeit einer Informationsweitergabe in Bezug auf § 93 Abs. 1 Satz 3 ist jedoch bei all diesen Hürden als wesentlicher Maßstab einzuordnen. Neben diesen gesellschafts- und kapitalmarktrechtlichen Vorschriften liegen weiterhin spezielle Geheimhaltungspflichten vor, die den Informationsfluss in einem über die allgemeinen Regelungen hinausgehenden Maße begrenzen können. Diese haben allerdings nur Geltung, wenn bestimmte Adressatenmerkmale (so etwa das Bankgeheimnis für Kreditinstitute) oder aber Informationsmerkmale (beispielsweise personenbezogene Daten im Datenschutzrecht) gegeben sind.

In Summa kann festgestellt werden, dass bei der Eingliederung und im Vertragskonzern das herrschende Unternehmen einen Anspruch auf Erhalt jeglicher Informationen hat und ebenfalls jegliche Informationen weitergegeben werden dürfen – sofern sie nicht von einer speziellen Geheimhaltungspflicht erfasst werden. Im faktischen Konzern hingegen existiert kein vollumfänglicher Informationsanspruch des herrschenden Unternehmens und eine freiwillige Informationsweitergabe durch das beherrschte Unternehmen darf nur stattfinden, wenn dies den im Rahmen der Prüfung von § 93 Abs. 1 Satz 3 AktG aufgestellten Maßstäben entspricht, also wenn eine gesetzliche Publizitätspflicht besteht, eine Weitergabe entweder im überwiegenden Unternehmensinteresse liegt oder aber ein dadurch entstehender Nachteil gemäß §§ 311 ff. AktG ausgleichsfähig ist und ausgeglichen wird und keine spezielle Geheimhaltungspflicht entgegensteht. Sollte diese Beschränkung als zu große Hürde empfunden werden, bleibt die Möglichkeit einen Beherrschungsvertrag abzuschließen, der den zulässigen Informationsfluss erweitert. Dies setzt allerdings voraus, dass ein solcher Unternehmensvertrag dem Willen von mindestens drei Viertel des bei der Beschlussfassung vertretenen Grundkapitals bzw. der nach der Satzung erforderlichen Mehrheit entspricht, vgl. § 293 AktG.

Literaturverzeichnis

Adams, Michael	Ökonomische Analyse des Rechts, Konzepte und Anwendungen, Frankfurt am Main 2002
Adler, Hans/ Düring, Walther/ Schmaltz, Kurt	Rechnungslegung und Prüfung der Unternehmen, Kommentar zum HGB, AktG, GmbHG, PublG nach den Vorschriften des Bilanzrichtlinien-Gesetzes, 6. Auflage, Stuttgart 1995
Albach, Horst	Die Rechtsverhältnisse verbundener Unternehmen, NB 1966, 203 ff.
Altmeppen, Holger	Die Haftung des Managers im Konzern, München 1998
Altmeppen, Holger	Zur Vermögensbindung in der faktisch abhängigen AG, ZIP 1996, 693 ff.
Angersbach, Carsten J.	Due Diligence beim Unternehmenskauf, Baden-Baden 2002
Assmann, Heinz-Dieter	Rechtsanwendungsprobleme des Insiderrechts, AG 1997, 50 ff.
Assmann, Heinz-Dieter	Das künftige deutsche Insiderrecht (II), AG 1994, 237 ff.
Assmann, Heinz-Dieter	Das neue deutsche Insiderrecht, ZGR 1994, 494 ff.
Assmann, Heinz-Dieter/ Pötzsch, Thorsten/ Schneider, Uwe H. (Hrsg.)	Wertpapiererwerbs- und Übernahmegesetz, Kommentar, 2005
Assmann, Heinz-Dieter/ Schneider, Uwe H. (Hrsg.)	Wertpapierhandelsgesetz, Kommentar, 3. Auflage, Köln 2003
Assmann, Heinz-Dieter/ Schneider, Uwe H. (Hrsg.)	Wertpapierhandelsgesetz, Kommentar, 4. Auflage, Köln 2006
Bachmann, Gregor	Der Grundsatz der Gleichbehandlung im Kapitalmarktrecht, ZHR 170 (2006), S. 144 ff.
Baetge, Jörg/ Kirsch, Hans-Jürgen/ Thiele, Stefan	Bilanzen, 8. Auflage, Düsseldorf 2005
Bälz, Ulrich	Einheit und Vielheit im Konzern, in: *Baur/Esser/Kübler/Steindorff* (Hrsg.), Funktionswandel der Privatrechtsinstitutionen – Festschrift für Ludwig Raiser zum 70. Geburtstag, Tübingen 1974, S. 287 ff.

Banerjea, Nirmal Robert	Due Diligence beim Erwerb von Aktien über die Börse, ZIP 2003, 1730 ff.
Barz, Carl Hans u.a.	Aktiengesetz, Großkommentar, Vierter Band, §§ 291 – 410, 3. Aufl., Berlin/New York 1975
Baumbach, Adolf/ Hopt, Klaus J.	Handelsgesetzbuch, 32. Auflage, München 2006
Behrens, Wolfgang/ Brauner, Hans U./ Strauch Joachim (Hrsg.)	Due Diligence bei Unternehmensakquisitionen, 3. Auflage, Stuttgart, 2002
Benna-Heinacher, Jella	Kollidiert die Auskunftspflicht des Vorstands mit dem Insidergesetz?, DB 1995, 765 f.
Bihr, Dietrich	Due Diligence: Geschäftsführungsorgane im Spannungsfeld zwischen Gesellschafts- und Gesellschafterinteressen, BB 1998, 1198 ff.
Binder, Christof U.	Beteiligungsführung in der Konzernunternehmung – Betriebswirtschaftliche Elemente und Gestaltungsmöglichkeiten von Mutter-Tochterbeziehungen, Köln 1994
Bitter, Georg	Rechtsperson und Kapitalerhaltung – Gesellschafterschutz vor „verdeckten Gewinnausschüttungen" bei Kapital- und Personengesellschaften, ZHR 168 (1994), 302 ff.
Böcking, Hans-Joachim	Internationalisierung der Rechnungslegung und ihre Auswirkungen auf die Grundprinzipien des deutschen Rechts, Der Konzern 2004, 177 ff.
Böcking, Hans-Joachim/ Müßig, Anke	Neue Herausforderungen für den Konzernlagebericht durch das Transparenz- und Publizitätsgesetz sowie den Deutschen Corporate Governance Kodex? – Zugleich ein Ausschnitt aus dem gegenwärtigen Anforderungsprofil an Vorstand, Aufsichtsrat und Abschlussprüfer, Der Konzern 2003, 38 ff.
Bonin, Gregor von	Die Leitung der Aktiengesellschaft zwischen Sharholder Value und Stakeholder-Interessen, Baden-Baden, 2004
Böttcher, Lars/ Blasche, Sebastian	Die Grenzen der Leitungsmacht des Vorstands, NZG 2006, 569 ff.
Boujong, Karlheinz/ Ebenroth, Carsten Thomas/ Joost, Detlev	Handelsgesetzbuch, Band 1, §§ 1 – 342a, München 2001

Bundesanstalt für Finanzdienstleistungsaufsicht (Hrsg.)	Emittentenleitfaden der Bundesanstalt für Finanzdienstleistungsaufsicht, 2005
Bundesaufsichtsamt für den Wertpapierhandel (Hrsg.)	Insiderhandelsverbote und Ad hoc-Publizität nach dem Wertpapierhandelsgesetz, 2. Auflage, Frankfurt 1998
Burgard, Ulrich	Ad hoc-Publizität bei gestreckten Sachverhalten und mehrstufigen Entscheidungsprozessen, ZHR 1962 (1998), 51 ff.
Burgard, Ulrich	Die Offenlegung von Beteiligungen, Abhängigkeits- und Konzernlagen bei der Aktiengesellschaft, Berlin 1990
Bürgers, Tobias	Das Anlegerschutzverbesserungsgesetz, BKR 2004, 424 ff.
Busse von Colbe, Walther	Anpassung der Konzernrechnungslegungsvorschriften des HGB an internationale Entwicklungen, BB 2004, 2063 ff.
Bydlinski, Franz	Grundzüge der juristischen Methodenlehre, Wien 2005
Cahn, Andreas	Das neue Insiderrecht, Der Konzern 2005, 5 ff.
Canaris, Claus-Wilhelm	Hauptversammlungsbeschlüsse und Haftung der Verwaltungsmitglieder im Vertragskonzern, ZGR 1978, 207 ff.
Canaris, Claus-Wilhelm/ Larenz, Karl	Methodenlehre der Rechtswissenschaft, 4. Auflage, Berlin 2006
Caspari, Karl-Burkhard	Die geplante Insiderregelung in der Praxis, ZGR 1994, 530 ff.
Claussen, Carsten Peter	Bank- und Börsenrecht für Studium und Praxis, 3. Auflage, München 2003
Clemm, Hermann/ Dürrschmidt, Armin	Gedanken zur Schadensersatzpflicht von Vorstands- und Aufsichtsratsmitgliedern der Aktiengesellschaft für verlustverursachende Fehlentscheidungen, in: Hommelhoff/Zätzsch/Erle (Hrsg.), München 2001, S. 67 ff.
Creifelds, Carl	Rechtswörterbuch, 18. Auflage, München 2004
Decher, Christian E.	Information im Konzern und Auskunftsrecht der Aktionäre gem. § 131 Abs. 4 AktG, ZHR 158 (1994), 473 ff.

Decher, Christian E.	Personelle Verflechtungen im Aktienkonzern, Heidelberg 1990
Deilmann, Barbara/ Lorenz, Manuel (Hrsg.)	Die börsennotierte Aktiengesellschaft, München 200 5
Derleder, Peter/ Knops, Kai, Oliver/ Bamberger, Heinz Georg (Hrsg.)	Handbuch zum deutschen und europäischen Bankrecht, Berlin Heidelberg, New York, 2004
Deuss, Peter	Das Auskunftsrecht des Aktionärs in der Hauptversammlung der Aktiengesellschaft nach § 112 AktG und als Problem der Aktienrechtsreform, München/Berlin, 1962
Diekmann, Hans/ Sustmann, Marco	Gesetz zur Verbesserung des Anlegerschutzes (Anlegerschutzverbesserungsgesetz – AnSVG), NZG 2004, 929 ff.
Dierdorf, Josef	Herrschaft und Abhängigkeit einer Aktiengesellschaft auf schuldvertraglicher und tatsächlicher Grundlage, Köln/Berlin/Bonn/München 1978
Dreyling, Georg/ Schäfer, Frank A.	Insiderrecht und Ad-hoc-Publizität – Praxis und Entwicklungstendenzen, Köln 2001
Druey, Jean Nicolas	Die Information des Outsiders in der Aktiengesellschaft, in: Grundfragen des neuen Aktienrechts, Bern, 1993
Druey, Jean Nicolas	Information als Gegenstand des Rechts, Zürich / Baden-Baden 1995
Druey, Jean Nicolas	Vom Informations- zum Kommunikationsrecht, in: *Crone/Weber/Zäch/Zobel* (Hrsg.), Neuere Tendenzen im Gesellschaftsrecht – Festschrift für Peter Forstmoser zum 60. Geburtstag, Zürich 2003
Duden, Konrad	Gleichbehandlung bei Auskünften an Aktionäre, in: *Ficker/König/Kreutzer/Leser/v. Bierberstein* (Hrsg.), Festschrift für Ernst von Caemmerer zum 70. Geburtstag, Tübingen 1978, S. 499 ff.
Duisberg, Alexander	Bleibt die Einwilligung zur konzerninternen Weitergabe von personenbezogenen Kundendaten im Unternehmenskauf bestehen?, RDV 2004, 104 ff.
Durner, Wolfgang	Zur Einführung: Datenschutzrecht, JuS 2006, 213 ff.

Ebenroth, Carsten-Thomas	Das Auskunftsrecht des Aktionärs und seine Durchsetzung im Prozeß – unter besonderer Berücksichtigung des Rechtes der verbundenen Unternehmen, Dissertation, Hannover, 1969
Ebenroth, Carsten-Thomas	Die Erweiterung des Auskunftsgegenstandes im Recht der verbundenen Unternehmen, AG 1970, 104 ff.
Eckl, Markus	Das Bankgeheimnis und die Rechtsfolgen seiner Verletzung, DZWIR 2004, 221 ff.
Eggenberger, Jens	Gesellschaftsrechtliche Voraussetzungen und Folgen einer due-diligence Prüfung, Frankfurt am Main/Berlin/Bern/Bruxelles/New York/Oxford/Wien, 2001
Ehricke, Ulrich/ Rotstegge, Jochen P.	Drittschutz zu Gunsten anderer Konzerngesellschaften bei Verletzung des Bankgeheimnisses, ZIP 2006, 925 ff.
Eidenmüller, Horst	Effizienz als Rechtsprinzip, Möglichkeiten und Grenzen der ökonomischen Analyse des Rechts, 2. Auflage, Tübingen 1998
Ekkenga, Jens/ Weinbrenner, Christoph/ Schütz, Katja	Einflusswege und Einflussfolgen im faktischen Unternehmensverbund – Ergebnisse einer empirischen Untersuchung -, Der Konzern 2005, 261 ff.
Ellrott, Helmut/ Förschle, Gerhart/ Hoyos, Martin/ Winkeljohann, Norbert	Beck'scher Bilanz-Kommentar, Handels- und Steuerbilanz, §§ 238 bis 339, 342 bis 342e HGB mit EGHGB und IAS/IFRS-Abweichungen, 6. Auflage, München 2006
Elsner, Timo	Die laufende Kontrolle der Tochtergesellschaften durch die Verwaltung der Muttergesellschaft – Eine Konkretisierung der aktiengesetzlichen Grundlage, Frankfurt am Main 2004
Emmerich, Volker/ Habersack, Mathias	Aktien- und GmbH-Konzernrecht, 4. Aufl., München 2005
Emmerich, Volker/ Habersack, Mathias	Konzernrecht, Das Recht der verbundenen Unternehmen bei Aktiengesellschaften, GmbH, Personengesellschaften, Genossenschaft, Verein und Stiftung, 8. Aufl., München 2005
Endres, Michael	Organisation der Unternehmensleitung aus der Sicht der Praxis, ZHR 163, 441-460

Ensthaler, Jürgen	Gemeinschaftskommentar zum Handelsgesetzbuch, 6. Auflage, Neuwied/Kriftel/Berlin 1999
Eutebach, Helmut	Die Verschwiegenheitspflicht der Aufsichtsratsmitglieder einer Aktiengesellschaft, Dissertation, Köln, 1969
Fabritius, Andreas	Zu den Grenzen der Durchsetzung eines kapitalmarktrechtlich begründeten Informationsinteresses des herrschenden Unternehmens im faktischen Konzern, in: *Baums/Lutter/Schmidt/Wertenbruch* (Hrsg.) Festschrift für Ulrich Huber zum siebzigsten Geburtstag, Tübingen 2006, S. 705 ff.
Federlin, Philipp	Informationsflüsse in der Aktiengesellschaft im Spannungsverhältnis zum kapitalmarktrechtlichen Verbot der unbefugten Weitergabe von Insidertatsachen, Frankfurt am Main, 2004
Feldhaus, Heiner	Die Eignung zur erheblichen Kursbeeinflussung bei der Ad-hoc-Publizität – Eine rechtsvergleichende und interdisziplinäre Untersuchung unter Berücksichtigung der europarechtlichen Vorgaben, Frankfurt a.M 2003
Fiedler, Christine	Mitteilungen über Beteiligungen von Mutter- und Tochterunternehmen – Probleme durch Doppel- und Mehrfachmitteilungen nach §§ 21 Abs. 1, 22 Abs. 1 S. 1 Nr. 1 WpHG sowie Lösungsmöglichkeiten, Baden-Baden 2005
Fischer, Julian	Insiderrecht und Kapitalmarktkommunikation unter besonderer Berücksichtigung des Rechtsrahmens für Finanzanalysten, Berlin 2006
Fischer, Klaus K.	Vertretung einer Aktiengesellschaft durch den Aufsichtsrat, ZNotP 2002, 297 ff.
Fleischer, Holger	Die „Business Judgment Rule" im Spiegel von Rechtsvergleichung und Rechtsökonomie, in: *Wank/Hirte/Frey/Fleischer/Thüsing* (Hrsg.), Festschrift für Herbert Wiedemann, S. 827 ff.
Fleischer, Holger	Konkurrenzangebote und Due Diligence, ZIP 2002, 651
Fleischer, Holger	Konzernleitung und Leitungssorgfalt der Vorstandsmitglieder im Unternehmensverbund, DB 2005, 759 ff.

Fleischer, Holger	Zur Leitungsaufgabe des Vorstands im Aktienrecht, ZIP 2003, 1 ff.
Fleischer, Holger (Hrsg.)	Handbuch des Vorstandsrechts, München 2006
Flume, Werner	Die Einbeziehung von Unternehmen im Mehrheitsbesitz ohne einheitliche Leitung in den Konzernabschluß, DB 1968, S. 1011 ff.
Frey, Johannes/ Roschmann, Christian	Geheimhaltungspflichten der Vorstandsmitglieder von Aktiengesellschaften bei Unternehmenskäufen, AG 1996, 449 ff.
Fürhoff, Jens/ Wölk, Armin	Aktuelle Fragen zur Ad hoc-Publizität, WM 1997, 449 ff.
Gäbelein, Wolfgang	Definition eines qualifiziert faktischen Konzerns, AG 1990, 185 ff.
Gaul, Dieter	Die nachvertragliche Geheimhaltungspflicht eines ausgeschiedenen Arbeitnehmers, NZA 1988, 225 ff.
Geßler, Ernst	Die Haftung der Hauptgesellschaft bei der Eingliederung (§ 322 AktG), ZGR 1978, 251 ff.
Geßler, Ernst	Leitungsmacht und Verantwortlichkeit im faktischen Konzern, in: *Hefermehl/Gmür/Brox* (Hrsg.), Festschrift für Harry Westermann, S. 145 ff.
Geßler, Ernst/ Hefermehl, Wolfgang/ Eckardt, Ulrich/ Kropff, Bruno	Aktiengesetz, Kommentar, Band II, §§ 76 – 147, München 1973/1974
Geßler, Ernst/ Hefermehl, Wolfgang/ Eckardt, Ulrich/ Kropff, Bruno	Aktiengesetz, Kommentar, Band VI, §§ 291 – 410, München 1976 – 1994
Geßler, Jörg H.	Aktiengesetz, Kommentar, 43. Aktualisierung – Neuwied/Kriftel/Berlin Juni 2004
Giesen, Hans-Michael	Organhandeln und Interessenkonflikt, Berlin, 1984
Godin, Freiherr von/ Wilhelmi, Hans	Aktiengesetz vom 6. September 1965, Kommentar, Band I, §§ 1-178, 4. Auflage, Berlin/New York 1971
Godin, Freiherr von/ Wilhelmi, Hans	Aktiengesetz vom 6. September 1965, Kommentar, Band II, §§ 179-410, 4. Auflage, Berlin/New York 1971

Gola, Peter/ Schomerus, Rudolf	BDSG – Bundesdatenschutzgesetz Kommentar, 7. Auflage, München 2002
Golling, Hans-Joachim	Sorgfaltspflicht und Verantwortlichkeit der Vorstandsmitglieder für ihre Geschäftsführung innerhalb der nicht konzerngebundenen Aktiengesellschaft (Eine Untersuchung zu § 93 Abs. 1-5 AktG), Dissertation, Köln, 1968
Götz, Heinrich	Leitungssorgfalt und Leitungskontrolle der Aktiengesellschaft hinsichtlich abhängiger Unternehmen, ZGR 1998, 524 ff.
Götz, Heinrich	Rechte und Pflichten des Aufsichtsrats nach dem Transparenz- und Publizitätsgesetz, NZG 2002, 599 ff.
Götz, Jürgen	Die unbefugte Weitergabe von Insidertatsachen – Anmerkungen zu § 14 Abs. 1 Nr. 2 WpHG, DB 1995, 1949 ff.
Grüner, Michael	Zeitliche Einschränkung des Rede- und Fragerechts auf Hauptversammlungen – zugleich Besprechung der BVerfG-Entscheidung „Wenger/Daimler", NZG 2000, 192, NZG 2000, 770 ff.
Grunewald, Barbara	Gesellschaftsrecht, 6. Aufl., Tübingen 2005
Habersack, Mathias	Die UMTS-Auktion – ein Lehrstück des Aktienkonzernrechts, ZIP 2006, 1327 ff.
Habersack, Mathias/ Verse, Dirk	Zum Auskunftsrecht des Aktionärs im faktischen Konzern, AG 2003, 300 ff.
Happ, Wilhelm (Hrsg.)	Aktienrecht, Handbuch - Mustertexte – Kommentar, 2. Auflage, Köln/Berlin/Bonn/München, 2004
Harms, Wolfgang	Konzerne im Recht der Wettbewerbsbeschränkungen, Köln/Berlin/Bonn/München 1968
Hauschka, Christoph E.	Corporate Compliance – Unternehmensorganisatorische Ansätze zur Erfüllung der Pflichten von Vorständen und Geschäftsführern, AG 2004, 461 ff.
Heidel, Thomas (Hrsg.)	Aktienrecht, Anwaltkommentar, Bonn 2003, zitiert: Anwaltkommentar AktG
Hemeling, Peter	Gesellschaftsrechtliche Fragen der Due Diligence beim Unternehmenskauf, ZHR 169 (2005), 274 ff.

Hengeler, Hans	Zum Beratungsgeheimnis im Aufsichtsrat einer Aktiengesellschaft, in: Gesellschaftsrecht und Unternehmensrecht, in: *Fischer/Hefermehl* (Hrsg.), Festschrift für Wolfgang Schilling, Berlin/New York 1973, S. 175 ff.
Herdegen, Matthias/ Herzog, Roman/ Klein, Hans H./ Scholz, Rupert (Hrsg.)	Maunz/Dürig, Grundgesetz Kommentar, München
Hils, Michael	Die handelsrechtliche Rechnungslegung der Tochtergesellschaft – Ausgleich konzernbedingter Informationsdefizite im Jahresabschluß der Tochter-AG und der Tochter-GmbH, Frankfurt am Main 2001
Hirte, Heribert	Kapitalgesellschaftsrecht, 5. Auflage, Köln 2006
Hirte, Heribert/ Schall, Alexander	Zum faktischen Beherrschungsvertrag, Der Konzern 2006, S. 243 ff.
Hoffmann-Becking, Michael	Das erweiterte Auskunftsrecht des Aktionärs nach § 131 Abs. 4 AktG, in: *Pfeiffer/Wiese/Zimmermann* (Hrsg.), Festschrift für Heinz Rowedder zum 75. Geburtstag, S. 155 ff., München, 1994
Hoffmann-Becking, Michael	Der Aufsichtsrat im Konzern, ZHR 159 (1995), 325 ff.
Hoffmann-Becking, Michael	Vorstands-Doppelmandate im Konzern, ZHR 150 (1986), 570 ff.
Hoffmann-Becking, Michael (Hrsg.)	Münchener Handbuch des Gesellschaftsrechts, Band 4, Aktiengesellschaft, 2. Auflage, München 1999
Holtmann, Michael	Personelle Verflechtungen auf Konzernführungsebene, Wiesbaden 1989
Hommelhoff, Peter	Die Konzernleitungspflicht: zentrale Aspekte eines Konzernverfassungsrechts, Köln 1982
Hommelhoff, Peter	Praktische Erfahrungen mit dem Abhängigkeitsbericht, ZHR 156, 295 ff.
Hommelhoff, Peter	Vernetzte Aufsichtsratsüberwachung im Konzern? – Eine Problemskizze –, ZGR 1996, 144 ff.
Hommelhoff, Peter/ Timm, Wolfram	Anmerkung zu LG Köln, Urteil vom 13.7.1976, AG 1976, 330 ff.

Hommelhoff, Peter/ Hopt, Klaus/ v. Werder, Axel (Hrsg.)

Handbuch Corporate Governance – Leitung und Überwachung börsennotierter Unternehmen in der Rechts- und Wirtschaftspraxis, Köln/Stuttgart 2003

Hopt, Klaus

Übernahmen, Geheimhaltung und Interessenkonflikte: Probleme für Vorstände, Aufsichtsräte und Banken, ZGR 2002, 333 ff.

Hopt, Klaus

Grundsatz- und Praxisprobleme nach dem Wertpapierhandelsgesetz – insbesondere Insidergeschäfte und Ad-hoc-Publizität, ZHR 159 (1995), 135 ff.

Hopt, Klaus J./ Wiedemann, Herbert (Hrsg.)

Aktiengesetz, Großkommentar, §§ 92 – 94, 4. Auflage, Berlin/New York 1999

Hopt, Klaus J./ Wiedemann, Herbert (Hrsg.)

Aktiengesetz, Großkommentar, §§ 131, 132, 4. Auflage, Berlin/New York 2001

Hueck, Götz/ Windbichler, Christine

Gesellschaftsrecht, 20. Auflage, München, 2003

Hüffer, Uwe

Aktiengesetz, 7. Auflage, München 2006

Ihrig, Hans-Christoph

Reformbedarf beim Haftungstatbestand des § 93 AktG, WM 2004, 2098 ff.

Ihrig, Hans-Christoph/ Wagner, Jens

Die Reform geht weiter: Das Transparenz- und Publizitätsgesetz kommt, BB 2002, 789 ff.

Isele, Hellmut Georg

Die Verschwiegenheitspflichten der Arbeitnehmervertreter in den Mitbestimmungsorganen der Unternehmungen, in: *Biedenkopf/Coing/Mestmäcker* (Hrsg.), Das Unternehmen in der Unternehmensordnung – Festgabe für Heinrich Kronstein, 1967, S. 107 ff.

Jäger, Axel

Aktiengesellschaft – Unter besonderer Berücksichtigung der KGaA, München 2004

Joussen, Peter

Auskunftspflicht des Vorstands nach § 131 AktG und Insiderrecht, DB 1994, 2485 ff.

Jung, Hans

Allgemeine Betriebswirtschaftslehre, 8. Auflage, München/Wien 2002

Kantzas, Ioannis

Das Weisungsrecht im Vertragskonzern, Frankfurt am Main, 1988

Kellmann, Christof

Schadensersatz und Ausgleich im Faktischen Konzern, BB 1969, 1509 ff.

Kessler, Wolfgang/ Kröner, Michael/ Köhler, Stefan	Konzernsteuerrecht, Organisation – Recht – Steuern, München 2004
Kiethe, Kurt	Ansprüche der Aktiengesellschaft bei Schädigung durch herrschende Unternehmen und Leitungsorgane, WM 2000, 1182 ff.
Kiethe, Kurt	Vorstandshaftung auf Grund fehlerhafter Due Diligence beim Unternehmenskauf, NZG 1999, 976
Kilian, Wolfgang/ Scheja, Gregor	Freier Datenfluss im Allfinanzkonzern?, Betriebs-Berater 2002, Beilage 3, S. 19 ff.
Kirschbaum, Tom	Entsprechenserklärungen zum englischen Combined Code und zum Deutschen Corporate Governance Kodex, Köln 2006
Kirschbaum, Tom/ Wittmann, Martin	Selbstregulierung im Gesellschaftsrecht: Der Deutsche Corporate Governance Kodex, JuS 2005, 1062 ff.
Kittner, Michael	Unternehmensverfassung und Information – Die Schweigepflicht von Aufsichtsratsmitgliedern, ZHR 136 (1972), 208 ff.
Klaus, Hans/ Steinmann, Horst	Zur Rolle des Aufsichtsrats als Kontrollorgan, AG 1987, 29 ff.
Kleindiek, Detlef	Konzernstrukturen und Corporate Governance: Leitung und Überwachung im dezentral organisierten Unternehmensverbund, in: *Hommelhoff/Hopt/v. Werder* (Hrsg.), Handbuch Corporate Governance, Köln 2003, S. 571 ff.
Kley, Max Dietrich/ Lehmann, Michael	Probleme der Eingliederungshaftung, DB 1972, 1421 ff.
Knöfler, Kathrin	Rechtliche Auswirkungen der Due Diligence bei Unternehmensakquisitionen, Frankfurt a.M. 2001
Koppensteiner, Hans-Georg	„Faktischer Konzern" und Konzentration, ZGR 1973, 1 ff.
Körber, Torsten	Geschäftsleitung der Zielgesellschaft und due diligence bei Paketerwerb und Unternehmenskauf, NZG 2002, 263
Krieger, Gerd	Personalentscheidungen des Aufsichtsrats, Köln/Berlin/Bonn/München 1981

Kropff, Bruno	25 Jahre Aktiengesetz – was waren die Ziele, was wurde erreicht?, in: *Lutter* (Hrsg.), 25 Jahre Aktiengesetz, Düsseldorf 1991, S. 19 ff.
Kropff, Bruno	Aktiengesetz, Textausgabe des Aktiengesetzes vom 6.9.1965 (Bundesgesetzbl. I S. 1089) und des Einführungsgesetzes zum Aktiengesetz vom 6.9.1965 (Bundesgesetzbl. I S. 1185) mit Begründung des Regierungsentwurfs, Bericht des Rechtsausschusses des Deutschen Bundestags, Verweisungen und Sachverzeichnis, Düsseldorf 1965
Kropff, Bruno	Außenseiterschutz in der faktisch abhängigen „kleinen Aktiengesellschaft", ZGR 1988, S. 558 ff.
Kropff, Bruno	Der „faktische Konzern" als Rechtsverhältnis (Teil I), DB 1967, 2147 ff.
Kropff, Bruno	Der „faktische Konzern" als Rechtsverhältnis (Teil II), DB 1967, 2204 ff.
Kropff, Bruno	Informationsbeschaffungspflichten des Aufsichtsrats, in: *Damm/Heermann/Veil* (Hrsg.), Festschrift für Thomas Raiser zum 70. Geburtstag am 20. Februar 2005, Berlin 2005, S. 225 ff.
Kropff, Bruno	„Verbundene Unternehmen" im Aktiengesetz und im Bilanzrichtlinien-Gesetz, DB 1986, 364 ff.
Kropff, Bruno	Wie lange noch: Verbundene Unternehmen im Bilanzrecht?, in: *Habersack/Hommelhoff/Hüffer/Schmidt* (Hrsg.),Festschrift für Peter Ulmer zum 70 Geburtstag am 2. Januar 2003, Berlin 2003, S. 847 ff.
Kropff, Bruno	Zur Information des Aufsichtsrats über das interne Überwachungssystem, NZG 2003, 346 ff.
Kropff, Bruno	Zur Konzernleitungspflicht, ZGR 1984, 112 ff.
Kropff, Bruno/ Semler, Johannes (Hrsg.)	Münchener Kommentar zum Aktiengesetz, Band 1, §§ 1 – 53 AktG, 2. Auflage, München 2000
Kropff, Bruno/ Semler, Johannes (Hrsg.)	Münchener Kommentar zum Aktiengesetz, Band 3, §§ 76 – 117 AktG/ MitbestG/ § 7 BetrVG 1952, 2. Auflage, München 2004
Kropff, Bruno/ Semler, Johannes (Hrsg.)	Münchener Kommentar zum Aktiengesetz, Band 4, §§ 118 – 147 AktG, 2. Auflage, München 2004

Kropff, Bruno/ Semler, Johannes (Hrsg.)	Münchener Kommentar zum Aktiengesetz, Band 8, §§ 278 – 328 AktG, 2. Auflage, München 2000
Kuhlmann, Jens/ Ahnis, Erik	Konzernrecht, München 2001
Kümpel, Siegfried	Kapitalmarktrecht – Eine Einführung, 2. Auflage, Berlin 2004
Kümpel, Siegfried	Zum Begriff der Insidertatsache, WM 1994, 2137 ff.
Kusche, Michael Silvio	Die aktienrechtliche Zulässigkeit der Durchführung einer Due Diligence anlässlich eines Unternehmenskaufes, Frankfurt am Main, 2005
Leker, Jens/ Möhlmann, Thomas	Die Berichterstattung in Anhang und Konzernanhang von Kapitalgesellschaften – Ein praktischer Leitfaden für Wirtschaftsprüfungsassistenten, Düsseldorf 1997
Lerche, Peter	Bankgeheimnis – verfassungsrechtliche Rechtsgrundfragen, ZHR 149 (1985), 165 ff.
Linker, Anja Celina/ Zinger, Georg	Rechte und Pflichten der Organe einer Aktiengesellschaft bei der Weitergabe vertraulicher Unternehmensinformationen, NZG 2002, 497
Löbbe, Marc	Unternehmenskontrolle im Konzern, Heidelberg, 2003
Luchterhand, Hans Friedrich	Leitungsmacht und Verantwortlichkeit im faktischen Konzern, ZHR 133 (1970), 1 ff.
Lutter, Marcus	Defizite für eine effiziente Aufsichtsratätigkeit und gesetzliche Möglichkeiten der Verbesserung, ZHR 159 (1995), 287 ff.
Lutter, Marcus	Der Aufsichtsrat im Konzern, AG 2006, 517 ff.
Lutter, Marcus	Der qualifiziert faktische Konzern, AG 1990, 179 ff.
Lutter, Marcus	Die Unwirksamkeit von Mehrfachmandaten in den Aufsichtsräten von Konkurrenzunternehmen, in: *Beisse/Lutter/Närger* (Hrsg.), Festschrift für Karl Beusch zum 68. Geburtstag am 31. Oktober 1993, Berlin/New York 1993, S. 509 ff.
Lutter, Marcus	Due diligence des Erwerbers beim Kauf einer Beteiligung, ZIP 1997, 613 ff.
Lutter, Marcus	Fragerecht und Informationsanspruch des Aktionärs und GmbH-Gesellschafters im Konzern, AG 1985, 117 ff.

Lutter, Marcus	Gesellschaftsrecht und Kapitalmarkt, in: *Lieb/Noack/Westermann* (Hrsg.), Festschrift für Wolfgang Zöllner, Köln/Bonn/Berlin/München, 1998, S. 363 ff.
Lutter, Marcus	Gesetzliche Gebührenordnung für Aufsichtsräte?, AG 1979, 85 ff.
Lutter, Marcus	Grenzen zulässiger Einflußnahme im faktischen Konzern – Nachbetrachtung zum Mannesmann/Vodafone-Takeover, in: *Lutter/Scholz/Sigle* (Hrsg.), Festschrift für Martin Peltzer zum 70. Geburtstag, Köln, 2001, S. 241 ff.
Lutter, Marcus	Haftung von Vorständen, Verwaltungs- und Aufsichtsräten, Abschlussprüfern und Aktionären, ZSR 2005 II, S. 415 ff.
Lutter, Marcus	Information und Vertraulichkeit im Aufsichtsrat, 1. Auflage, Köln/Berlin/Bonn/München, 1979
Lutter, Marcus	Information und Vertraulichkeit im Aufsichtsrat, 3. Auflage, Köln/Berlin/Bonn/München, 2006
Lutter, Marcus	Konzernrecht: Schutzrecht oder Organisationsrecht?, in: *Reicher/Schiedermair/Stockburger/Weber* (Hrsg.), Recht, Geist und Kunst – liber amicorum für Rüdiger Volhard, Baden-Baden 1996
Lutter, Marcus	Organzuständigkeiten im Konzern, in: *Lutter/Mertens/Ulmer* (Hrsg.), Festschrift für Walter Stimpel zum 68. Geburtstag am 29. November, Berlin/New York 1985, S. 825 ff.
Lutter, Marcus	Stand und Entwicklung des Konzernrechts in Europa, ZGR 1987, 324 ff.
Lutter, Marcus	Unternehmensplanung und Aufsichtsrat, AG 1991, 249 ff.
Lutter, Marcus	Vergleichende Corporate Governance – Die Deutsche Sicht, ZGR 2001, 224 ff.
Lutter, Marcus	Vermögensveräußerungen einer abhängigen Aktiengesellschaft – Haftungsrisiken beim „asset stripping", in: *Baur/Hopt/Mailänder* (Hrsg.), Festschrift für Ernst Steindorff zum 70. Geburtstag am 13. März 1990, Berlin/New York 1990, S. 125 ff.
Lutter, Marcus	Verschwiegenheit im Aufsichtsrat, Der Aufsichtsrat 02/2004, S. 3 f.

Lutter, Marcus   Zur Aufgabe eines Konzernrechts: Schutz vor Missbrauch oder Organisationsrecht?, in: *Druey, Jean Nicolas* (Hrsg.): Das St. Galler Konzernrechtsgespräch. Konzernrecht aus der Konzernwirklichkeit, Bern 1988, S. 225 ff.

Lutter, Marcus   Zur Binnenstruktur des Konzerns, in: *Hefermehl/Gmür/Brox* (Hrsg.), Festschrift für Harry Westermann zum 65. Geburtstag, Karlsruhe 1974, S. 347 ff.

Lutter, Marcus (Hrsg.)   Holding-Handbuch, Recht – Management- Steuern, 4. Auflage, Köln 2004

Lutter, Marcus u.a. (Hrsg.)   Ein Konzernrecht für Europa, Referate im Rahmen des vom Zentrum für Europäisches Wirtschaftsrecht in Zusammenarbeit mit den Mitgliedern des Forum Europaeum am 27. Mai 1999 in Bonn durchgeführten Symposiums „Ein Konzernrecht für Europa", Bonn 1999

Lutter, Marcus/ Hommelhoff, Peter (Hrsg.)   GmbH-Gesetz Kommentar, 16. Auflage, Köln 2004

Lutter, Marcus/ Scheffler, Eberhard/ Schneider, Uwe H. (Hrsg.)   Handbuch der Konzernfinanzierung, Köln 1998

Lutter, Marcus/ Krieger, Gerd   Rechte und Pflichten des Aufsichtsrats, 4. Aufl., Köln 2002

Lutter, Marcus/ Kirschbaum, Tom   Zum Wettbewerber im Aufsichtsrat, ZIP 2005, 103 ff.

Mackenthun, Thomas   Datenschutzrechtliche Voraussetzungen der Verarbeitung von Kundendaten beim zentralen Rating und Scoring im Bank-Konzern, WM 2004, 1713 ff.

Marsch-Barner, Reinhard/ Schäfer, Frank A. (Hrsg.)   Handbuch börsennotierte AG, Aktien- und Kapitalmarktrecht, Köln 2005

Maul, Silja   Aktienrechtliches Konzernrecht und Gemeinschaftsunternehmen (GU), NZG 2000, 470 ff.

Meilicke, Heinz/ Heidel, Thomas   Das Auskunftsrecht des Aktionärs in der Hauptversammlung (Teil I), DStR 1992, 72 ff.

Meilicke, Heinz/ Heidel, Thomas   Das Auskunftsrecht des Aktionärs in der Hauptversammlung (Teil II), DStR 1992, 113 ff.

Meincke, Eberhard	Geheimhaltungspflichten im Wirtschaftsrecht, WM 1998, 749 ff.
Menke, Thomas	Befugnis des Vorstands einer börsennotierten Aktiengesellschaft zur bevorzugten Information eines Aktionärspools, NZG 2004, 697 ff.
Mertens, Hans-Joachim	Zur Berichtspflicht des Vorstands gegenüber dem Aufsichtsrat, AG 1980, S. 67 ff.
Mertens, Hans-Joachim	Zur Verschwiegenheitspflicht der Aufsichtsratsmitglieder, AG 1975, 235 ff.
Meyer, Fritz	Die Strafvorschriften des neuen Aktiengesetzes, AG 1966, 109 ff.
Meyer-Landrut, Joachim	Die Verschwiegenheitspflicht amtierender und ausgeschiedener Vorstands- und Aufsichtsratsmitglieder der Aktiengesellschaft, AG 1964, 325 ff.
Mildner, Thomas	Informationsbedarf des Aufsichtsrats: Vorgabe für die Berichtspflicht, Der Aufsichtsrat 07-08/2006, S. 11 ff.
Möhrle, Frauke	Zur Erstattungspflicht des Mutterunternehmens für Buchführungskosten bei Aufstellung eines IFRS-Jahresabschlusses von Tochterunternehmen im faktischen Konzern, Der Konzern 2006, 487 ff.
Möllers, Thomas M.J.	Interessenkonflikte von Vertretern des Bieters bei Übernahme eines Aufsichtsratsmandats der Zielgesellschaft, ZIP 2006, 1615 ff.
Müllensiefen, Hans-Jochen	Anmerkung zu LG Braunschweig, Urteil v. 6.4.1990 – 22 O 97/98, BB 1991, 856, BB 1991, 858 ff.
Müller, Hans-Friedrich	Die Durchsetzung konzernrechtlicher Ersatzansprüche nach dem UMAG, Der Konzern 2006, 725 ff.
Müller, Klaus	Die Haftung der Muttergesellschaft für die Verbindlichkeiten der Tochtergesellschaft im Aktienrecht, ZGR 1977, 1 ff.
Müller, Klaus J.	Gestattung der Due Diligence durch den Vorstand der Aktiengesellschaft, NJW 2000, 3452
Müller, Matthias	Prüfung von Jahresabschluss und Konzernabschluss im Aufsichtsrat, Arbeitshilfen für Aufsichtsräte 17, 2. Aufl., Düsseldorf 2005

Müller, Welf/ Rödder, Thomas	Beck'sches Handbuch der AG, München 2004
Mutter, Stefan	Unternehmerische Entscheidungen und Haftung des Aufsichtsrats, Köln 1994
Nagel, Bernhard	Die Verlagerung der Konflikte um die Unternehmensmitbestimmung auf das Informationsproblem, BB 1979, 1799
Niedermeier, Robert/ Schröcker, Stefan	Die „Homogene Datenschutzzelle" – Ein Company-to-Company-Agreement als Lösungsansatz für die Übermittlung personenbezogener Daten im Finanzkonzern?, RDV 2001, 90 ff.
Nirk, Rudolf/ Ziemons, Hildegard/ Binnewies, Burkhard	Handbuch der Aktiengesellschaft, Loseblattsammlung, Köln 1994/2006
Nüßlein, Georg	Konzernkonstituierende Leitung – Zugleich ein Vergleich des juristischen und betriebswirtschaftlichen Konzernverständnisses, Aachen 1998
Oltmanns, Martin	Geschäftsleiterhaftung und unternehmerisches Ermessen – Die Business Judgment Rule im deutschen und amerikanischen Recht, Frankfurt a.M. 2001
Ott, Claus/ Schäfer Hans-Bernd	Ökonomische Analyse des Unternehmensrechts – Beiträge zum 3. Travemünder Symposium zur ökonomischen Analyse des Rechts, Heidelberg, 1993
Paefgen, Walter G.	Dogmatische Grundlagen, Anwendungsbereich und Formulierungen einer Business Judgment Rule im künftigen UMAG, AG 2004, 245 ff.
Palandt, Heinrich	Palandt, Bürgerliches Gesetzbuch, 65. Aufl., München 2006
Pampel, Jochen R./ Krolak, Thomas	Aufsichtsratsinformation in Deutschland, Der Aufsichtsrat 07-08/2006, S. 02 ff.
Pelzer, Karen Christina	Das Auskunftsrecht der Aktionäre in der Europäischen Union, Köln/Berlin/Bonn/München 2003
Peters, Kai	Informationsrechte und Geheimhaltungspflichten im Rahmen einer due diligence und daraus resultierender Haftungsrisiken, Aachen 2002

Peters, Ulrich	Schranken der Mehrheitsherrschaft im deutschen und amerikanischen GmbH-Konzernrecht, Dissertation Münster, 1980
Philipp, Wolfgang	Die UMTS-Lizenzen der Deutsche Telekom AG – Ein nachteiliges Geschäft mit dem Mehrheitsaktionär?, AG 2001, 463 ff.
Potthoff, Erich	Führungsinstrumentarien in Unternehmen und Verwaltung: Beiträge zur Betriebswirtschaftslehre aus verschiedenen Etappen eines beruflichen Lebens, Stuttgart 1979
Preußner, Joachim	Risikomanagement im Schnittpunkt von Bankaufsichtsrecht und Gesellschaftsrecht, NZG 2004, 57 ff.
Priester, Hans-Joachim	Verlustausgleich nach § 302 AktG – zwingend in Geld?, BB 2005, 2483 ff.
Raiser, Thomas/ Veil, Rüdiger	Recht der Kapitalgesellschaften – Ein Handbuch für Praxis und Wissenschaft, 4. Auflage, München 2006
Rebmann, Kurt/ Säcker, Franz Jürgen/ Rixecker, Roland (Hrsg.)	Münchener Kommentar zum Bürgerlichen Gesetzbuch, Band 2a, Schuldrecht Allgemeiner Teil, §§ 241 - 432, 4. Aufl., München 2003
Rehbein, Dieter	Rechtsfragen zum Bankgeheimnis, ZHR 149 (1985), 139 ff.
Rehbinder, Eckard	Besprechung von *Peter Hommelhoff*, Die Konzernleitungspflicht, ZHR 147 (1981), 464 ff.
Reuter, Alexander	Die Konzerndimension des KonTraG und ihre Umsetzung in Konzernobergesellschaften, DB 1999, 2250 ff.
Reuter, Dieter	Die Personengesellschaft als abhängiges Unternehmen, ZHR 146 (1982), 1 ff.
Rieger, Harald	Gesetzeswortlaut und Rechtswirklichkeit im Aktiengesetz, in: *Lutter/Scholz/Sigle* (Hrsg.), Festschrift für Martin Peltzer, Köln 2001
Rittmeister, Maximilian	Due Diligence und Geheimhaltungspflichten beim Unternehmenskauf, NZG 2004, 1032 ff.
Rittner, Fritz	Die Verschwiegenheitspflicht der Aufsichtsratsmitglieder nach BGHZ 64, 325, in: *Fischer/Gessler/Schilling/Serick/Ulmer* (Hrsg.), Festschrift für Wolfgang Hefermehl, München 1976, S. 365

Rodewald, Jörg/ Tüxen, Andreas	Neuregelung des Insiderrechts nach dem Anlegerschutzverbesserungsgesetz (AnSVG) – Neue Organisationsanforderungen für Emittenten und ihre Berater, BB 2004, 2249 ff.
Rögner, Herbert	Bankgeheimnis im Spannungsverhältnis mit dem Kapitalmarktrecht?, NJW 2004, 3230 ff.
Roschmann, Christian/ Frey, Johannes	Geheimhaltungspflichten der Vorstandsmitglieder von Aktiengesellschaften bei Unternehmenskäufen, AG 1996, 449 ff.
Roth, Markus	Möglichkeiten vorstandsunabhängiger Information des Aufsichtsrats, AG 2004, 1 ff.
Rozijn, Michael	Geheinhaltungspflichten und Kapitalschutz beim Abschluss von M & A Dienstleistungsverträgen, NZG 2001, 494
Ruppmann, Evelyn	Der konzerninterne Austausch personenbezogener Daten – Risiken und Chancen für den Datenschutz, Baden-Baden 2000
Rüthers, Bernd	Rechtstheorie – Begriff, Geltung und Anwendung des Rechts, 2. Auflage, München 2005
Säcker, Franz Jürgen	Aktuelle Probleme der Verschwiegenheitspflicht der Aufsichtsratsmitglieder, NJW 1986, 803 ff.
Säcker, Franz Jürgen	Zur Problematik von Mehrfachfunktionen im Konzern, ZHR 151 (1987), S. 59 ff.
Schäfer, Carsten	Die Binnenhaftung von Vorstand und Aufsichtsrat nach der Renovierung durch das UMAG, ZIP 2005, 1253 ff.
Schäfer, Frank A./ Hamann, Uwe (Hrsg.)	Kapitalmarktgesetze – Kommentar, 2. Auflage, Stuttgart/Berlin/Köln 2006
Schäfer, Hans-Bernd/ Ott, Claus	Lehrbuch der ökonomischen Analyse des Zivilrechts, 4. Auflage, Berlin/Heidelberg/New York 2005
Scheffler, Eberhard	Der qualifiziert faktische Konzern – Versuch einer betriebswirtschaftlichen Definition, AG 1990, 173 ff.
Scheffler, Eberhard	Die Überwachungsaufgabe des Aufsichtsrats im Konzern, DB 1994, 793 ff.
Scheffler, Eberhard	Konzernleitung aus betriebswirtschaftlicher Sicht, DB 1985, 2005 ff.

Scheffler, Eberhard	Konzernmanagement, Betriebswirtschaftliche und rechtliche Grundlagen der Konzernführungspraxis, 2. Aufl., München 2005
Scheffler, Eberhard	Rechnungslegung von Unternehmen und Konzernen, in: *Hommelhoff/Hopt/v. Werder* (Hrsg.), Handbuch Corporate Governance, Köln 2003, S. 625 ff.
Schimansky, Herbert/ Bunte, Hermann-Josef/ Lwowski, Hans-Jürgen (Hrsg.)	Bankrechts-Handbuch, Band I, 2. Auflage, München 2001
Schimansky, Herbert/ Bunte, Hermann-Josef/ Lwowski, Hans-Jürgen (Hrsg.)	Bankrechts-Handbuch, Band III, 2. Auflage, München 2001
Schmidt, Karsten	Zum Haftungsdurchgriff wegen Sphärenvermischung und zur Haftungsverfassung im GmbH-Konzern – Bemerkungen zum Urteil des BGH vom 16.9.1985, BB 1985, 2074 ff.
Schmidt, Karsten	Gesellschaftsrecht, 4. Auflage, Köln/Berlin/Bonn/München, 2002
Schmidt, Karsten	Gleichordnung im Konzern: terra incognita? – Vorstudien und Thesen zu einem Recht der Konzernschwestern, ZHR 155 (1991), S. 417 ff.
Schmidt, Karsten (Hrsg.)	Münchener Kommentar zum Handelsgesetzbuch, Band 4 – Drittes Buch – Handelsbücher, §§ 238 – 342a HGB, München 2001
Schneider, Sven H.	Die Weitergabe von Insiderinformationen – Zum normativen Verhältnis der verschiedenen Formen der Informationsweitergabe, NZG 2005, 702 ff.
Schneider, Sven H.	Informationspflichten und Informationssystemeinrichtungspflichten im Aktienkonzern – Überlegungen zu einem Unternehmensinformationsgesetzbuch, Berlin 2006
Schneider, Sven H.	Unternehmerische Entscheidungen als Anwendungsvoraussetzung für die Business Judgment Rule, DB 2005, S. 707 ff.
Schneider, Sven H./ Schneider, Uwe H.	Der Rechtsverlust gemäß § 28 WpHG bei Verletzung der kapitalmarktrechtlichen Meldepflichten – zugleich eine Untersuchung zu § 20 Abs. 7 AktG und § 59 WpÜG, ZIP 2006, 493 ff.

Schneider, Sven H./ Schneider, Uwe H.	Vorstandshaftung im Konzern, AG 2005, 57 ff.
Schneider, Uwe H.	Das Informationsrecht des Aufsichtsratsmitglieds einer Holding AG, in: *Forster/Grunewald/Lutter/Semler* (Hrsg.), Festschrift für Bruno Kropff, Düsseldorf 1997, S. 172 ff.
Schneider, Uwe H.	Der Auskunftsanspruch des Aktionärs im Konzern – Ein Beitrag zum Konzernverfassungsrecht – , in: *Schneider/Hommelhoff/Schmidt/Timm/Grunewald/ Drygala* (Hrsg.) Festschrift für Marcus Lutter, Köln 2000, S. 1193 ff.
Schneider, Uwe H.	Die kapitalmarktrechtlichen Offenlegungspflichten von Konzernunternehmen nach §§ 21 ff. WpHG, in *Pfeiffer/Kummer/Scheuch* (Hrsg.), Festschrift für Hans Erich Brandner zum 70. Geburtstag, Köln 1996, S. 565 ff.
Schneider, Uwe H.	Die Personengesellschaft als herrschendes Unternehmen im Konzern – Ein Beitrag zum Konzernrecht der Personengesellschaften, ZHR 143 (1979), S. 485 ff.
Schneider, Uwe H.	Die Weitergabe von Insiderinformationen im Konzern – Zum Verhältnis zwischen Konzernrecht und Konzern-Kapitalmarktrecht, in: *Wank/Hirte/Frey/Fleischer/Thüsing* (Hrsg.), Festschrift für Herbert Wiedemann, München 2002, S. 1255 ff.
Schneider, Uwe H.	Insider darf Großaktionäre einweihen, FAZ v. 27. Januar 2006, S. 11
Schneider, Uwe H.	Konzernleitung als Rechtsproblem – Überlegungen zu einem Konzernverfassungsrecht, BB 1981, 249 ff.
Schneider, Uwe H./ Singhof, Bernd	Die Weitergabe von Insidertatsachen in der konzernfreien Aktiengesellschaft, insbesondere im Rahmen der Hauptversammlung und an einzelne Aktionäre – Ein Beitrag zum Verhältnis von Gesellschaftsrecht und Kapitalmarktrecht –, in: *Hönn/Konzen/Kreutz* (Hrsg.), Festschrift für Alfons Kraft, Neuwied/Kriftel, 1998, S. 585 ff.

Schneider, Uwe H./ Burgard, Ulrich	Treupflichten im mehrstufigen Unterordnungskonzern, in: *Habersack/Hommelhoff/Hüffer/Schmidt* (Hrsg.), Festschrift für Peter Ulmer zum 70. Geburtstag am 2. Januar 2003, Berlin 2003, S. 579 ff.
Schraepler, Hans-Joachim	Kreditauskunft – Einschränkung des Bankgeheimnisses, NJW 1972, 1836 ff.
Schroeder, Ulrich	Darf der Vorstand der Aktiengesellschaft dem Aktienkäufer eine Due Diligence gestatten?, DB 1997, 2161 ff.
Schubert, Werner/ Küting, Karlheinz	Unternehmungszusammenschlüsse, München 1981
Schulze-Osterloh, Joachim	Internationalisierung der Rechnungslegung und ihre Auswirkungen auf die Grundprinzipien des deutschen Rechts, Der Konzern 2004, 173 ff.
Schürnbrand, Jan	Diskussionsbericht zu den Referaten Westermann und Hemeling (ZHR 169 (2005), 248 ff., 274 ff., ZHR 169 (2005), 295 ff.
Schwark, Eberhard	Corporate Governance: Vorstand und Aufsichtsrat, in: *Hommelhoff/Lutter/Schmidt/Schön/Ulmer* (Hrsg.), Corporate Governance, ZHR-Beiheft 71, 2002, S. 75 ff.
Schwark, Eberhard	Zur rechtlichen Zulässigkeit der Konzerneingliederung des Trägers der Frankfurter Wertpapierbörse unter eine ausländische Holding und eines blue-chips-Handelssegments in alleiniger Zuständigkeit einer ausländischen Börsenholding, WM 2000, 2517 ff.
Schwark, Eberhard (Hrsg.)	Kapitalmarktrechtskommentar, München 2004
Schwintowski, Hans-Peter	Verschwiegenheitspflicht für politisch legitimierte Mitglieder des Aufsichtsrats, NJW 1990, 1009 ff.
Schwintowski, Hans-Peter/ Schäfer, Frank A.	Bankrecht – Commercial Banking – Investment Banking, 2. Auflage, Köln/Berlin/Bonn/München 2004
Seibert, Ulrich	UMAG und Hauptversammlung – Der Regierungsentwurf eines Gesetzes zur Unternehmensintegrität und Modernisierung des Anfechtungsrechts (UMAG), WM 2005, 157 ff.
Seifert, Peter	Zum Auskunftsrecht des Aktionärs nach neuem Aktienrecht – insbesondere zur Auslegung von § 131 Abs. 4 AktG, AG 1967, 1 ff.

Semler, Johannes	Die Überwachungsaufgabe des Aufsichtsrats, Köln/Berlin/Bonn/München 1980
Semler, Johannes	Leitung und Überwachung der Aktiengesellschaft: die Leitungsaufgabe des Vorstands und die Überwachungsaufgabe des Aufsichtsrats, 2. Aufl., Köln/Berlin/Bonn/München 1996
Semler, Johannes	Zur aktienrechtlichen Haftung der Organmitglieder einer Aktiengesellschaft, AG 2005, 321 ff.
Semler, Johannes/ Schenck, Kersten von (Hrsg.)	Arbeitshandbuch für Aufsichtsratsmitglieder, 2. Aufl., München 2004
Servatius, Bernhard	Ordnungsgemäße Vorstandskontrolle und vorbereitende Personenauswahl durch den Aufsichtsratsvorsitzenden, AG 1995, 223-225
Sichtermann, S./ Kirchherr, R./ Terdenge, R.	Bankgeheimnis und Bankauskunft in der Bundesrepublik Deutschland sowie in wichtigen ausländischen Staaten, 3. Auflage, Frankfurt a.M. 1984
Sick, Sebastian/ Köstler, Roland/ Mielke, Birgit	Die Geschäftsordnung des Aufsichtsrats – Eine kommentierte Checkliste, Arbeitshilfen für den Aufsichtsrat 1, Düsseldorf 2005
Siebold, Hanns Christoph	Das neue Insiderrecht – Von der freiwilligen Selbstkontrolle zum internationalen Standard, Berlin 1994
Simitis, Spiros (Hrsg.)	Bundesdatenschutzgesetz, 6. Aufl., Baden-Baden 2006
Singhof, Bernd	Zur Weitergabe von Insiderinformationen im Unterordnungskonzern, ZGR 2001, 146 ff.
Spieker, Wolfgang	Die Verschwiegenheitspflicht der Aufsichtsratsmitglieder, NJW 1965, 1937
Stebut, Dietrich von	Geheimnisschutz und Verschwiegenheitspflicht im Aktienrecht, Köln/Berlin/Bonn/München, 1972
Steding, Ralf/ Meyer, Guido	Outsourcing von Bankdienstleistungen: Bank- und datenschutzrechtliche Probleme der Aufgabenverlagerung von Kreditinstituten auf Tochtergesellschaften und sonstige Dritte, BB 2001, 1693 ff.
Steger, Ulrich/ Brellochs, Jochen/ Amann, Wolfgang	Konzerninterne Corporate Governance – Problematik und Mechanismen -, Der Aufsichtsrat 2006, Heft 2, 4 ff.

Steindorff, Ernst	Zivilrechtliche Grundfragen von Bankgeheimnis, Bankauskunft und Persönlichkeitsschutz, ZHR 149 (1985), 151 ff.
Stoffels, Markus	Grenzen der Informationsweitergabe durch den Vorstand einer Aktiengesellschaft im Rahmen einer „Due Diligence", ZHR 165 (2001), 362
Stürwald, Florian	Pflicht zur Quartalsberichterstattung im amtlichen und geregelten Markt durch die „Hintertür"?, BKR 2002, 1021 ff.
Tanski, Joachim S.	Bilanzpolitische Spielräume in den IFRS, DStR 2004, 1843 ff.
Teichmann, Arndt/ Kiessling, Erik	Datenschutz bei Umwandlungen, ZGR 2001, 33 ff.
Theisen, Manuel René	Der Konzern, Betriebswirtschaftliche und rechtliche Grundlagen der Konzernunternehmung, 2. Aufl., Stuttgart 2000
Theisen, Manuel René	Grundsätze einer ordnungsmäßigen Information des Aufsichtsrats, 3. Auflage, Stuttgart 2002
Theisen, Manuel René	Informationsordnung, Der Aufsichtsrat 07-08/2006, S. 17
Timm, Wolfram	Die Aktiengesellschaft als Konzernspitze, - Die Zuständigkeitsordnung bei der Konzernbildung und Konzernumbildung, Köln/Berlin/Bonn/München 1980
Timm, Wolfram	Hauptversammlungskompetenzen und Aktionärsrechte in der Konzernspitze – zugleich Überlegungen zum Urteil des LG Hamburg vom 1.10.1979, AG 1980, S. 172 ff.
Tinnefeld, Marie-Therese/ Ehmann, Eugen	Einführung in das Datenschutzrecht, 4. Aufl., München 2004
Traugott, Rainer	Informationsflüsse nach Transaktionsabschluss bei Aktiengesellschaften, BB 2001, 2277 ff.
Treeck, Joachim	Die Offenbarung von Unternehmensgeheimnissen durch den Vorstand einer Aktiengesellschaft im Rahmen einer Due Diligence, in: *Großfeld/Sack/Möllers/Drexl/Heinemann* (Hrsg.), Festschrift für Wolfgang Fikentscher, Tübingen 1998, S. 434 ff.
Turner, George	Zur Stellung des Aufsichtsrats im beherrschten Unternehmen, DB 1991, S. 583 f.

Ulmer, Peter	Begriffsvielfalt im Recht der verbundenen Unternehmen als Folge des Bilanzrichtlinien-Gesetzes – Eine systematische Analyse, in: *Havermann* (Hrsg.), Bilanz- und Konzernrecht, Festschrift zum 65. Geburtstag von Dr. Dr. h.c. Reinhard Goerdeler, 1987, S. 623 ff.
Veith, Günter	Zur Verschwiegenheitspflicht der Aufsichtsratsmitglieder, NJW 1966, 526
Vetter, Eberhard	Die Teilnahme des Vorstands an den Sitzungen des Aufsichtsrats und die Corporate Governance, VersR 2002, 951 ff.
Wackerbarth, Ulrich	Die Abschaffung des Konzernrechts, Der Konzern 2005, 562 ff.
Wardenbach, Frank	Interessenkonflikte und mangelnde Sachkunde als Bestellungshindernisse zum Aufsichtsrat, Köln 1996
Warncke, Markus	Informationsversorgung des Aufsichtsrats, Der Aufsichtsrat 07-08/2006, S. 07 f.
Weimar, Robert	Regelungsbefugnis des Bilanzrichtlinien-Gesetzgebers für Auslandssachverhalte?, DB 1987, 521 ff.
Weinbrenner, Christoph	Moderne Kommunikationsmittel und Konzerncontrolling im faktischen Konzern – zugleich ein Beitrag zur Verbesserung des Rechtsschutzes für Außenseiter, Der Konzern 2006, 583 ff.
Welge, Martin K.	Aufsichtsräte stellen die falschen Fragen, Der Aufsichtsrat 07-08/2006, S. 01
Wengert, Georg/ Widmann, Andreas/ Wengert, Katharina	Bankenfusion und Datenschutz, NJW 2000, 1289 ff.
Werner, Horst S.	Der aktienrechtliche Abhängigkeitstatbestand – Eine Untersuchung der Herrschaftsmöglichkeiten von Unternehmen über Unternehmen in den faktischen Konzernverbindungen, Göttingen 1979
Werner, Winfried	Der erste Kommentar zum neuen Aktiengesetz, AG 1967, 122 ff.
Werner, Winfried	Vertretung der Aktiengesellschaft gegenüber Vorstandsmitgliedern – ein Beitrag zur Auslegung des § 112 AktG, ZGR 1989, 369 ff.

Westermann, Harm Peter	Due Diligence beim Unternehmenskauf, ZHR 169 (2005), 248 ff.
Wiedemann, Herbert	Die Unternehmensgruppe im Privatrecht – Methodische und sachliche Probleme des deutschen Konzernrechts, Tübingen 1988
Wieland, Joachim	Zinsbesteuerung und Bankgeheimnis, JZ 2000, 272 ff.
Wilde, Christian	Informationsrechte und Informationspflichten im Gefüge der Gesellschaftsorgane, ZGR 1998, 423-465
Wilhelm, Jan	Kapitalgesellschaftsrecht, 2. Aufl., Berlin/New York 2005
Wilhelm, Jan	Rechtsform und Haftung bei der juristischen Person, Köln/Berlin/Bonn/München 1981
Will, Markus	Wer überwacht die Unternehmenskommunikation?, Der Aufsichtsrat 03/2005, S. 07 f.
Windbichler, Christine	Auskunftspflichten in der gemeinschaftsweit operierenden Unternehmensgruppe nach der Richtlinie über Europäische Betriebsräte, in: *Lutter/Scholz/Sigle* (Hrsg.), Festschrift für Martin Peltzer, Köln 2001, S. 629 ff.
Windbichler, Christine	Die „kohärente und auf Dauer angelegte Gruppenpolitik", in: *Habersack/Hommelhoff/Hüffer/K. Schmidt* (Hrsg.), S. 683 ff.
Windbichler, Christine	Prozessspezifika unter besonderer Berücksichtigung des faktischen Konzerns, in: *Hommelhoff/Hopt/v. Werder* (Hrsg.), Handbuch Corporate Governance, Köln 2003, S. 605 ff.
Wöhe, Günter/ Döring, Ulrich	Einführung in die Allgemeine Betriebswirtschaftslehre, 22. Auflage, München 2005
Wohlleben, Hermann Peter	Informationsrechte des Gesellschafters, Köln/Berlin/Bonn/München, 1988
Wölk, Armin	Ad hoc-Publizität – Erfahrungen aus der Sicht des Bundesaufsichtsamts für den Wertpapierhandel, AG 1997, 73 ff.
Zetsche, Dirk	Aktionärsinformation in der börsennotierten Aktiengesellschaft, Köln/Berlin/München 2006

Ziemons, Hildegard	Die Weitergabe von Unternehmensinterna an Dritte durch den Vorstand einer Aktiengesellschaft, AG 1999, 492 ff.
Zippelius, Reinhold	Juristische Methodenlehre, 10. Auflage, München 2006
Zöllner, Wolfgang	Treupflichtgesteuertes Aktienkonzernrecht, ZHR 162 (1998), 235 ff.
Zöllner, Wolfgang (Hrsg.)	Kölner Kommentar zum Aktiengesetz, Band 1, §§ 1 – 147 AktG, 1. Auflage, Köln/Berlin/Bonn/München 1985
Zöllner, Wolfgang (Hrsg.)	Kölner Kommentar zum Aktiengesetz, Band 1, §§ 1 – 75 AktG, 2. Auflage, Köln/Berlin/Bonn/München 1988
Zöllner, Wolfgang (Hrsg.)	Kölner Kommentar zum Aktiengesetz, Band 2, §§ 76 – 94, 2. Auflage, Köln/Berlin/Bonn/München 1996
Zöllner, Wolfgang/ Noack, Ulrich (Hrsg.)	Kölner Kommentar zum Aktiengesetz, Band 6, §§ 15-22 AktG, §§ 291-328 AktG und Meldepflichten nach §§ 21 ff. WpHG, SpruchG, 3. Auflage, Köln/Berlin/Bonn/München 2004
Zumbansen, Peer/ Lachner, Constantin M.	Die Geheimhaltungspflicht des Vorstands bei der Due Diligence: Neubewertung im globalisierten Geschäftsverkehr, BB 2006, 613 ff.

Ines Tauscher

Der Anwendungsbereich der §§ 293a–293g Abs. 1, 2 S. 1, Abs. 3 AktG

In einstufigen vertraglichen Unternehmensverbindungen

Frankfurt am Main, Berlin, Bern, Bruxelles, New York, Oxford, Wien, 2007.
398 S.
Schriftenreihe zum Gesellschafts- und Kapitalmarktrecht. Herausgegeben von
Lutz Michalski, Axel Jäger und Klaus-Rudolf Wagner. Bd. 18
ISBN 978-3-631-56206-2 · br. € 56.50*

Durch das UmwBerG wurden zahlreiche Informationsvorschriften erstmals
normiert, erheblich ausgeweitet und einander angeglichen. Motive des
Gesetzgebers waren die Vereinheitlichung sämtlicher Rechtsvorschriften für
Verschmelzungen, die Vergleichbarkeit der Rechtsinstitute Unternehmens-
vertragsbegründung und Verschmelzung sowie die Spiegelbildlichkeit
der Rechtsinstitute Spaltung und Verschmelzung. Ob die §§ 293a–293g
Abs. 1, 2 S. 1, Abs. 3 AktG dabei rechtsform-, typ- und phasenneutral oder
rechtsform-, typ- und phasenspezifisch anwendbar sind, ist Gegenstand
dieser Untersuchung. Dabei wird zwischen den verschiedenen Parteien
der Unternehmensverträge sowie den unterschiedlichen Gruppen ihrer
Anteilsinhaber differenziert. Ebenso werden besondere Situationen wie eine
Vertragsbeteiligung, Geschäftsführungsbefugnis oder Zustimmungspflichtigkeit
aller Anteilsinhaber berücksichtigt.

Aus dem Inhalt: Zweck der §§ 293a–293g Abs. 1, 2 S. 1, Abs. 3 AktG ·
Erfasste Gegenstände · Verstärkte Rechte · Betroffene Personen und Organe ·
Gegebene Modalitäten · Maßgebende Merkmale · Anwendungsbereich der
§§ 293a–293g Abs. 1, 2 S. 1, Abs. 3 AktG · Nationalitäten und Rechts-
formen: AG und KGaA, eG, VVaG und kV, GmbH, Personengesellschaften
und eV · Typen: Beherrschungs- und/oder Gewinnabführungsverträge, andere
Unternehmensverträge · Phasen: Begründungen, Änderungen, Beendigungen

Frankfurt am Main · Berlin · Bern · Bruxelles · New York · Oxford · Wien
Auslieferung: Verlag Peter Lang AG
Moosstr. 1, CH-2542 Pieterlen
Telefax 00 41 (0) 32 / 376 17 27

*inklusive der in Deutschland gültigen Mehrwertsteuer
Preisänderungen vorbehalten

Homepage http://www.peterlang.de